# 美國的中國政策：

## 圍堵、交往、戰略夥伴

---

# America's China Policy:

## Containment, Engagement, Strategic Partnership

張亞中、孫國祥／著

# 「亞太研究系列」總序

「廿一世紀是亞太的世紀」，這句話不斷地被談起，代表著自信與驕傲。但是亞太地區絕非如此單純，未來發展亦非一定樂觀，它的複雜早已以不同形態呈現在世人面前，在開啓新世紀的同時，以沉靜的心境，深刻的瞭解與解決亞太區域的問題，或許才是我們在面對亞太時應有的態度。

亞太地區有著不同內涵的多元文化色彩，在這塊土地上有著天主教、基督教、佛教、回教等不同的宗教信仰；有傳承西方文明的美加澳紐、代表儒教文明的中國、混合儒佛神教文明的日本，以及混雜著不同文明的東南亞後殖民地區。文化的衝突不止在區域間時有發生，在各國內部亦時有所聞，並以不同的面貌形式展現它們的差異。

美加澳紐的移民問題挑戰著西方主流社會的民族融合概念，它反證著多元化融合的觀念只是適用於西方的同文明信仰者，先主後從，主尊客卑，白優黃劣仍是少數西方人面對東方移民時無法拋棄的心理情結。西藏問題已不再是單純的內部民族或政經社會議題，早已成為國際上的重要課題與工具。兩岸中國人與日韓三方面的恩怨情仇，濃的讓人難以下嚥，引發的社會政治爭議難以讓社會平靜。馬來西亞的第二代、第三代，或已經是第好幾代的華人，仍有著永遠無法在以回教爲國教的祖國裡當家作主的無奈，這些不同的民族與族群問題，讓亞太地區的社會潛伏著不安的危機。

亞太地區的政治形態也是多重的。有先進的民主國家；也有的趕上了二十世紀末的民主浪潮，從威權走向民主，但其中有的仍無法擺脫派系金權，有的仍舊依靠地域族群的支持來建構其政權的合法性，它們有著美麗的民主外衣，但骨子裡還是甩不掉威權時期的心態與習性；有的標舉著社會主義的旗幟，走的卻是資本主義的道路；有的高喊民主主義的口號，但行的卻是軍隊操控選舉與內閣；有的自我認定是政黨政治，但在別人眼中卻是不折不扣的一黨專政，這些就是亞太地區的政治形態寫照，不同地區的人民有著不同的希望與訴求，菁英份子在政治格局下的理念與目標也有著顯著的差異，命運也有不同，但整個政治社會仍在不停的轉動，都在向「人民爲主」的方向轉，但是轉的方向不同、速度有快有慢。

亞太地區各次級區域有著潛在的軍事衝突，包括位於東北亞的朝鮮半島危機；東亞中介區域的台海兩岸軍事衝突；

以及東南亞的南海領土主權爭議等等。這些潛在的軍事衝突，背後有著強權大國的利益糾結，涉及到複雜的歷史因素與不同的國家利害關係，不是任何一個亞太地區的安全機制或強權大國可以同時處理或單獨解決。在亞太區域內有著「亞太主義」與「亞洲主義」的爭辯，也有著美國是否有世界霸權心態、日本軍國主義會否復活、中國威脅論會否存在的懷疑與爭吵。美國、日本、中國大陸、東協的四極體系已在亞太區域形成，合縱連橫自然在所難免，亞太地區的國際政治與安全格局也不會是容易平靜的。

相對於亞太的政治發展與安全問題，經濟成果是亞太地區最足以自豪的。這塊區域裡有二十世紀最大的經濟強權，有二次大戰後快速崛起的日本，有 70 年代興起的亞洲四小龍，20 年代積極推動改革開放的中國大陸，90 年代引人矚目的新四小龍。這個地區有多層次分工的基礎，有政府主導的經濟發展，有高度自由化的自由經濟，有高儲蓄及投資率的環境，以及外向型的經濟發展策略，使得世界的經濟重心確有逐漸移至此一地區的趨勢。有人認爲在未來世界區域經濟發展的趨勢中，亞太地區將擔任實質帶領全球經濟步入廿一世紀的重責大任，但也有人認爲亞洲的經濟奇蹟是虛幻的，缺乏高科技的研究實力、社會貧富的懸殊差距、環境的污染破壞、政府的低效能等等，都將使得亞洲的經濟發展有著相當的隱憂。不論如何，亞太區域未來經濟的發展將牽動整個世界，影響人類的貧富，值得我們深刻的關注。

在亞太這個區域裡，經濟上有著統合的潮流，但在政治上也有著分離的趨勢。亞太經合會議（APEC）使得亞太地區各個國家的經濟依存關係日趨密切，太平洋盆地經濟會議（PBEC），太平洋經濟合作會議（PECC），也不停創造這一地區內產、官、學界共同推動經濟自由與整合的機會。但是台灣的台獨運動、印尼與東帝汶的關係、菲律賓與摩洛分離主義……使得亞太地區的經濟發展與安全都受到影響，也使得經濟與政治何者爲重，群體與個體何者優先的思辨，仍是亞太地區的重要課題。

亞太地區在國際間的重要性日益增加，台灣處於亞太地區的中心，無論在政治、經濟、文化與社會方面，均與亞太地區有密切的互動。近年來，政府不斷加強與美日的政經關係、尋求與中國大陸的政治緩和、積極推動南向政策、鼓吹建立亞太地區安全體系，以及擬將台灣發展成亞太營運中心等等，無一不與亞太地區的全局架構有密切關係。在現實中，台灣在面對亞太地區時也有本身取捨的困境，如何在國際關係與兩岸關係中找到平衡點，如何在台灣優先與利益均霑間找到交集，如何全面顧及南向政策與西向政策，如何找尋與界定台灣在亞太區域中的合理角色與定位，也是值得共同思考的議題。

「亞太研究系列」的出版，表徵出與海內外學者專家共同對上述各類議題探討研究的期盼，也希望由於「亞太研究系列」的廣行，使得國人更加深對亞太地區的關切與瞭解。

本叢書由李英明教授與本人共同擔任主編，我們亦將極盡全力，爲各位讀者推薦有深度、有份量、值得共同思考、觀察與研究的著作。當然也更希望您們的共同參與和指教。

張亞中

# 序 言

1998 年 6 月底，美國總統柯林頓訪問中國大陸。此爲 1989 年 6 月天安門事件後，美國總統首次對中共進行的國事訪問，象徵兩國建構邁入廿一世紀新關係的努力。另一方面，台灣仍積極尋求進入聯合國，求取合理的國際地位；兩岸關係持續低迷，「戒急用忍」仍然主導台灣的大陸政策；美國在兩岸事務中則似乎愈來愈主動，不僅是「三不政策」成爲美國對台的新約束，美國亦積極促使兩岸展開對話或談判。一個居住在台灣、關心台灣前途者，對該等事件之發展，無法無動於衷。

作者曾任職於外交部長達 11 年，從事實際的外交前線工作；亦曾服務陸委會 3 年，參與大陸政策的規劃，因而對台灣外交及兩岸關係，除有對國家與社會的關懷外，更具有工作上必要的關注。鑒於美國對台灣外交與兩岸關係的重要，心想寫一本有關美國的中國政策專書，一直是個難以捨棄的心願，惟平日僅止於資料的蒐集與片斷的短文發表，然總未能行之成書。

柯林頓訪問中國大陸時，寫作本書的念頭再度浮現，企盼將個人對美國的中國政策及其對兩岸影響之觀察，寫成專書，期與關心台灣前途者共同分享觀念與汲取其中的心得。6月底，因緣又見孫國祥先生。國祥是我在政大任教時的碩士學生，非常優秀，目前爲政大的博士候選人。我向他提及寫作的構想，並向渠表示有無興趣一起共襄盛舉。國祥謙虛表示，期在合作過程中進一步學習，願提筆一試後，我也暫時放下手邊其他的寫作，我們隨即展開密集寫作工作。

爾後的十數週，我們每隔一週固定碰面，交換寫作心得與整理彼此的思緒與構想，並分配與調整彼此的寫作範圍。完稿時，本書除第四章與第三章第一節由國祥主筆，本人再作補充整理外，其餘各章節及前言、結論等都由我親自執筆。全書並由本人再檢視後定稿。

個人在政大任教時，腦海經常浮現十餘年前坐在台下傾聽師長知識經驗相傳的情景，「感念與責任」是我薪火相傳的本源。因而，總是將同學視爲年輕的朋友。亦師亦友，「今日爲師，他日爲友」是我對任教過年輕朋友的關懷與期盼。對本人與國祥而言，本書是再續我們師生緣。寫作過程中，我們教學相長，相互切磋，此亦爲我們再深一層友誼的開始。

在寫作過程中，也要感謝多年好友孫揚明先生。揚明是聯合報的資深記者，對中美關係有十餘年的實務採訪經驗，精確掌握美國對兩岸政策的實際脈動。揚明除提供相當多的背景資料外，也貢獻許多寶貴的意見。

最後，希望本書能夠對關心兩岸之人士有些許助益。本書在資料的選取與詮釋儘量力求客觀，以符合學術的基本要求。但在心得與結論上難免會有作者研究後的價值判斷。社會學科常予人見仁見智之議，切磋學習自有必要。作者才疏學淺，定有論述不全或流於個人主觀，尚祈各方多予指教，我與國祥將至爲感謝。

本書初次完稿爲 1998 年 9 月 30 日，11 月 30 日再作第二次修正完稿，謹以爲記。

張亞中

# 目　錄

# America's China Policy:
## Containment, Engagement, Strategic Partnership

### Preface

1.3.1. Fundamental view of Taiwan: from strategic need to moral responsibility

1.3.2. "One China" principle: U.S. "acknowledges" the stance of PRC

1.3.3. Peaceful solution to Taiwan's future is U.S. fundamental stance: this being prerequisite to reducing weapon selling to Taiwan too

1.3.4. U.S. not interfering with cross-Strait affairs: U.S. as objective spectator

1.3.5. U.S. supports reciprocal interaction across the Straits: new policy toward the close of Cold War

**2. America's China Policy in post-Cold War: engagement and containment**

2.1. "Engagement Policy": American foreign policy in post-Cold War

2.1.1. Global role of U.S.: Pax Americana, isolation or engagement?

2.1.2. America's Asia-Pacific strategy: participation, leading, equilibrium and value export

2.2. "China Threat": variable to U.S.' China policy

2.2.1. China threat: public opinion not to be disregarded

2.2.2. Threatening American leadership: threat to American security, economy and value

2.2.3. Future theoretical basis to "China Threat" :

**3. America's China policy toward 21st century: constructive strategic partnership**

3.1. U.S. global strategy at the beginning of 21st century

3.1.1. Contents of American global strategy: maintaining American leadership and benefits

3.1.2. Challenge to American global strategy: preventative defense and diplomacy

3.1.3. PRC's role in American global strategy: pushing PRC into international regimes

3.2. Establishment of "constructive strategic partnership"

3.2.1. From crisis to chance: deepening comprehensive engagement

3.2.2. Establishment of "constructive strategic partnership": first outcome of 1996 Taiwan Strait crisis

3.3. Re-clarify framework of trilateral relations among U.S., PRC and Taiwan: "three-no's" policy

3.3.1. Brewing of the "three-no's" policy: reaction to Taiwan's "practical diplomacy"

3.3.2. Establishment of "three-no's" policy: second outcome of 1996 Taiwan Strait crisis

**4. Interaction of U.S. and PRC on their respective policies: reciprocity and mutual conditioning**

4.1. Sovereignty issue: on which PRC never compromises

4.1.1. Taiwan issue

## Appendix

1. 1972: Joint U.S.-China Communiqué, Shanghai
2. 1979: Joint Communiqué on the Establishment of Diplomatic Relations between the United States of America and the People's Republic of China
3. 1979: Taiwan Relations Act
4. 1982: Joint Communiqué between the People's Republic of China and the United States of America
5. 1997: Joint U.S.-China Statement

## References

# America's China Policy:

## Containment, Engagement, Strategic Partnership


## Abstract

### I. U.S. and PRC (Mainland China)

"Containment Policy" is difficult to be a long-term guiding line for America's China policy due to the lack of a theoretical basis.

In early 1947, the U.S. Soviet policy was regarded as an amalgam of communist ideological zeal and old-fashioned tsarist expansionism. This nevertheless became the basis to U.S. containment of the Soviet Union. For China policy, however, it lacks such a theoretical basis. Historically, China and the U.S. do not have unpleasant mutual memory. And geopolitical speaking, they don't have any territorial dispute either. It is natural that the U.S. would hold different views of China and the Soviet Union.

The Chinese Communist Party in 1949 took over power

from the Kuomintang party. China was then divided in two parts: the People's Republic of China (PRC), and Republic of China (ROC). Even though the "new China" is a communist regime, the U.S. government never thought that the Communist China is an expansionist regime. The U.S. did not give up contacting with the PRC. The Communist China, however, did not response favorably to the U.S' goodwill gesture and both sides failed to build up diplomatic relations. The Korean War did force the U.S. to modify its political attitude toward the PRC. But its basic understanding and view of China did not experience any substantial change. The U.S. stood the side of Taiwan in 1950s and 1960s. This, nevertheless, cannot be deemed that the U.S. intended to contain the PRC.

The U.S. tended to believe that China and the Soviet Union, though sharing the same communist ideology, would not be able to keep the same political route in the end due to different culture and history. The conflict between the PRC and Soviet Union proved that this view was right. The 1972 "Shanghai Communiqué" realized the U.S.' hypothesis in late 1949 that the PRC could be a potential partner to resist the Soviet Union. To sum up, the U.S. maintains different thinking toward the former Soviet Union and China. "Containment Policy" is never a mainstream discourse in its China policy.

"China Threat" has been much discussed since the end of the Cold War. The main points of "China Threat" are as follows:

first, the PRC is the only big power that embraces ideology different from the western world; second, the rapid growth of Chinese economic and military power will challenge and affect the stability in the Asia-Pacific region. Some observers, however, hold a different view that China would not be able to challenge the U.S.' role even in the 21st century. It does not show any ambition to dominate the world; nor does it have the resources to entertain such an ambition.

Although the American public opinion manifests a worry about China's threat, the U.S. White House and State Department never pay too much attention on it. The Bush government did not accept the containment policy, nor did it display much hostility to China even after the 1989 Tienanmen incident.

"The clash of civilizations" was brought up in 1993. It emphasizes potential conflicts among different civilization regions. With rapid economic and cultural exchanges all over the world, chances are low that "the clash of civilizations" would develop into a mainstream thinking. But this mode of thinking, which might find its roots in the Crusade in the Middle Ages, could be utilized as a theoretical basis for containing China.

America's China policy can be divided into four stages: "strategic cooperation"(1972-1982); "constructive relation"(1982-1993); "comprehensive engagement"(1993-1997); and "constructive strategic partnership"( 1997-).

The "engagement policy" is aimed at pushing the PRC to

continue to "open" her society. In the post-Cold War period, especially after 1993, the U.S.' engagement policy was guided by two lines: to keep peaceful relations with the PRC, and to try to export U.S. political, economic and cultural value to the PRC in order to effect a peaceful evolution in the latter.

There is no accurate definition of the nature of "constructive strategic partnership". We may regard it as the deepening of "engagement".

On issues of sovereignty, human rights, economy and security, the disagreement between the U.S. and PRC is not so large as some believe. On the issue of sovereignty, the U.S. is not willing to challenge China's stance. The human rights issue is very important for the U.S., especially for the American public. But it is unable to substantially affect the U.S. official China policy. The U.S. will not resort to economic means lightly to force China to change her human rights policy anymore. What substitutes for is an engagement policy, outlined to push the PRC to change her whole value, and which, the U.S. hopes, will in the end help solve the human rights problem. The U.S. and PRC have common interests in economic and security issues. The PRC needs a peaceful environment favorable to the growth of her economy, and the U.S. wishes for a stable new order under its leadership.

One other factor to be taken into consideration is that Japan, Russia and the European Union will not follow the U.S., if it acts to contain the PRC, due to geopolitical and economic reasons.

## II. U.S. and ROC (Taiwan)

The U.S. first deemed Taiwan as a partner to resist Communist expansionism from a consideration of "strategic need" (1950-1972). Taiwan saw its significance as a strategic partner diminishing since 1972. And the U.S. begun a deliberate modification on its Taiwan policy, in which Taiwan's role shifted to be a "friend to be treated with moral responsibility." The modification culminated in 1979 with the U.S. switching diplomatic recognition to the Beijing regime. The U.S. Taiwan policy saw a new turn in 1996, which can be summed up in the "three-no's" policy. The rationale behind the three-no's policy is that the U.S. does not want to see any development on the part of Taiwan that could endanger its Asia-Pacific strategic arrangement.

The "Taiwan question" is regarded as an essential factor to the "constructive strategic partnership" between the U.S. and PRC. As is pointed out in the Oct. 29, 1997 "Joint U.S.-China Statement," "China stresses that the Taiwan question is the most important and sensitive central question in China-U.S. relations, and the proper handling of this question in strict compliance with the principles set forth in the three China-U.S. joint communiqués holds the key to sound and stable growth of China-U.S. relations..."

The U.S. has modified its "one China" policy thrice: in

1972, the U.S. only "acknowledged" the position of the PRC that all Chinese on either side of the Taiwan Strait maintain that there is but one China and that Taiwan is a part of China. In 1982, the U.S. made it clear that it "has no intention…of pursuing a policy of "two Chinas" or "one China, one Taiwan." In 1998, U.S. President Clinton declared in Shanghai the "three no's policy" concerning the Taiwan question: the U.S. does not support "two Chinas," "one China, one Taiwan," or "Taiwan Independence." And the U.S. does not believe that Taiwan should be a member of any organizations for which statehood is a requirement.

As Clinton's Shanghai speech has made clear, the "three no's" policy will become a "legitimate limitation" for Taiwan's international activity.

Generally speaking, the importance of Taiwan's role for the U.S. is declining. A rule may be able to be tracked out of the U.S.' past solutions to crises in the Taiwan Strait: the U.S. may stand on Taiwan's side during the crisis, but always shifts to the side of the PRC after the crisis.

The relations between the U.S. and PRC should continue to deepen in the 21st century. There is nearly no reason for military conflicts between the two countries, except for the issue of Taiwan's future.

What Taiwan worries about is whether the U.S.' position to Taiwan's future will change from "peaceful solution" to "peaceful unification, " and from "three-no's" policy to public confirmation of "one country, two systems."

Taiwan should change her "no haste, be patient" policy, and follow America's engagement policy to peacefully transform the PRC. Taiwan also needs to change her "join the UN" policy and avoid pursuing Taiwan independence. The ROC should take positive act to join the structure of the U.S. Asia-Pacific policy. It should avoid being regarded as a "trouble maker" that puts threat to the security in the Asia-Pacific region. It should also keep dialoguing and contacting with the PRC, and find a peaceful solution for both sides.

# 前　言

1784 年，美國還是一個邦聯國家時。8 月 23 日，美國船隻「中國皇后號」(Empress of China)取道好望角至澳門，8 月 28 日，抵達目的地廣州黃埔，該船是第一艘抵達中國的美國船隻，開啓兩國歷史性交往的一頁。1840 年的鴉片戰爭中，美國並未介入，然日後也搭上列強主義進入中國的列車。1844 年 7 月 3 日，美國與清廷簽署了《望廈條約》（亦稱《中美五口通商章程》），爲美中之間的第一個不平等條約。1858 年 6 月 18 日，雙方簽署《天津條約》；1868 年 7 月 28 日，中國的特使美籍蒲安臣(Anson Burlingame)與美國訂定《中美天津條約繼續條款》，通稱爲《蒲安臣條約》。該條約主張中國對其領土保有完整的權利，美國對中國開放移民、美中互設領事館、互派留學生、互設學堂，信仰自由，以「反對租借」和「貿易開放」等主張爲美中關係開啓了新的一頁。

美國成爲中國滿清末年「門戶開放」的推動者。

1914 年 7 月 28 日，第一次世界大戰開啓。9 月，日本出兵佔領山東。1915 年 1 月 18 日，日本向中國提出《21 條》；3 月，美國就《21 條》向日本提出抗議。1919 年，巴黎和會開議；4 月 30 日，美、英、法決定將德國在山東的權益讓與日本。1928 年 7 月，北伐成功；25 日美國與南京政府簽訂正式承認中國關稅自主的《整理中美關稅關係之條約》，正式承認南京政府。1931 年 9 月 18 日，日本侵略中國東北，1932 年 1 月 7 日，史汀生(Henry Stimson)提出「不承認主義」。1922 至 1933 年間，美國國會陸續通過《中國貿易法》，給予在中國的企業優惠政策，使得美國在中國的商業經濟力量增加。1933 年 5 月 29 日，南京政府與美國簽訂《棉麥貸款協定》。1936 年 9 月簽訂《中美白銀協定》。整體而言，在第一、二次大戰期間，美國與中國的經貿關係有快速進展，但是美國一方面基於本身的「孤立主義」外交思想；另一方面，基於其本身的實力，在有關中國的事務上，並沒有左右全局的意願與力量。

美國在第一次世界大戰期間與以後，在中國的事務上有了更多的主動。1937 年 7 月 7 日，日本發動全面侵華戰爭。1941 年日本偷襲珍珠港，太平洋戰爭爆發，1942 年 1 月史迪威(Joseph W. Stilwell)出任中國戰區參謀長；2 月，美國向中國提供 2 億美元無償貸款；中美英聯合進入緬甸作戰。1943 年 11 月 22 日中美英三國領導人在開羅召開會議。1945 年 9

月 2 日，日本無條件投降。美國在二次大戰期間的末期成為中國最重要的盟友，戰後雙雙成為聯合國的安理會常任理事國。

1945 年後，中國再度陷入內戰。美國一方面於 1946 年 6 月國會通過了《軍事援華法案》支持國民黨政府；另一方面派馬歇爾(George Marshall)調停。8 月，馬歇爾調停失敗，1947 年 1 月 7 日返美。中國的內戰持續。直至 1949 年國民黨政府兵敗撤台，中國開始了兩岸的分治。但是美國仍然無法、不能、不願脫離與中國關係。美國在 1949 年後更積極地介入了兩岸的中國事務。

對兩岸的中國人而言，現代的中國歷史是無法與美國分開。美國的中國政策影響兩岸半個世紀以上的互動。作為中國人，不論喜歡與否，也不論贊同與否，這個已存在的事實，可預期的將會繼續持續。對美國的中國政策作整體、客觀且深入的了解，是兩岸中國人都不能忽視的重要事務。這正是本書撰寫的動機之一。

學術界探討美國的中國政策，有來自決策分析與議題討論（歷史、政治、外交、經貿等各個不同層面）等方式，各有所取、各有所長。本書則是從美國對中國政策的中心思維邏輯作為寫作的切入面。以期能從宏觀面，了解美國「中國政策」的變與不變。

在美國對中國政策的中心思維方面，本書再以三個觀念切入，分別是圍堵（或譯為遏制）(containment)、交往

(engagement)與戰略夥伴(strategic partnership)。這三種思維之間的消長，左右了美國二次大戰後中國政策的基本雛形。

作爲一篇學術的著作，時間序列的界定，有助於旨意的陳述。爲清晰分析論述，在時間的序列上，本書將美國的中國政策分爲三個階段：第一階段爲冷戰期間，從1949年到1989年東歐的劇變。第二階段爲後冷戰時期，在美國對中國政策上，可以1989年的六四天安門事件爲一個轉捩點，到1995年柯林頓總統第一任任期結束爲止。第三階段爲邁向廿一世紀時期，從1996年柯林頓總統第二任任期始一直到未來的廿一世紀初期。

上述兩種分類：美國對中國政策的「中心思維」與「時間」序列，構成本書研究的架構，從這兩個分類間的互動，探究美國的中國政策全貌。

本書名爲美國的中國政策。惟所謂的「中國政策」並非專指對中共的政策，亦包含了美國的對台政策。在界定美國的中國政策時，將美國的對台政策納入其中國政策的思考、行爲分析架構。不可否認地，自1949年起兩岸開始分治。美國在中國分裂問題中所持的立場是戰後中國政策中最重要的一環。本書將此一議題分別放在各相關的章節中討論，理由在於，美（美國）、中（中國大陸，中共）、台（台灣）三角關係的互動是受到美國「中國政策」的中心思維及時間環境的影響。在本書的認知中，美中台三角關係在美國的中國政策中，一直是一個「從屬」的地位，受整體中國政策的左右。或許有論者在主觀上不願看到「對台政策」是從屬於「中國政策」，但在學術的分析上，這卻是無法否定與避免的事實。

關於「圍堵」、「交往」、「戰略夥伴」此三種思維的理論基礎，即是來自於美國外交政策中傳統的現實主義與理想主義的爭辯。在第一章中，本書首先探討美國在面對同樣是共產主義的兩個大國——蘇聯與中共時，有無相同的理論思維？如果有，自然會有相似的政策行爲；若無，也就無法以美國對蘇聯的思維來看待中共。該章是從美國對蘇聯的政策思維來推證美國對中共政策的思維特質。美國對中共的整體思維，在冷戰初期即已有雛形，在雙方建交後可謂成形。美中台三角關係的基本格局也自然地相對形成。

第二章討論美國後冷戰時期對中共角色的認定有無改變。「中國威脅論」的理論依據爲何？以及有無因素可能成爲與「蘇聯威脅論」同樣般的理論基礎均將在本章討論，以推論「交往」或是「圍堵」（或「遏制」）在美國「中國政策」中的位階，並可了解爲何「交往」政策仍是美國冷戰後對中共政策的主流。在後冷戰期間，美國面臨對中共角色的調適，也必須肯定台灣在民主政治改革方面的成果。美中台三角關係在基本格局內作了些微調整。但也由於台灣並不滿意現有的定位，使得在 1995 至 1996 年間三角關係產生出格的現象。

第三章則是自邁向廿一世紀的角度，以探究美國的中國政策。本書認爲「後冷戰」(post Cold War)觀念的佈局，受到1995-96美中台三角關係出格，以及美國柯林頓第二任期重新推動其外交政策的雙重影響，可以說在1996年間正式告一段落。美國自1996年起，已經不常用「後冷戰」的觀念，而是用「邁向廿一世紀」的概念來制定美國的中國政策。「邁向廿一世紀」思維下的兩個結果：一是美國與中共「建設性戰略夥伴」的建立；另一則爲美中台三角關係再作更清楚的規範——即「三不政策」的公開宣示。前者是美國與中共未來關係深化與廣化的共識基礎；後者則是雙方爲避免未來衝突的共同承諾。

第四章從兩個角度來探究邁向廿一世紀美國在推動中國政策中的一些可能的變數。在內部因素方面，分爲主權、人權、經貿與安全四個議題作討論，在外部因素方面，將中共與俄羅斯、日本及歐盟的關係會否影響到美國對中共角色的認知作分析。本章撰寫的目的希望對未來美國的中國政策趨勢取向能提出較前瞻性的看法。

在資料引用上，由於本書討論的是美國「執行」中國政策的思維，因而所引用的資料以政府重要領導階層的重要談話爲主，亦即以文件的分析作爲立論的依據。該研究方法，對於如美國這種資訊公開的國家而言，應有其真實與客觀的價值。

如前所述，本書並非討論美國「中國政策」的決策分析，而是思維的探討。因此研究對象以美國行政部門的政策爲主，國會或學者的看法為輔，並不觸及其決策過程。

寫作方式方面，為使本書的論證更為嚴謹，本書將儘量引述重要發言或文件的全文，讓資料自己說話，以儘量避免作者自己的主觀詮釋，俾使本書的客觀性更形凸顯。

在用詞方面，本書以「美中台三角關係」表述美國與兩岸的關係，純係用語方便的考量，不涉及任何政治的涵義。「美中台」是指「美國、中國大陸、台灣」，而非「美國、中國、台灣」。在作者的認知上，「中華人民共和國」並不能完全等於「中國」。或許有人覺得此點表述似嫌多餘，但實則在討論美國的中國政策時甚為重要，因而願在此再作釐清。

在另一個名詞的運用上，英文的"containment"一字在台灣常譯為「圍堵」，而在中國大陸則譯為「遏制」。「圍堵」一詞用於冷戰期間，特別是應用在對蘇聯等共產主義世界時，此譯文甚為傳神。但在面對中共時，特別是冷戰後的時期，"containment"一字，若仍以「圍堵」表達，易失其意，倘以大陸常用的「遏制」翻譯，應更為合意。惟基於在台灣的約定成俗，本書各章節標題仍用「圍堵」一詞表達，但在本文的討論中，將依前後文的語意，併用「圍堵」與「遏制」兩譯字，希望不會對讀者造成困擾。

為便於讀者能清楚了解本書各部分的內容及要表達的要旨，在寫作上，將各章節的內容再作細分，並將目錄作較完整的呈現。讀者僅從目錄應已可略為了解本書各部分的重要觀點。結論則是將研究心得作一整體性的陳述，以便於讀者完整地了解本書的綜合見解。

# 第一章
# 冷戰期間
# 美國對共產政權的思維：
# 交往或圍堵

美國的開國元勳華盛頓(George Washington)在告別演說中，警告美國干預歐洲政治的危險性。[1]第一次世界大戰時，歐洲戰場進行一場沒有意識形態的歐洲大國權力之爭。美國最後雖然參戰，但是「孤立主義」(Isolationism)主導美國在第一次世界大戰後的外交政策。沒有美國積極參與的國際社會，例如，國際聯盟(League of Nations)是注定無法因應戰後的權力爭奪與挑戰。雖然第二次世界大戰仍是一部德國的復仇與擴張史，但已有了法西斯主義(Fascism)與反法西斯主義的意識形態對抗。戰爭結束後，反法西斯陣營出現了影響後來五十年的共產主義與反共產主義之爭。在俄羅斯的擴張史上，蘇聯的史達林(Joseph Stalin)取代了傳統俄羅斯沙皇的地位，成爲共產世界的霸主。另一方面，美國取代了戰後的歐洲，成爲西方世界自由民主的象徵。以意識形態爲本體的兩極對抗正式形成。

戰後的第四年，1949 年中國共產黨在中國取得了政權，成爲亞洲第一個共產主義國家，立即投入以蘇聯爲首的共產主義陣營。作爲一個以自由爲立國精神的國家而言，美國要如何面對這個新形成的共產世界，是美國外交政策中所必須重新思考的問題。與第一次世界大戰後不同的是，美國已是西方世界的唯一強權，而且戰後的意識形態對抗已牽涉到對美國立國精神的侵害，美國已經是毫無選擇的參與了戰後的

[1] Washington's Farewell Address, 1796. Available from: gopher://wiretap.spies.com/00/Gov/US-Speech/washing.fw

權力對抗，美國不可能走回孤立主義。

美國應該如何面對共產主義世界，對抗的思維是什麼？在美國的認知中，中共與蘇聯是否都是應該對抗的目標？「交往」還是「圍堵」（或稱「遏制」）這兩個思考在面對蘇聯與中共時，是應當一樣，還是具有不同的取捨？

1949 年的中國因爲內戰，分別在台北與北京擁有中央政府。美國的中國政策與台海兩岸是分不開的。自 1972 年美國與中共建立新的關係後，如何架構與共產中國及非共產中國兩岸政府的互動規範，也是美國外交政策的一項重要課題。

## 第一節　面對蘇聯：圍堵或均勢

### 一、理想主義主導對蘇政策：四十年不停的圍堵

簡單而言，現實主義者(realist)將國際政治視爲權力政治(power politics)，[2]從國家間的力量來分析國際政治，依據國家利益與權力平衡(balance of power)來制定外交政策。[3]而理

[2] See E. H. Carr, *The Twenty Years' Crisis, 1919-1939* (London: Macmillan, 1946); Hans J. Morgenthau, *Politics Among Nations* (New York: Knopf, 1966); Herbert Butterfield and Martin Wight, eds., *Diplomatic Investigations: Essays in the Theory of International Politics* (London: George Allen & Unwin, 1966).

[3] See Martin Wight, *Power Politics* (New York: Holmes & Meier, Inc., 1978); Kenneth N. Waltz, Theory of International Politics (MA: Addison-Wesley, 1979).

想主義者(idealist)則是多從意識形態來看待國家關係，以力量實現和平，將維護價值觀視爲外交政策的最高原則。[4]該等價值觀，可以是民主國家所強調的自由、民主、人權，當然亦可爲共產主義所主張的各項價值。季辛吉(Henry Kissinger)曾說，制定美國外交政策的過程就是在現實主義和理想主義間尋求平衡的過程。[5]

威爾遜主義(Wilsonianism)可以視爲是美國理想主義的象徵與集大成。[6]美國人民願意跨越傳統的孤立主義思考，兩次介入他們原本不願陷入的歐洲大國權力之爭的世界大戰，所憑藉的並非僅是現實主義的需要。倘若沒有理想主義的激勵，美國可能不太容易跨越孤立主義的界限。威爾遜主義是美國建立世界新秩序，將美國價值推廣到全世界理論依據的第一次嘗試。雖然以現實主義權力平衡爲其終生外交思想與實踐的季辛吉，也不得不承認威爾遜主義所揭櫫的理想主義，是美國外交政策的一股「無以倫比的主義」(exceptionalism)力量：「作爲一種外交政策的出發點，威爾遜主義具有無以倫比的本質，認爲美國具有無可匹敵的美德和實力。美國對其實力，以及目標的崇高性深具信心，因而有意在世界各地爲

[4] See Terry Nardin and David Mapel, eds., *Traditions of International Ethics* (London: Cambridge, 1992).

[5] Henry Kissinger, "Reflection on Containment," *Foreign Affairs*, vol.73, no.3 (May-June 1994), p.118.

[6] Amos Perlmutter, *Making the World Safe for Democracy: A Century of Wilsonianism and Its Totalitarian Challengers* (University of North Carolina Press, 1997).

其價值作戰」。[7]在該理念下，美國的外交政策中，以美國價值觀作爲衡量國際關係與他國內政的標準，並認爲美國有義務將其價值理念推廣至全世界的主張，仍受到相當程度的支持。

作爲美國現實主義的理論大師與執行者季辛吉，在他冷戰後的作品《外交》(*Diplomacy*)一書中，即強調理想主義對美國在冷戰中決策的絕對影響。換言之，沒有理想主義的訴求，也不會有圍堵政策的產生。季辛吉認爲，當時的年輕外交官肯楠(George Kennan)從莫斯科大使館所發的著名「長電報」(Long Telegram)能夠改變當時華府當時世界觀的理由，不是在於他指出，蘇聯有向東歐擴張的意圖，以及蘇聯對其本身敏感的地緣政治利益，而是肯楠明白的指出，蘇聯外交政策本質上是共產主義意識形態的狂熱，以及舊沙皇擴張主義兩者的混合體。在肯楠的眼中，蘇聯外交政策的取向根本就是受到其傳統的民族擴張主義、共產主義、共產體制等共爲一體的意識形態所支配，因此，無論任何甜言美語都是不可能改變蘇聯，美國必須準備和蘇聯作長期的鬥爭，圍堵與對抗自然是必然的唯一選擇。美國外交政策首次把美蘇的爭端視爲是因爲蘇聯本身的意識形態與體制所致。[8]

1946 年 9 月 24 日，美國總統親信顧問柯立福(Clark

---

[7] Henry Kissinger, *Diplomacy* (New York: Simon & Schuster, 1994), p.809.

[8] George F. Kennan, “Long Telegram” from Moscow, February 22, 1946, in *Foreign Relations of the United States 1946* (Washington, D.C.: U.S. Government Printing Office, 1969), vol. VI, pp.666-709.

Clifford)在一份極機密的研究報告中，接納肯楠以哲學觀點分析蘇聯外交政策取向的看法。他認爲，唯有在蘇聯的力量受到制約時，克里姆林宮的政策方有可能改弦易轍。柯立福並將此一已漸爲人所接受的看法再擴張爲，美國的環球安全任務，涵蓋了「所有受到蘇聯威脅的民主國家」。[9]

1947 年 3 月 12 日，杜魯門(David Truman)在國會兩院特別會議上發表日後被稱爲「杜魯門主義」(Truman Doctrune)的重要演說。他以傳統理想主義的威爾遜主義來形容與蘇聯的鬥爭不是基於國家的現實利益，而是兩種生活方式的抉擇：

> 「在當前世界歷史的關頭，幾乎每一個國家都面臨著兩種生活方式的抉擇……，一種生活方式建立在多數上的意志基礎上，其特徵是自由體制、代議政府、自由選舉、保障個人自由、言論與信仰自由，而且有免於政治壓迫的自由。第二種生活方式的卻是以少數人的意志加在多數人為基礎。它依恃的是恐怖和壓制，控制著新聞和廣播、指定的選舉、並且壓制人身自由」。10

[9] Clark Clifford, "American Relations with the Soviet Union: A Report to the President by the Special Counsel to the President," September 24, 1946, in Thomas H. Etzold and John Lewis Gaddis, eds., *Containment: Documents on American Policy and Strategy, 1945-1950* (New York: Columbia University Press, 1978). p.66.

[10] *Public Papers of the Presidents of the United States, Harry S. Truman,* 1947 vol. (Washington, D.C.: U.S. Government Printing Office, 1963), p.178.

杜魯門發表演說後數月，即 1947 年 7 月，時任國務院政策設計司新任司長(Head of the Policy Staff)的肯楠以「X」署名，在《外交事務》(*Foreign Affairs*)期刊上發表一篇〈蘇聯行爲的根源〉(The Sources of Soviet Conduct)，首次公開提出對蘇圍堵的主張，成爲往後圍堵政策的聖經，實際上圍堵政策也是因該文件而得名。他認爲，要擊敗蘇聯的策略即爲堅定「堅強圍堵的政策，在蘇聯顯示出侵犯和平、穩定的世界利益時，都以不可動搖的對抗力量去和蘇聯對峙」。[11]

1949 年，史勒辛格(Arthur M. Schlesinger, Jr.)發表《重要中間》(*The Vital Center*)，全面闡述了反共反蘇的立場。他代表一群曾參加二次世界大戰自由派知識份子的觀點，他們認爲，由於制度與價值觀的完全對立，美蘇不可能長期和平共處。[12]該群人日後被稱之爲「重要中間派」或「冷戰自由派」。他們對美國的冷戰政策有著深遠的影響。杜魯門的冷戰宣言（即著名的 NSC-68 號文件）即相當程度地反應出「冷戰自由派」的主張。尤有進者，他們將民主的信仰界定在一種「鬥爭的信仰」，提出保衛民主自由的鬥爭必須在兩條戰線上進行。在國際上，與蘇聯作全面的對抗；在國內，加強民眾對蘇聯制度本質的認識，兩者同樣重要。因爲只有在美國精英與民眾中建立美國制度與價值觀絕對優越的信念，才能確保

---

[11] "X" (George Kennan), "The Sources of Soviet Conduct," *Foreign Affairs,* vol.25, (July 1947), p.581.

[12] Authur M. Schlesinger Jr., *The Vital Center: The Politics of Freedom,* (Boston: Houghton Mifflin, 1988).

美國在這場長期的對抗中，不會因為失去了牢固的道德基礎而在國內失去支持。[13]

美國圍堵政策背後有著道德價值的基礎。或許會有人認為該種道德陳意過高，但亦不應否認，如果美國並非真心信服圍堵有其深刻的道德價值與理念，也無從堅持該政策歷四十年，並且為其付出嚴厲的代價。在 1950 年 4 月公開的國家安全會議第 68 號(NSC-68)文件，也是美國對冷戰策略的正式文件，可作為例證。貫穿整篇文件的思想就是「共產主義」與「自由世界」誓不兩立，要準備與蘇聯作長期性的全球對抗。該文件以道德原則界定美國的國家利益。它認為，道德的挫敗比物質上的受挫更加危險：

> 「……自由體制在任何一方失敗就是全盤皆沒。捷克覆亡，我們所遭受的震撼絕非以捷克對我們在物質上有何重要去加以衡量。就物質意義而言，捷克的能量早已在蘇聯支配之下，但當捷克體制的完整性受到破壞時，也就是在這個無形的價值指標上，我們測度到的損失，遠比我們業已遭受的物質損失，傷害大多了。」[14]

[13] Authur M. Schlesinger Jr.,"Not Left, Not Right, But a Vital Center," *Times*, April 4, 1948, p.45.

[14] NSC-68, "United States Objectives and Programs for National Security," April 14, 1950. in *Foreign Relations, United States, 1950,* vol.I, p.240 (237-292)

「要讓我們本身強大，不但在進行國家生活時重申價值信念，而且也要發展我們的政治與經濟力量。美國開國先賢的理論是，以美國作為全體人類自由的燈塔，它瀰漫在美國的冷戰哲學之中。」[15]

NSC-68 號文件最後彰顯出美國圍堵蘇聯的目的。它認爲「冷戰實際上是一場關係到自由世界存亡的真正戰爭」，冷戰的目的是要渡化敵人，「造成蘇聯制度的徹底改變」，它的意義即是，「蘇聯接受了國際社會特定、有限的條件，准許自由體制的發展，俄國人民也有機會能自己定出其命運走向」。[16]

理想主義的圍堵論調既非傳統現實主義者所主張「取予論」(give and take)的談判策略，但也非徹底的攤牌武力大對決。美國當時既不願使用獨佔的核子武器要脅，因爲任何一場核子大戰的勝利將不代表著問題永久的解決；NSC-68 號文件也認爲，經由談判所生的結果，並不能帶來真正的和平，因爲克里姆林宮必然會利用談判來求取最大的利益。[17]換言之，只要敵人不放棄其信仰與主義，美國根本不會考慮一場戰爭的勝利或經由談判來達成一種解決方案。最好的策略就是持續不斷地圍堵，一直到其自己被迫改變。

1951 年，由鄂蘭(Hannah Arnet)撰寫出版的《論極權主

[15] *Ibid.*, p.241.

[16] *Ibid.*, p.241-242.

[17] *Ibid.*, p.279.

義的起源》(*The Origins of Totalitarianism*)一書爲上述所謂的「冷戰自由派」建構起了理論基礎。該書認爲，蘇聯的共產主義與德國的納粹主義都源於歐洲十九世紀的帝國主義與反猶太文化，屬於本質和意識形態基礎相同的極權制度。[18]在該定義下，「冷戰自由派」將與蘇聯的妥協或者謀求合作比擬作 1930 年代英、法對於德國的綏靖(appeasement)政策，是完全不可取的。因此對抗與圍堵是必然的選擇。

## 二、理想主義與現實主義的路線爭議：四種不同的思考

對於蘇聯是一個擴張的共產主義國家這一點，戰後的美國已有相當共識。但是是否應用圍堵的方式來面對蘇聯則有不同的看法。圍堵政策遭到了三種不同學派的批評。第一種是來自於以李普曼(Walter Lippmann)爲首的「現實主義學派」。他認爲圍堵政策導致心理與地緣政治的過度伸張，以致耗弱了美國的資源。李普曼認爲，美國應先建立評估標準，以界定在何種地區抵抗蘇聯的擴張行動，如果沒有這套標準，美國將被迫拼湊組織「一堆衛星、客戶、附庸、傀儡的雜牌軍」(a heterogeneous array of satellites, clients, dependents, and puppets)，[19]如此將使得該等新盟友利用圍堵而謀取本身的利益。美國將被迫陷入爲圍堵蘇聯而支持該等政權的困境，而

---

[18] Hannah Arndt, *The Origins of Totalitarianism* (New York: Harcourt, Brace & World, 1951).

[19] Walter Lippmann, *The Cold War: A Study in U.S, Foreign Policy* (New York/London: Harper & Btothers, 1947), p.23.

使得資源耗弱。與肯楠呼籲以耐心等待蘇聯無法避免的自我崩潰相反，李普曼建議美國應在軍力仍居上風時，採取外交手段以謀求歐洲的和解。

第二種批評的代言人是權力平衡派的邱吉爾(Winston Churchill)，他反對先建立實力陣地、再進行談判的主張。他認爲民主國家已有原子獨佔武器，以強大的實力進行談判，坐候時機只會自挫實力。1950 年 11 月 30 日，他在一場有關北約的談話中表示：

> 「雖然儘速建立我們的軍力是正確的……我贊成只要在適當時機，可以儘速與蘇聯達成和解，並且在美國原子彈的優勢無可計量、十分強大，足可抵銷蘇聯在其他軍力的絕對優勢之際，儘速從事和解的努力」。[20]

邱吉爾的看法是，外交手段與建立軍事壓力是可並行的，以雙管齊下方式迫使和解達成。但是邱吉爾的看法沒有成爲美國的主流政策，不論在第二次世界大戰，還是在韓戰、越戰，美國都是採分階段進行，即先武力再和談。邱吉爾的思想雖然沒有成爲美國冷戰期間的外交政策主流，或是卻是歐洲國家所執行的主要政策。歐洲國家，如法國與西德在 1960 年代末即開啓了與蘇聯的和解政策，特別是西德，一方面堅

---

[20] Wiston S. Churchill, *His Complete Speeches, 1897-1963*, ed. By Robert Rhodes James, vol.VII, 1943-1949 (New York/London: Chelsea House in association with R. R. Bowker, 1974), p.7710.

守美國道德主義的北約(North Atlantic Treaty Organization)堡壘，但另一方面卻在 1970 年代前期完成了與蘇聯的和解。

第三種的批評則是來自於華萊士(Henry A. Wallace)爲首的具有傳統理想主義的激進主義者(radicalism)。這位曾任美國總統羅斯福(Franklin D. Roosevelt)第三任時期副總統的政治人物，他根本否定美國有道德權利採取圍堵政策。他認爲由於偏見、仇恨、恐懼是國際衝突的根源，美國並沒有道德權力在國外進行干預，除非美國自己的社會中已經沒有這些惡質的因子。在華萊士看來，主張美國有國際責任的看法，是一種權力傲慢的證明，把美蘇對抗視爲民主與獨裁的對抗更是虛構。[21]根據華萊士的見解，美國並沒有權利在世界各地干預，只有在聯合國(United Nations)認可批准下才是合法。以華萊士爲首的激進思想傳統理想主義，在 1940 年代末期，捷克共黨政變、柏林封鎖、韓戰爆發等共黨擴張事件後，不再爲人支持。但是在這種以美國傳統孤立主義爲本質的理想主義並未消失，它仍然觸動著美國人心弦的自掃門前雪主張，在越戰末期卻峰迴路轉地得到美國國內的支持，迫使美國政府急著結束戰爭。[22]

美國卡特(Jimmy Carter)總統可以被視爲是威爾遜(Woodrow Wilson)之後最提倡理想主義的總統。柯林頓

[21] Henry A. Wallace, *Democracy Reborn*, Russel Lord ed., (New York: Reynal & Hitchcook, 1944)

[22] Herny Kissinger, *Diplomacy,* pp.469-450.

(William J. Clinton)上台後任用的重要成員如克里斯多福(Warren Christopher)、雷克(Anthony Lake)，都曾是卡特時期的重要幕僚成員。卡特認爲一個國家的對外政策不應背離其國內政治所依循的道德標準。[23]但是在冷戰時期的國際體系下，意識形態團體的結盟與彼此間的軍事對抗，使得理想主義的外交政策受到制約，卡特在推廣其美國價值觀的政策時，又顯得較爲謹慎與隱晦。卡特雖有理想主義的理念，但卻無「冷戰自由派」的對抗意志，在執行政策上，他又像是個華萊士的「激進理想主義」者，積極與蘇聯尋求裁減軍備的妥協，建立共存的世界。卡特對友邦道德的要求似乎比共產國家還多。在缺少軍事優勢與直接干預的意志與行動下，卡特的理想主義外交政策並無法有效的執行，不只令蘇聯感受不到壓力，甚至美國的盟友西歐，尤其是西德，都對卡特的人權政策感到不滿。卡特對理想主義的詮釋，使得在 1970 年代後期，一些自由主義的知識份子，與民主黨決裂，轉入共和黨陣營，爲所謂的「新保守派」(Neoconservatism)。

新保守派與保守派有著共同的「反共」立場，認爲共產主義是美國自由民主的最大威脅。但是「新保守派」是以「反對反對美國主義」來界定其反共立場，其成員信奉激進的「美國主義」(Americanism)，即美國特殊論，認爲美國社會就其本質，特別是道德水準而言優越於其他任何社會，因此美國

[23] Jimmy Cater, *Why Not the Best?* (New York: Bantam Books) , p.141.

比其他國家更有資格主導國際事務。[24]「新保守派」後來加入了雷根(Ronald Reagan)總統的陣營，他們與雷根有著共同的語言，要從意識形態向蘇聯這個「邪惡帝國」(evil empire)宣戰。在某種意義上，他們是「冷戰自由派」的再生。所不同的，「冷戰自由派」的理論依據是爲自由世界價值觀而圍堵蘇聯，但是「新保守派」是爲「美國價值」與「美國領導利益」而對抗蘇聯。

接替卡特的雷根總統有著標準「冷戰自由派」的理想主義色彩，他一方面高舉理想主義的旗幟，以人權作爲推翻共產主義與推動蘇聯民主化的理由，將人權視爲世界和平的鎖鑰，要將共產主義化成灰燼；另一方面，他堅定的遏止蘇聯的擴張主義，並整備軍事，迫使蘇聯的軍事戰略優勢變成經濟戰略負債。蘇聯就是在歐安會議(Conference on Security and Cooperation)議定書所帶來的和平演變與美國的對抗壓力下突然瓦解了，變成了歐洲「交往」與美國「圍堵」雙重政策下的犧牲者。

面對共產主義的政權，戰後美國的思潮可化約爲上述四種：第一是執行以理想主義爲信念的圍堵政策的「冷戰自由派」，認爲不應與蘇聯妥協或尋求合作，共產主義終將在自由民主世界的圍堵下自然瓦解。這一派在 1970 年代末期成爲以肯定美國價值爲主的「新保守派」；第二是激進的理想主

---

[24] Norman Podhoretz, "Neoconservatism: A Eulogy," *Commentary*, vol.101, no.3 (March 1996), pp.19-27.

義，也崇尚道德價值光輝，但因爲戰爭的本質邪惡，並不認爲美國具有權力在國外進行圍堵，及因圍堵爲名而行之的干預；第三是以不贊同圍堵，而主張以外交手段爲主解決世界紛爭的現實主義學派；第四種則是雖然贊同圍堵，但亦主張談判和解的邱吉爾式的現實主義學派。值得注意的是，贊成圍堵共產政權的觀念並非來自所有的現實主義者，而是理想主義的一支派別「冷戰自由派」；反對圍堵的也並不是來自於所有的現實主義者，也有激進的理想主義者不主張圍堵。另外還有一點也是不可忽視的，就是在冷戰期間，美國對共產主義國家的外交政策中，以「交往促使改變」的主張，似乎從未成爲顯學。整個四十年的對蘇政策，就是以「圍堵」爲主軸。「以交往促使改變」反倒是歐洲國家的對蘇政策，其間有理想主義的目標，也有現實主義的考量。

對於前蘇聯爲何輸掉冷戰，有人認爲是蘇聯在美國全面圍堵與隨之而來的軍備競賽壓力下，而終於使得經濟嚴重失調而全面崩潰。但理想主義則認爲東歐與蘇聯內部受到西方民主、市場經濟等價值觀而驅使的改革運動，才是冷戰結束的真正原因。或許可以如此認爲：歐洲對蘇聯的價值觀輸入與美國的武力壓力，終於使得蘇聯這個百年來不斷擴張的帝國，終告瓦解。前者是歐洲「交往政策」的功勞；後者則是美國「圍堵政策」的成果。

# 第二節　面對中共：圍堵或交往

## 一、現實主義主導中國政策：從未有過眞正圍堵中共的思維

上述現實主義與理想主義的各式觀點，在美國外交政策中均非永恆地被採用。在蘇聯瓦解後，以冷戰爲目的的兩極(bipolar)體系鬆動。[25]美國這個非歐亞大陸的國家成爲第一個真正的全球大國，也是歷史上第一個民主國家成爲世界的唯一強權。無論是新保守主義「美國價值至上」，還是理想主義與現實主義均認爲美國應繼續保持「美國霸主的地位」。在冷戰末期所形成的美、蘇、西歐、日本、中共五極體系；還是聯合國的五個安全理事會員國的表面強國分配架構，在蘇聯瓦解後，中共已成爲唯一在政治意識形態上與美國有差異的國家。美國這個唯一的超強，究竟如何看待與對待中共，

[25] 體系理論，請參考：Richard Rosecrance, *Action and Reaction in World Politics: International Systems in Perspective* (Boston: Little, Brown, 1963); Stanley Hoffmann, "International Systems and International Law," in *The State of War: Essays on the Theory and Practice of International Politics*, (New York: Praeger, 1965); Morton Kaplan, "Variants on Six Models of the International System," in *International Politics and Foreign Policy: A Reader in Research and Theory* (New York: The Free Press, 1969); Kenneth Waltz, *Theory of International Politics*, (Mass: Addison-Wesley, 1979).

正是冷戰後美國所必須面對的嚴肅的課題。

美國在制定中國政策時，美國的考量究竟為何？從美國圍堵觀念形成的因素看來，蘇聯天生的俄羅斯民族擴張本質與共產主義的意識形態是美國採行圍堵的要因，同樣的，美國對中共政權本質的如何認定，自然會決定美國外交決策的思考，對中共政權可能走向的判斷也會影響到美國對中共外交政策的取捨。

美國對中國的態度和認知較之於蘇聯是截然不同。即使在毛澤東的紅軍即將取得政權時，美國並不認為中共會如蘇聯一樣，成為天生不可妥協的民族與共產混合的擴張主義者。1949 年 8 月 5 日，美國國務卿艾奇遜(Dean Acheson)在將內戰的失敗歸究於國民政府的白皮書內，表達了一個長遠的希望，即中國博大的文明(profound civilization)及民主的個人主義(democratic individualism)終將為中國推離外國的桎梏，他並表示美國對所有的這種可能發展應予鼓勵。[26]文中所指的外國就是蘇聯。該文傳達了一個重要訊息，即在美國的認知中，中國這個具有悠久文明的古國，是不可能與蘇聯一樣。美國希望得到中共的善意回應，最好能與他一起圍堵蘇聯。在中華人民共和國成立的一週後，美國在召開遠東專家的圓桌會議中，決議美國應儘早承認中共，並應促使其加入聯合

[26] U.S. Department of State, *United States Relations With China, With Special Reference to the Period 1944-1949* (後稱為 *The China White Paper*), (Washington, D.C.: U.S. Government Printing Office, 1949), xvi-xvii.

國。[27]

中共對於美國的善意並不領情，1950 年的中共參與韓戰，象徵著美國想藉中共圍堵蘇聯的戰略暫告失敗。中共與蘇聯的同盟友好關係、共同的意識形態信仰使得美國不得不把中共與蘇聯看作一體，美國於是被迫選擇台灣作爲他的戰略盟友。第七艦隊開始巡防台灣，台灣成了美國在西太平洋圍堵共產主義的反共堡壘。

美國從未真正的認爲中共與蘇聯政權的本質是一致的，也從未放棄與中共建立友好關係的念頭。在美國的決策者與民間學術界的認知裡，與中共的對抗絕對不是像與蘇聯般的彌賽亞式對抗。1969 年 8 月，中蘇爆發相互交惡的珍寶島事件，該事件充分反映共產陣營的不和，重新給予美國一個二十年前就想要爭取的機會，美國再次對中共示好。10 月 1 日，中共向美國發出了一個清晰而強烈的訊息，美國作家斯諾(Edger Snow)應邀登上天安門參觀中共國慶。雖然美國當時並沒有感覺到該微妙而有意義的訊號，[28]但是 12 月雙方在華沙(Warsaw)恢復了外交的接觸。雙方的接觸在 1971 年 7 月季辛吉密訪北京時達到了最高潮。

美國與中共的接觸沒有任何理想主義的考量。在季辛吉與尼克森(Richard M. Nixon)這兩位「現實主義」的信徒眼中，

---

[27] *The China White Paper*, vol.1, pp.14-16.

[28] 資中筠主編，《戰後美國外交史——從杜魯門到里根》，（北京，世界知識出版社，1994），第 631 頁。

拉攏中共完全是戰略與地緣上的考慮。他們拉攏中國的共產主義政權是為了圍堵另一個共產主義政權。他們的思維絕非「冷戰自由派」的想法，而是傳統歐洲權力平衡的信念。季辛吉的作法其實反映出戰後美國行政部門對中國的一貫思維：中共沒有侵略性的天生本質，中共是可以交往的。美國當時圍堵中共，只是圍堵蘇聯在亞洲的前哨，而不是真正以圍堵中共為目的。美國希望藉由中共圍堵蘇聯，而不會對中共本身進行圍堵。

1970 年代，中共與美國彼此都需要對方，其目的只有一個，就是對抗蘇聯。歐洲與蘇聯尋求和解，在面對蘇聯時仍有「以交往促使改變」的崇高信念。但是美國在拉攏或與中共交往的思考中，卻看不到這種理想的影子，也沒有想藉由與中共的接觸交往去改變中共的清楚意圖。美國的理念非常簡單，純粹是現實主義戰略的考量。

1972 年 2 月 28 日，中共與美國簽署《上海公報》。該公報具有一個破天荒的特徵，即全文中一半以上是雙方在意識形態、國際事務、越南和台灣問題觀點上的各自表述。但是雙方在反對霸權這點有共識：「任何一方都不應該在亞太地區謀求霸權，每一方都反對任何其他國家或國家集團建立這種霸權的努力」。該段文字心照不宣地表示，中共與美國皆不會與蘇聯合作，結盟的意義在阻止蘇聯在亞洲的擴張主義。季辛吉在他的著作中認為：《上海公報》「與英、法 1904

年以及英、俄 1907 年成立的協約沒有不同」。[29]從中共與美國認真接觸到《上海公報》的簽署也不過短短的不到三年時間，中共與美國的關係就從尖銳對立、孤立的情形，進展到實質性的共禦大敵，亦適切反證了兩者之間原本並無絕對性的對立因素。美國從未認真地將中共當作敵人，也沒有真正想圍堵中共的戰略思維。

## 二、新現實主義主導中國政策：發展雙邊的「建設性關係」

1979 年，中共與美國建立了外交關係。中國大陸也開始了鄧小平主導的改革開放。「反霸、四化、統一」是中共 1980 年代的三個首要目標，該等目標皆與美國有關係。除有關台灣問題上，中共與美國間有齟齬存在，在「反霸」與「四化」上，雙方是相互需要，但已不再如 1970 年代那樣純粹屬於現實主義般的「戰略」考量。

中共與美國建交後，雙方都在調整彼此的外交政策。中共在 1982 年 9 月十二大和 12 月第五屆人大第五次會議中除再次強調獨立自主、和平共處等五項原則外，[30]在重申「反霸」時，提出不與任何一個超級大國結成同盟和戰略關係，不聯合一方去反對另一方，並進一步向第三世界靠攏的政策。

---

[29] Herny Kissinger, *Diplomacy*, p.728.

[30] 《堅持獨立自主的對外政策》胡耀邦在中國共產黨第十二次全國代表大會的報告。見《當代中國外交》，（北京，中國社會科學出版社，1987 年），第 452 至 458 頁。

中共這種立場表述，改變了 1970 年代時期雖未公開宣布，但實際上是聯美反蘇的政策，與美國拉開了安全上的戰略關係。1982 年 10 月，蘇聯外長伊利契夫訪問北京，開啓了中共與蘇聯副外長級的磋商。

美國方面也開始意識到，美國與中共關係的基礎並不再只是所謂的台灣問題與抗蘇問題。中共與蘇聯的再接觸也使美國感覺到中共作爲 1970 年代戰略關係的不可靠。1983 年 1 月國務卿舒茲(George P. Shultz)接任海格(Alexander Haig)，在他的主持下召開了規模較大的政策研討會，重新檢視美國的中國政策。2 月舒茲訪問中國大陸，因應中共調整外交政策及探索《八一七公報》後的兩國關係新途徑。舒茲於 3 月 5 日在舊金山發表的演說與助理國務卿沃爾福威茲(Paul Wolfwitz)4 月 15 日在新加坡的談話中確定了美國以「新現實主義」爲思想的新中國政策原則。[31]

美國對中共新政策的主要內容是：（一）不再強調中共與美國的「戰略關係」，而強調「長期、持久和建設性的關係」；（二）不再強調中共在全球戰略中的作用，而是重視中共在亞太地區的區域性作用。美國認爲中共在外交上已有其「明確的全球方針」，美國今後更應作更現實的估計。中共在國際舞台上是一個「重要因素」，但美國不應過分高估中共在美國全球戰略中的作用，而應以區域性的作用來看待

[31] 王瑋主編，《美國對亞太政策的演變：1776-1995》，（濟南，山東人民出版社，1995 年），第 413 頁。

中共，使其在亞太地區能發揮更重要的功能；（三）使中共與美國關係往多樣性發展，更加重視經濟、政治與文化的關係，以此為主，以軍事關係為輔，相互作用，從而促進無形的戰略關係。中共與美國雙方的政策雖然有分歧，但是為了對付蘇聯的擴張，兩國有重大而並行不悖的利益。隨著政治、經濟、文化關係的發展，以及促使中共更多地參與國際經濟活動，兩國關係不但可以長期保持，而且可以為將來「安全合作打下堅實基礎」；（四）現實地看待彼此間的分歧；（五）美國維持與台灣關係的現狀，繼續根據《台灣關係法》和美國單方面對三個公報的解釋來處理台灣問題。[32]

1988 年 1 月，美國總統雷根向國會提交的《美國國家戰略報告》(National Security Strategy)有關中國政策部分，很清楚地點明了美國對於中共已不再是戰略的考量，這可以算是在冷戰結束前，美國政府對中共角色的明白陳述。報告中說：

> 「中國的重要性不言自明。……美國謀求與中國建立一種密切的、友好的與合作的關係，但不締結任何聯盟，也不抱有一方是另一方的政治或戰略『牌』的任何幻想。簡單而言，我們雙方雖然承認政治制度上的差異，但都認識到，在許多意見一致的共同領域內，一方對另一方的重要性。」[33]

---

[32] 同上書，第 412 至 414 頁。

[33] U.S. Department of Defense, *National Security Strategy, 1988* (Washington, D.C.: Department of Defense, 1988).

美國在 1982 年後這種以中共學者所稱的「新現實主義」思想爲基礎的中國政策，是在 1972 年《上海公報》的十年後，也是 1979 年美國與中共建交後，從傳統地緣政治的「現實主義」，重新評估對中共政策的一次重要調整。美國與中共的雙邊的關係，亦從 1970 年代共同抗蘇的「戰略關係」，到 1980 年代初起的長期、持久的「建設性關係」。這種關係代表著雙方在政治、經濟與文化方面的交往，但也隱含雙方之間尙有許多仍待解決的「非建設性」事務需要處理。這些事務突顯出雙方的根本不同立場，如台灣、西藏、中共軍售等事務。到了 1989 年 6 月 4 日的天安門武力鎮壓民運學生事件，終使得中共與美國間的「非建設性」因素變成了「破壞性」因素。

1983 年，美國與中共停止使用「戰略關係」一詞，傾向雙方經濟、政治與文化關係的重要性後，兩國在現實的基礎上積極交往。隨著中國大陸的改革開放，兩國的關係也加速進展。在高層互訪方面：1984 年 1 月，中共總理趙紫揚訪美，同年 4 月，雷根總統訪問北京並與鄧小平會晤。1985 年 7 月，中共國家主席李先念訪美，同年 10 月，美國副總統布希(George Bush)訪問中國大陸。1987 年 3 月，美國國務卿舒茲訪問北京。在 1987 年至 1988 年間，中共中央軍委副主席楊尙昆、外交部長吳學謙、副總理田紀雲等相繼訪美，舒茲亦再於 1988 年 7 月回訪。在經濟合作與文化合作方面：1985 年美國已成爲中共的第三大貿易夥伴。根據中共的海關統計，1986 年中共與美國的貿易額爲 73.66 億美元，1987 年爲 78.75 億美元，

1988 年增至 100.11 億美元。美國在中國大陸的投資項目也增長十分迅速，截至 1988 年投資累積至 630 個，協議金額 34 億美元，佔外國在中國大陸投資的 14%。[34]在科學技術方面：雙方在農業、高能物理、大氣、地震、自然保護和空間技術方面等 27 項領域商定了 500 多個合作項目。美國亦放寬對中國大陸的技術出口。在文化教育方面：人員往來日益頻繁，中共已成爲向美國派出留學生最多的國家。另外隨著兩國軍事領導人的互訪，雙邊的軍事合作項目也逐漸擴大，交流愈來愈頻繁。[35]

迄至天安門事件，復以 1990 年的東歐驟變及 1991 年的蘇聯瓦解，美國方開始再一次認真的思考究竟在冷戰後應該如何看待中共。華府必須面對，是將中共視爲是繼蘇聯後的唯一共產制度潛在敵人，還是仍繼續與中共的建設性交往。

## 第三節　面對兩岸：三角關係基本架構成形

影響冷戰期間美中台三角關係的基本架構，在心理因素上是美國對台灣地位、角色與關係的基本認知。在法律架構

---

[34] 《中國外交概覽，1989》，（北京，世界知識出版社，1989 年），第 352，354 頁。

[35] 資中筠主編，《戰後美國外交史——從杜魯門到里根》，（北京，世界知識出版社，1994），第 927 頁。

方面則是三個公報——分別是 1972 年 2 月 28 日的《上海公報》，1979 年 1 月 1 日的《建交公報》和 1982 年 8 月 17 日的《聯合公報》（本書以一般俗稱之《八一七公報》表示），以及 1979 年 4 月 10 日美國總統簽署，回溯至當年 1 月 1 日起生效的《台灣關係法》等四項重要文件。

## 一、美國對台灣的基本認知：從戰略需要到道義責任

作爲打開中共大門、1972 年《上海公報》的制定者，尼克森在 1988 年出版的著作《1999 年：不戰而勝》(*1999: Victory Without War*)中回憶表示，「在與大陸的中國人建立友誼時，我們不會犧牲台灣的中國朋友」。他並引用英國政治家艾默里(Julian Amery)的一段話作爲他對台灣的看法：「放棄支持已久的事業，解除信誓旦旦的聯盟關係，常常是必要與合法的。但是，對於一直是朋友的人，倘任其聽由命運的擺佈，則總是錯誤的。我們也許不得不甩掉他們的利益，但也應千方百計地至少救他們一條活命」。[36]尼克森的這個看法正是《上海公報》後美國對台灣的一貫立場，美國雖然離開了台灣，但是對台灣還是有道義的責任。

在冷戰逐漸形成時，特別是在未能得到未來中國大陸政權的可能支持時，美國對台灣的戰略地位是相當肯定。1948 年 11 月，美國參謀首長聯席會議主席李海(William D. Leahy)

---

[36] Richard Nixon, *1999:Victory without War* (New York: Simon & Schuster, 1988), p.258.

在 NSC-37 號文件中，對台灣的戰略價值的評估為：

> 「一、失去戰略價值的中國大陸之後，台灣對美國的戰略利益大大提高。台灣能成為戰時空軍戰略基地並且能控制鄰近海運要道。二、若台灣陷入不友好國家之手，在戰時將提高敵人控制介於日本與馬來群島間海域的能力，使敵人得以擴張至琉球及菲律賓。三、若台灣陷於不友好國家之手，將有害於美國及日本對糧食及其他物質的取得，這將決定日本於戰時，對美國究竟是一項資產或累贅」。[37]

但是在 1979 年美國與中共建交後，美國參謀首長聯席會議主席瓊斯(David Jones)則對台灣的戰略地位作了完全不同的看法：

> 「當我們在南韓與共黨有所衝突時，台灣能提供的後勤援助的行動將會有限。在整個東南亞國家裡，菲律賓及泰國對美國有極重要的戰略利益。台灣和其他太平洋國家比起來，其戰略價值遠不重要」。[38]

---

[37] *Foreign Relations of the United States,* 1949, vol. 9, *The Far East: China* (Washington, D.C.: Government Printing Office, 1974), p.285. 引自，林正義，《台灣安全三角習題》，（台北，桂冠圖書，1989 年），第 221 至 222 頁。

[38] U. S. Congress, Senate, Committee on Foreign Relations, *Taiwan,* Hearings before the Committee on Foreign Relations, 96th Congress, 1st Session (Washington, D.C.: Government Printing Office, 1979), p.742. 引自，林正義，《台灣安全三角習題》，第 221 頁。

上述美國參謀首長聯席會議主席的簡單二段看法，充分地反映了同樣是冷戰期間，因爲與中共關係的改變，也影響到對台灣地位的認知。美國也從原來與台灣的安全同盟關係降到基於「長期友誼」或「道義責任」而以保護台灣的安全爲主要目的。

## 二、「一個中國」原則：美國「認識到」中共的立場

1972 年 2 月 28 日，《上海公報》解決了自 1950 年代的美國所主張的「台灣地位未定」問題。在公報中，美國表示「認識到(acknowledge)在台灣海峽兩邊的所有中國人都認爲只有一個中國，台灣是中國的一部分」，美國對於兩岸的這個立場「不提出異議」。美國「不提出異議」的涵義在於這是兩岸中國人的自己事，美國也沒有必要，更沒有權力表示異議。

中共在《上海公報》中，將「一個中國」原則作了引申。表明「堅決反對任何旨在製造『一中一台』，『一個中國、兩個政府』，『兩個中國』，『台灣獨立』和鼓吹『台灣地位未定論』的活動」。美國對於中共從「一個中國」所引申出來的這項自我表述，在公報中並沒有給予回應。

1979 年，美國與中華人民共和國建立外交關係後，北京、華府、台北間的三角關係還是很微妙。1979 年的《建交公報》中，就美國的英文版本而言，美國政府雖然「承認中華人民共和國是中國的唯一合法政府」，但還是卻僅「認識到

(acknowledge)中國的立場，即只有一個中國，台灣是中國的一部分」。但是同樣一份《建交公報》，中文版本卻是寫到，美國重申「承認中國的立場，即只有一個中國，台灣是中國的一部分」。雖然英文文件用的是“acknowledge”，中文卻用的是「承認」，美國在簽署《建交公報》時也沒有對這種不同法律意義的文字敘述表示異議，使得未來在解釋公報約束力時，保留了政治需要的空間，也就是「承認」與「認識到」可以是一樣，也可以是不一樣。

由於是《建交公報》，文字中沒有出現如《上海公報》般的各說各話情形，因此也就沒有類似《上海公報》中，從「一個中國」原則推演出的「堅決反對任何旨在製造『一中一台』，『兩個中國』，『台灣獨立』……」等字眼。但是美國從《上海公報》到《建交公報》，已默許中共將“acknowledge”從原本的「認識到」譯文轉用「承認」一語表明，應該算是美國的一個讓步與中共的成功。

《八一七公報》中，中共重申「台灣問題是中國的內政」原則。美國政府「重申，其無意侵犯中國的主權和領土完整，無意干涉中國的內政，也無意追求(no intention of pursuing)『兩個中國』或『一中一台』的政策」。這是第一次美國將「無意追求」兩個中國或一中一台寫入了與中共的聯合公報。從《上海公報》的中共單方表述，到《八一七公報》的美國接受了中共的部分看法，可以算是中共的再一次勝利。

但是，值得注意的是，「無意追求」與「不支持」或「反對」三者之間仍有語意上的差別。美國不是兩岸的當事國，自無所謂的「反對」與否，如果美國公開主張「反對」則真是干涉他國的內政了。「無意追求」表達出美國默認中共的說法，但本身採節制作爲，而「不支持」則強烈隱含著立場的表述，將表示美國已經成形的政策宣示。在冷戰期間與冷戰後，美國一直堅持著不使用「不支持」文字的立場，但是到了 1995 年以後，在中共的壓力下，也棄守了這個立場。

雖然在《上海公報》與《建交公報》中，美國都沒有反對台灣是中國一部分的看法，但是在《台灣關係法》中，美國仍將台灣作爲一個國家來看待。第 4 條第 B 項稱：「當美國法律中提及外國、外國政府或類似實體、或與之有關時，這些字樣應包括台灣在內，而且這些法律應對台灣適用」；「依據美國法律授權規定，美國與外國、外國政府或類似實體所進行或實施各項方案、交往或其他關係，美國總統或美國政府機構獲准，依據本法第 6 條規定，遵照美國法律同樣與台灣人民進行或實施上述各項方案、交往或其他關係」。這項美國政府對台灣法律地位的認定，賦予日後美國政府對台政策的立足點具有相當大的空間。可以這樣認爲：「台灣地位未定論」爲美國在 1950 年代介入台海問題提供了法理的依據，而《台灣關係法》爲美國在 1980 年代以後爲美國介入兩岸關係自我賦予了法律的依據。[39]

---

[39] 可參考：張亞中，《兩岸主權論》，（台北，生智出版社，1998 年），第 26 至 52 頁。

## 三、和平解決台灣前途問題是美國最根本的立場：減少軍售的前提

不論是在《上海公報》。還是在《建交公報》中，有一點是美國所堅持的，就是「未來台灣的前途應由兩岸中國人以和平方式解決」。在《八一七公報》上，北京在提及台灣問題是中國的內政，北京解決台灣問題的基本方針是「和平統一」；但是美國在措辭上仍是避免使用任何暗示支持中國統一的文字，只是「關心和平解決台灣問題」。

美國與中共建交後，美國國會通過《台灣關係法》，將美國與台灣間的非官方關係以美國的國內法形式固定，它是美國對台灣安全政策的法理基礎。依據《台灣關係法》第 2 條，美國將「非和平方式包括抵制和禁運來解決台灣前途的任何努力，看作是對西太平洋地區的和平與安全的威脅」，美國將繼續向台灣提供「防禦性武器」，以及「維持美國的能力，以抵抗任何訴諸武力、或使用其他方式高壓手段，而危及台灣人民安全及社會經濟制度的行動。」

該法第 3 條還規定，「美國將使台灣能夠獲得數量足以使其維持足夠的自衛能力的防衛物質和技術服務」。它並進一步指示總統：如果台灣人民的安全或社會或經濟制度遭受威脅，因而危及美國的利益時，應迅速通知國會。總統和國會將依憲法程序，決定美國應付上述危險所應採取的適當行動。就《台灣關係法》的意義而言，美國等於將台灣納入爲

被保護的政府，自我授予在如果北京用武力解決台灣問題時，有干涉的權利。這種必要時防衛台灣的法理依據，既非來自於共同的條約，也非來自於彼此協議，而是美國單獨以國內法規定。這應該算是中國內戰的遺產與延續，在美國的眼中，台灣是個不具完整國際法人，但對自己前途又有自我決定的被保護國。

1981 年下半年起，美國總統雷根準備出售先進的 FX 戰機予台灣。1981 年 9 月 30 日，葉劍英宣布關於〈台灣回歸祖國實現和平統一〉的所謂〈葉九條〉後，中共認爲，美國繼續軍售台灣將只會增加中共用和平方式解決台灣問題的難度，並表示可能因此降低與美國的關係。中共方面的要求是，五年內完全停止對台軍售。雙方自 1981 年 12 月 4 日起開始談判，1982 年 1 月 11 日，雷根政府決定不出售 FX 高性能戰機予台灣，但同意延長在台灣合作製造 F-5E 的計畫。1982 年 8 月 17 日，美中達成了《聯合公報》，即所謂的《八一七公報》。

在《八一七公報》中美國對台軍售的立場爲：第 5、6 段分別爲：

「美國政府了解並欣賞中國在 1979 年 1 月 1 日告台灣同胞書和 1981 年 9 月 30 日所提出的九點和平計畫，想和平解決台灣問題的立場。有關台灣問題的新情勢，已為解決美國與中國間有關軍售台灣政策創造了良好的狀況」。（第 5 段）「由於雙方了解上述聲明，美國政府不尋求執行一項長期向台灣出售武器的政策，向台灣出售的武器在性能和數量上將不超過中美建交後近幾年供應的水準，並準備逐步減少它對台灣的武器出售，並經過一段時間導致最後的解決」。（第 6 段）

《八一七公報》與《台灣關係法》在軍售台灣上的表述方法是有些出入。在《台灣關係法》中，規定美國將向台灣提供使其維持足夠自衛能力所需要的防衛性武器，但在《八一七公報》又表示將逐年減少，直到最後解決。其差別的唯一解釋就只可能是，中共能否真正以和平解決兩岸問題。

1982 年 8 月 17 日，美國亞太事務助理國務卿何立志(John H. Holdridge)在參議院外交委員會談及《八一七公報》的有關內容時稱，對美國在武器售台的立場作了非常詳盡的解釋：

「維持和促進美國與中國的戰略關係是符合美國的基本國家利益。同時，我們對老朋友負有義務，我們不會拋棄他們。……現在來談談文件本身。首先，必須將這個文件作為一個整體來看，因為其中確定的一些政策是相互關聯。第二，公報中包含中國的一項明確的聲明，即他的基本政策是謀求以和平手段解決台灣問題（第四段）。關於這一點，我要指出，提到他們的基本政策的表述，在文中有不變、長期的意思。第三，美國關於今後向台灣出售武器的聲明（第六段）是建立在中國方面關於謀求解決台灣問題的基本和平政策和這些聲明造成的新形勢（第五段）的基礎之上。這些形勢之所以為新，是因為中國第一次以我所談到的措辭說明他對台灣的和平政策。因此，我們今後在向台灣出售武器方面所採取的行動，是以中國在解決他與台灣的分歧方面繼續執行和平政策為前提。我們沒有理由認為中國人會改變該項政策方針，但是如果他們果真改變，我們當然亦得重新研究我們的立場。第四、我們並未同意為結束向台灣出售武器，確定一個肯定的日期，公報中包含關於美國將來向台灣出售武器的政策聲明既沒有減少美國的武器出售，也沒有為停止美國的武器出售確定時間表。美國的聲明與《台灣關係法》完全是一致。我們將根據我們對台灣防衛所需要的估計繼續向台灣適當地出售武器。……最後、在公報中的第九段，雙方同意就共同關心的問題和國際問題保持接觸並進行適當的磋商，……不應當將這一點理解為暗示我們已經同意在台灣出售武器問題上預先與北京磋商。」[40]

---

[40] *China-Taiwan: United States Policy*, Hearing before the Committee on Foreign Affairs, House of Representatives, 97th Congress, Second Session, August 18, 1982 (Washington D.C.: Government Printing Office, 1982) pp.13-15.

1996 年 3 月 14 日，第三次台海危機方結束時，美國國務院負責亞太事務的助理國務卿羅德(Winston Lord)在眾議院國際關係組委員會亞太事務小組委員會的證詞，仍作如下的解釋：

> 「在該文件（指《八一七公報》）中，中華人民共和國表明其『基本政策』是『努力爭取以和平方式解決台灣問題基於中華人民共和國的保證，美國政府也在對台軍售上做了對等的承諾，即美國無意提高軍售的數量與質量，而且事實上有意逐漸減少對台軍售。在簽訂該聯合公報時，美國的意向是以中共能夠繼續遵守其致力於與台灣和平解決問題的基本政策為前提』」。[41]

美國的解釋是，當年答允中共逐年減少對台軍售，是因爲中共在 1981 年作了和平解決台灣問題的聲明，美國認爲，只要中共不改其和平解決政策，美國也將信守其承諾，但只要中共仍不放棄武力解決，美國的對台軍售仍將持續。

---

[41] Winston Lord, Assistant Secretary for East Asian and Pacific Affairs, March 14: The United States and the Security of Taiwan, Testimony before the House International Relations Subcommittee on East Asia and the Pacific, Washington, DC, March 14, 1996. Available from: http://www.state.gov/ www/current/debate/china_us_taiwan_strait.html

## 四、美國不介入兩岸事務：美國作客觀的旁觀者

美國雖然願意用國內法來維護台灣的安全，但是美國的另一個界限是不願意被捲入台海兩岸的衝突，尤其是不願意因爲兩岸偏離了彼此設定的界限，而被迫捲入漩渦。美國不願意介入台海的爭端，主張「中國人的事情由中國人自己去解決」。與兩岸同時發展關係對美國最爲有利，捲入兩岸爭端對美國僅有害而無利，這也是自 1979 年起美國對兩岸的一貫態度。曾任美國助理國防部長的奈伊(Joseph S. Nye, Jr.)即表示：「我提醒中國官員，……台海不穩定，可被視爲對美國安全利益的威脅，破壞穩定的活動，也傷害中美長程關係的前景。台灣方面必須認知到，在美國的一個中國政策架構下，才能獲致非凡的經濟與政治成果，倘若突然改變現狀，將導致不穩定的後果」[42]。奈伊的該項觀點其實反映出美國的一貫政策，即美國不介入兩岸事務，但是台灣方面也必須對美國的一個中國政策有充分的認知。

美國與中共簽署《八一七公報》前的 1982 年 7 月 14 日，美國向台灣表達六項保證：（一）美國並未同意在對台軍售上設定結束日期；（二）美國未同意中共要求就對台軍售事，事先與其磋商；（三）美國無意扮演任何台灣與中共間調人的角色；（四）美國將不同意修改《台灣關係法》；（五）

[42] 奈伊，〈台海不穩定將威脅美國家安全〉，《中國時報》，民國 84 年 12 月 14 日，第 3 版。

美國並未變更其對台灣主權的一貫主張；（六）美國無意對台灣施加壓力與中共進行談判。[43]這六點保證傳達了一項重要的訊息，即美國在軍售案中除了作爲客觀的平衡者外，也保證在兩岸中作爲客觀的觀察者，不介入作兩岸的調停者，也不向台灣施壓走向談判桌。

《八一七公報》後的 1983 年 2 月 23 日，美國參議院外交委員會通過關於台灣前途的參議院第 74 號決議案。決議文末稱：「茲決議，參議院的想法是台灣前途的解決應是和平的、不受強制的，其方式成爲台灣人民所能接受，並符合國會通過的《台灣關係法》和美國與中華人民共和國之間所達成的公報」。這份雖不代表美國行政部門立場的決議案，所強調的重點是，對於台灣未來前途的解決應該是爲台灣人民所能接受的，等於在以往主張和平解決外，又加了一項尊重台灣民意的條件。這項決議也表達出美國國會對台灣前途的另一種關切與立場。

美國行政部門對於第 74 號決議案有關台灣未來前途的解決應該是爲台灣人民所能接受的主張表達了保留的意見。1983 年 11 月 9 日助理國務卿助理蒲維廉(William Brown)在參議院就第 74 號決議案所發言的證詞：

> 「國會決議草案中的一段話要求在『不受脅迫的情況下可以為台灣人民接受的方式』解決台灣前途問題，

[43] 中華民國對美與中共《八一七公報》之聲明全文。

這可以被認為是美國關於台灣的立場增加了新的因素，這些規定與美國的政策並不矛盾。但是我們認為，對美國的政策作這種新的、不同的重述可能毫無必要，甚至可能毫無裨益，因為這可能顯得像是給《上海公報》和兩國《建交公報》之類的正式文件中有關美國政策的說法提出限制」。[44]

綜合《聯合公報》、《建交公報》、《八一七公報》等三個公報與《台灣關係法》的規範，有幾項原則架構出美國與兩岸三角關係間的框線。這些原則分別是：一個中國、和平解決、維持台海安定、美國不介入調停等等。兩岸與美國三角間在這些原則下，形成一種模糊的穩定關係。在與中共建交後，這些原則更可化約解釋爲「維持現狀」。誰要是跨越了這個「維持現狀」的框線，誰就成了一個「麻煩製造者」(trouble maker)。該位「麻煩製造者」就會引發三角關係的不穩，以及引起三者間的紛爭。

三公報與《台灣關係法》爲兩岸與美國三方面建立的共識與默契雖然包含著彼此對「一個中國」原則的共識。但是三公報與《台灣關係法》在對主權的認知上仍有很大的矛盾。中共也沒有力量干涉或阻礙美國對台灣具有國內法性質的《台灣關係法》制定與執行。美國也不介入對兩岸統獨的事務，只是希望兩岸能以和平解決統獨的問題。美國在兩岸間扮演

[44] United States Information Agency, *USIA News*, November 9, 1983.

著「客觀平衡者」與「客觀觀察者」的角色。

三個公報所建立美國與中共的共識是，僅承認只有一個中國，中華人民共和國爲中國唯一的合法政府，只與台灣發展非官方關係。但是中共也間接同意了美國在對台軍售上的態度。

在冷戰期間，台海兩岸並沒有直接的互動，兩岸與美國三方面的共同相互默契與共識是台灣不走台獨、兩岸追求統一。

## 五、美國支持兩岸良性互動：冷戰末期開啓的政策

值得注意的是，美國未簽署《八一七公報》時，對兩岸是否互動的立場是保持中立客觀，既不鼓勵，也不阻礙，更不暗示雙方對抗。但是美國在美中台三角的基本框架確定後，有意無意地開始推動台灣對中國大陸的開放。

從現有的書面資料顯示，1985 年，美國國務院當時台灣事務協調專員班立德(Mark Pratt)在一份國務院批准的講稿中即表示：「台灣與大陸間日增的接觸，將有助於形成發展雙方關係的共同利益，……逐漸增加的接觸，發展更大的貿易，……將爲更多的接觸和也許是最終的對話提供基礎」。這個當時在美國聖若望大學發表，但並未引起多少人注意的演說，已隱含透露了美國政府對兩岸政策的「客觀旁觀者」

的立場有了改變。[45]在美國的眼中，雖然冷戰仍然持續，但是兩岸的互動與對話應可有助於美國的利益。

1986 年，美國亞太事務助理國務卿席吉爾(Gaston Sigur)在舊金山的一場演說中再稱：「（有關中國的）政策一貫並不代表政策的恆常不變。這表示我們必須在變動不居的環境中實踐原則和承諾。政策不能凍結，它必須是活的，能因應新的變數和考慮。我們的中國政策已經在一貫的政策架構中，依照我們的基本利益和長期目標創新發展。必要時，我們已能修正政策來迎接新的挑戰與機會」。這段話，也很清楚的表示，美國對兩岸政策的態度，將作若干調整。[46]

至 1987 年，公開提出這種看法的已是美國國務卿舒茲，他於 3 月 5 日在當時上海市長江澤民舉行的一場歡迎宴會中發表了一項當時令台北感到驚訝與要求解釋的演講中說：

> 「一個中國與和平解決台灣問題的原則仍是美國對中國政策的核心組成部分。儘管我們的政策是一貫的，但是形勢本身不曾是，也不可能是固定不變的。我們支持一個朝向和平解決台灣問題持續演變的過程(a continuing evolutionary process)。但其發展速度將由台

---

[45] 孫揚明，〈李登輝十年的美中台關係〉，出自周陽山主編《李登輝執政十年》，（台北，風雲論壇出版社，民國 87 年），第 285 頁。

[46] Assistant Secretary of State, Dr. Gaston Gisigur, "China Policy Today Consensus, Consistence, Stability," December 11, 1986. 引自《美國月刊》，第 1 卷第 9 期（民國 76 年 1 月），第 93 至 116 頁。

灣海峽兩邊的中國人在不受外界壓力下自行解決。就我方而言，我們歡迎有助於緩和台灣海峽緊張情勢的發展，包括間接貿易與日益頻繁的民間交流在內。我們堅定不移的方針是促進一個有利於這種發展繼續發生的環境」。[47]

值得注意的，舒茲國務卿的這項談話，正是冷戰的最高峰期。美國希望為兩岸創造良好接觸環境的看法，與《八一七公報》時僅保證作個客觀的旁觀者，也有顯著的不同。在舒茲發展談話的五個月後，1987 年 10 月 14 日，台灣開放民眾赴大陸探親，不知是否是也有受到美國政策的影響，但可確定的，美國這項鼓勵兩岸交往的政策一直持續到冷戰後，以至於邁向廿一世紀的前夕都沒有改變，預期以後也不會有變化，而差別在於美國會採用多強烈的字眼以促使台灣與中共的接觸，美國是否會間接或暗示的促使台灣走向談判桌。

---

[47] Secretary George Shultz at a Banquet in Shanghai on March 5, 1987, *U.S. Department of State Bulletin* (May 1987)。見《美國月刊》，第 2 卷第 1 期（民國 76 年 5 月），第 110 至 117 頁。

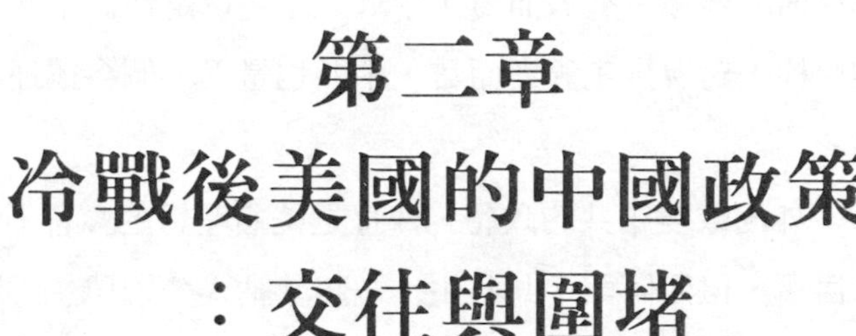

# 第二章
# 冷戰後美國的中國政策：交往與圍堵

冷戰後美國所面臨的課題是：要與中共和平共存，還是也要將中共政權轉化；中共的崛起會否影響到美國的領導利益，中共是否會在蘇聯瓦解後成爲另一個新興的霸權。對充滿自信的理想主義者而言，中國大陸可以是他們下一個投射的目標，對現實主義者而言，中共也是下一個合縱連橫的對象。

如何改變中共的政體，一直是美國理想主義者不曾放棄的目標，但如何與中共共生，並將其納入美國思想的戰略安全體系，也一直是美國現實主義的夢想。以「交往」或是以「圍堵」爲主的中國政策，也就成爲必要的思考。1989 年的天安門事件與後來的蘇聯瓦解，使得美國對中共的角色認知有了變化。圍堵中共的念頭開始出現，美國的理想主義者開始介入了對中國大陸的思考，現實主義者也開始重新評估對中共地位的看法。現實主義與理想主義在中國事務上有了交集與衝突，在「交往」或「圍堵」的手段上也有了觀念上的差距。

冷戰甫結束時，不論它的真正原因究竟爲何，美國人多願將答案置於西方價值觀的勝利。最具有代表性的文章，就是曾任美國國務院官員福山(Francis Fukuyama)在 1989 年所發表的〈歷史的終結〉，後來將其出版爲《歷史的終結及其最後一人》(*The End of History and the Last Man*)一書。福山借用了黑格爾(Hegel)的「歷史終結論」概念，而認爲「西方自由民主政治將成爲人類政府的終結形式」。[1]不論歷史進程是否真如同福山所說的那麼容易，但是福山的觀點畢竟反映出，在冷戰勝利後，美國人對西方價值觀的高度自信與自傲。在一些美國人的眼中，不論他們是否是理想主義或是現實主義，他們都同意，在世界上推廣美國價值觀和民主制度是一種低成本、高效益的外交手段，[2]是「美國在國際政治中的最重要資本」。[3]其後，美國國家安全顧問雷克說得更爲具體：「民主的擴散將幫助解決所有其他的美國外交政策問題，因爲這個作法不侵犯人權，不攻擊鄰邦，可避免限制性的貿易政策、恐怖主義、或產生難民」。[4]

面對中國大陸的天安門事件，美國更是認爲應將中共這個世界唯一的共產強權帶入民主與自由的陣營，問題是，要用對抗性的圍堵手段，防止中共權力的繼續擴張，不影響美國在亞太地區，甚或全球地區的領導地位，並使其在如同蘇聯般在壓力下改變，這是延續「冷戰自由主義」的主要思想；還是應該延續以往的建設性交往政策，使得中國大陸愈來愈開放，最後在量變後至質變。前者就是採「圍堵」（或「遏

---

1 Francis Fukuyama, "The End of History," *The National Interest,* 16 (Summer 1989), pp.4,18. Francis Fukuyama, *The End of History And The Last Man* (New York: Free Press,1992).

2 Joshua Muravchik, *Exporting Democracy* (Washington: American Enterprise Institute, 1991).

3 Elliot Abrams, *Security and Sacrifice* (Indianapolis: Hudson Institute, 1995), p. 98.

4 Harry Harding, *Foreign Policy*, no.96 (1994 Fall), "Asia Policy to The Brink", p.61.

制」）的政策；後者屬於「交往」一詞，對歐洲的外交政策而言並不陌生，它有著兩國「利益均霑」及促使共產國家「和平演變」（以交往促改變）的意涵。在討論這個問題以前，有必要先對冷戰後美國對如何扮演其全球的角色作一討論。美國的全球角色認知，自然也就決定了他的亞太角色及中國政策的方向。

## 第一節　「交往政策」：後冷戰時期美國外交政策的選擇

### 一、美國如何扮演其全球角色：強制、孤立、交往？

冷戰後，美國成爲世界上唯一的強權，美國如何確定與扮演其在世界上的角色，是冷戰後美國必須思考的課題。在蘇聯瓦解與美國在波斯灣戰爭擊敗伊拉克後，美國是「唯一僅存的超級強權」這一觀念逐漸浮現。第一種認爲美國應以「美國主導下的強制和平」(Pax Americana)。該觀念的基礎是，唯有美國有能力伸張決定性的力量，並在必要時單方面使用武力，美國才能確保強大。就這一層意義而言，至高無上地位與軍力優勢兩者是有著相同的意義，而依靠多邊式組織（例如聯合國）則被視爲是對美國優勢軍力目標的一種不必要干擾或牽制，也會影響到美國爲保護其利益所需要增加國家資源與能力的決心。該觀點在布希政府的年度國防計畫作爲指導文件的草案中可見一二（係於 1992 年 3 月爲新聞界探知）。該文件主張美國具有充分的軍事能力，以防止任何可能競爭者向美國主導的全球地位提出挑戰。潛在的競爭者，包括美國的盟邦與敵人，會使得世界面臨多極式的競爭與衝突。美國的軍事能力與科技優勢，是全球穩定的唯一可靠保證，將可確保美國在國際偶發事件中進行干預。面對大眾與新聞媒體的批評，國防部官員迅速否定該文件。但這卻不足以否認，有相當多的官方意見支持「美國擁有強大軍備，以強制方式維護和平」的觀點。[5]

與上述觀點相反者，即是美國傳統的孤立主義者。在 1980 年代後期與 1990 年代初期的政治討論上，「孤立主義」已成爲一種有力的聲音。其表現在於美國大眾及國會反對美國干預波士尼亞的危機，反對提供前蘇聯集團多國經濟援助，以及反對新的貿易協定，例如北美自由貿易協定(North American Free Trade Agreement , NAFTA )。[6]美國雖然在 1990 年初期贏得了冷戰，但是 1992 至 1993 年間美國的經濟不甚景氣，使得孤立主義者的訴求藉由經濟議題表現出來。例如美國人反對北美自由貿易協定，因爲他們認爲這將會犧牲美國人的工作機會與繁榮。「孤立主義」思想下的美國人並不願意犧牲

---

[5] Janne E. Nolan ed., *Global Engagement: Cooperation and Security in the 21st Century,* (Washington, D.C.: The Brookings Institute, 1994) pp.509-510.

[6] heep://www.nafta.org/

自己的福祉去為國外的異邦人士提供福祉。在第二次世界大戰結束後，孤立主義與大西洋主義派主張以協助歐洲並組國際合作組織以遂行圍堵而尋求美國的勢力範圍政策不同之處，並不是爭執於美國軍事干預的合法性，而是有關的承諾與資源。

一般而言，孤立主義者並不主張以軍事或情報作業去恐嚇外國政府。但是保守派孤立主義者並不曾反對對低度開發世界進行軍事干預，不論是 1950 年代在中國、1960 年代在越南、或是 1990 年代在伊拉克。他們與「強制式和平」主張者相同的是，若要採取軍事行動，必須是快速而有決定性，也必須是美國人最少程度的犧牲。對某些政治人物而言，「美國第一」意思是反對聯盟或其他國際合作的方式，因為這些方式含有平等、互惠及對他國行使義務的涵義。在他們看來，聯盟與累贅成為同義詞。聯盟勢必妨礙美國自我充實及單獨行動的權利。因此，在反對多邊主義方式作為安全的一種可靠基礎上，一種美國強制式的和平觀念與孤立主義的精神兩者實質上是相同。「獨斷獨行」是兩者共通的主要認知。[7]

美國外交政策上的第三種討論的明顯趨勢，就是國際合作與多邊合作的再度興起。冷戰後，國際組織（尤其是聯合國）在處理波士尼亞、索馬尼亞、和其他地區危機等問題上有不錯的成果。贊同多邊合作者，主張排除美國單獨採取行

---

[7] *Ibid.*

動的行爲。當然，就實際情形而言，採多邊合作有其現實的需要，因爲在實行對國外軍事行動時，美國必須面對有限的資源和微弱的大眾支持。沒有國際組織的支持與他國的多邊聲援，美國是很難達到其目標。這種以「合作促使安全」的「合作式安全」(cooperative security)[8]思維正是冷戰後美國「全球交往」(globe engagement)政策的本源。[9]值得一提的是，冷戰後美國推行的全球交往政策的原型是以「合作促使安全」爲主，而較沒有冷戰期間歐洲國家面對蘇聯時的「交往」有「和平演變」之意在內。但是隨著「美國第一」、「美國價值觀」等思想的形成，後來在政策的意義上，「交往」開始有了「促變」的涵義。

簡單而言，冷戰後美國如何扮演其維護世界和平與安全的角色，主要可區分爲兩種不同的爭論：一是對抗性的架構，係置於單方面使用武力的重要性；另一則是採多邊性合作安全的方式，強調預防外交(preventive diplomacy)，[10]以非軍事方式防止衝突，以調停代替戰爭，以及在其他方法都失效後

---

[8] Ashton B. Carter, William J. Perry and John D. Steinbruner, "A New Concept of Cooperatives Security," Brookings Occasional Papers, Washington, D.C.: The Brokkings Institution, 1992.

[9] Janne E. Nolan ed., *Global Engagement: Cooperation and Security in the 21st Century,* (Washington, D.C.: The Brookings Institute, 1994) pp.509-510.

[10] Assessing Current and Projected Threats to U.S. National Security, Statement by Assistant Secretary of State for Intelligence and Research Toby T. Gati before the Senate Select Committee on Intelligence, Washington, DC, February 5, 1997.

才進行集體干預。

以加強軍事以因應衝突的以對抗性為主體思考的「強制式和平」固然很能滿足於美國人在冷戰後的超強心態，也可以使得歷史的傳統「孤立主義」者能夠安心的享受美國的優勢孤立。但是冷戰後的事實發展，以及國際資源受到限制，採取合作性方式的外交政策是美國必須的選擇。

冷戰結束後，布希首度提及「世界新秩序」(new world order)，但他似乎從未對其下過定義。[11]根據布希總統的言論與訴求，該項秩序的原則和目標不外乎：「和平」、「安全」、「自由美國」、「法治」、「反侵略」、「裁軍」、「繁榮」、「民主」、「強者尊重弱者」。其實質內容，包括：（一）美國是世界的領導者；（二）藉由聯合國與其他國際機構和地區組織，在美國領導下建立新的集體安全體系和夥伴關係；（三）在世界範圍內確立西方價值觀，擴展自由市場經濟；（四）由穩定美蘇關係演變至穩定美中關係，將中共納入美國主導的世界秩序；（五）建立地區新秩序，防止地區衝突，必要時不惜動用武力以維護美國海外利益。[12]

---

[11] John F. Copper, "The United States and East Asia: Searching for Policies," *Vital Speeches of the Day*, vol.64, no.9 (Feb. 15, 1998), p.273.

[12] 參考 Henry Kissinger, "False Dreams of a New World Order," *Washington Post*, February 26, 1991, p.A21; Don Oberdorfer, "Bush's New World Order Rhetoric: Foreign Policy Concept or a Slogan?" *Washington Post*, May 26, 1991, A31; Lawrence Freeman, "The Gulf War and the New World Order," *Survival*, vol.XXXIII, no.3 (May/June 1991), pp.195-209.

柯林頓上任之初，揭櫫三項對外政策：美國軍事和安全力量的現代化與重構；提升經濟在國際事務中的角色；以及促進海外民主發展。如果「圍堵」曾經是美國冷戰時期用以形容全球反抗民主和開放市場受到威脅的戰略，柯林頓也希望有相同的字彙，得以形容市場民主共同體擴大政策的內涵。雷克負責該項工作，起初諸如「民主交往」(democratic engagement)和「民主擴張」(democratic expansionism)等用詞受到青睞，後來美國國家安全會議演說擬稿人羅斯納(Jeremy Rosner)提出「擴大」(enlargement)一字以作爲擴張美國民主價值觀的描述詞。柯林頓不久即接受「擴大」一字，用以傳達經由自由國家的擴展和強盛，而導致國際秩序在更繁榮與更安全下成長的涵義。在雷克眼中，「圍堵」戰略的繼承者將是全球自由市場民主體的「擴大」。雷克和羅斯納的藍圖可分爲四點，包括：（一）強化市場民主共同體；（二）儘可能加速和鞏固新興民主政體和市場經濟；（三）對於敵視民主的國家，則預防其侵略和支持該等國家自由化；（四）鼓勵民主和市場經濟體在各地區付出更大的人道關懷。[13]「擴大」與「交往」兼具目的性與手段性，相互爲用方能達到全球民主化的目標。

1994 年 7 月，柯林頓重新建構他的「擴大」外交政策，

---

[13] Stephen E. Ambrose and Douglas G. Brinkley, *Rise to Globalism: American Foreign Policy Since 1938* (New York: Penguin Books, 1997), pp.405-406.

成爲所謂「擴大與交往」(enlargement and engagement)，主要表現在《交往與擴大之國家安全戰略》(National Security Strategy of Engagement and Enlargemen)報告中。[14]該項政策文件的中心信仰是：

> 「我們國內與國外政策的分界線已經逐漸消失——如果我們能夠維持我們的軍事力量、外交政策以及全球影響力，我們必須復甦我們的經濟；如果我們要打開國外市場和為人民創造就業機會，我們必須積極的與外國交往。」

其後，1995 年 2 月與 1996 年 2 月的報告皆承襲「交往與擴大」政策。1997 年的報告雖未提擴大，但基調不變。[15]自此，「交往」主導了冷戰後美國對外的主流政策，「美國價值的擴大」則成爲「交往」政策的一個主要目標。

## 二、美國對亞太戰略的認知：參與、領導、平衡與價值觀輸出

1989 年 2 月，布希入主白宮後即首先出訪亞太地區，同

---

[14] The White House, *National Security Strategy of Engagement and Enlargement* (Washington, D.C.: The White House, Feb. 1994).

[15] 有關對「民主擴大」（democratic enlargement）的專文討論可參考，羅致政，〈美國「擴展民主」戰略的理論與實踐〉，《台灣政治學刊》，第 2 期，1997 年 12 月，第 191-232 頁。該文也闡述雷克的看法，認為美國執行「擴展民主」的四大政策為：鞏固民主核心國家；擴大民主陣營；降低對民主國家安全的內外在威脅；人道援助。

時提出「新太平洋夥伴關係」。1991 年國務卿貝克(James A. Baker)在美國《外交事務》期刊發表文章，全面闡述建立一個以北美爲基點，包括日、韓、東協、澳大利亞、呈現「扇形結構」的「太平洋共同體」(Pacific Community)的戰略構想。布希政府亞太戰略的構想核心是：美國在亞太地區建立一種「扇形結構」的共同體，以美國爲基地向西輻射；以美日同盟爲基軸的軸心，向北是美國與南韓的聯盟，向南是東協，再向南是澳大利亞與紐西蘭；以這幾個聯盟關係爲扇骨，以亞太經濟合作會議(Asia-Pacific Economic Cooperation , APEC)爲扇面，將共同體內的各國聯合在一起，並逐步將這一結構推向中共和俄羅斯等國，最後也將此兩國納入共同體內。[16]

1993 年，以重振美國經濟爲口號而當選美國總統的柯林頓，更加重視亞太地區。柯林頓在布希政府的戰略基礎上又提出「力量分享(shared strength)、繁榮分享(shared prosperity)和對民主價值共識(shared value)」三大觀念的「新太平洋共同體」(New Pacific Community)的構想。[17]該構想反映出在冷戰後美國在亞太地區的長期戰略目標，可以說是美國亞太戰略已經成形。該構想是以下列三種思維作爲基礎。

---

[16] James A. Baker, III, “America in Asia: Emerging Architecture for a Pacific Community,” *Foreign Affairs*, vol.70, no.5 (Winter 1991-92), pp.1-17.

[17] Bill Clinton, “Fundamentals of Security for a New Pacific Community,”, address before the National Assembly of the Republic of Korea, July 10, 1993, *U.S. Department of State Dispatch,* vol.4, no.29 (July 19, 1993), p.507.

首先，美國將積極參與和領導亞太事務，爭取建立更加開放的亞太經貿體系。在 1993 年的亞太經濟合作西雅圖會議上，柯林頓總統提出建立「亞太經濟共同體」的建議，並想將亞太經濟合作組織由協商性質的論壇組織，發展成為地區性的多邊貿易談判機構，進一步推動亞太地區貿易與投資的自由化，擴大美國企業進入亞太市場的機會，並進而取得主導的地位。

其次，繼續維持美國在亞太地區的軍事存在(military presence)，支持建立多邊安全對話機構。在這一方面柯林頓與布希總統幾無差別，但是布希總統因時逢冷戰剛結束，仍有美國超強的概念，但是柯林頓政府在亞太戰略的佈局上，則多著墨於「均勢」的看法。維持亞太地區，特別是美國、日本、中共、俄羅斯等各政治、經濟互有所長大國間的均勢，是最符合美國的國家利益。在安全戰略方面，美國雖然仍要維持其強大的軍事，但是美國最好的策略是作亞太地區維持平衡的「領導者」，而不是作一個安全上的「強制和平者」。

第三，重視意識形態的作用，繼續向亞太地區輸出美國的民主、人權等價值觀。柯林頓在闡述其「新太平洋共同體」的構想時，反覆強調要推展民主制度，他認為，只有亞太地區建立民主，才能確保美國的安全和經濟利益。

在美國整體的亞太戰略下，對中共的戰略自然也必須配合著作規劃。美國也不可能制定一個與整體亞太戰略或與其全球角色不同的中國政策。

在表面上，中共是冷戰後的另一個共產主義政權。但是在實際上，中共是個自 1979 年就開始推動改革開放的國家。政治實力上，其在第三世界有相當的影響力，也是聯合國安理會的常任理事國，並有依法杯葛美國多邊性合作的法定權力。沒有中共的善意合作，美國的「全球交往」政策就缺了一角，也不可能有效的運作。

在「交往」政策的思維下，美國選擇與中共的交往，而非圍堵或遏制。但是在某些人眼中，中共畢竟是一個不熟悉，而且有著不同價值觀念的東方共產國家。因此在與中共「交往」的政策中，又多了些昔日歐洲對蘇聯「交往」政策的影子，有著「以交往促使改變」的內涵。這是在討論美國的中國政策中的「交往」政策時所必須特別提出的。

## 第二節　「中國威脅論」：影響中國政策的變數

### 一、中國威脅論：不可忽視的民間聲音

隨著中國大陸的快速經濟成長，中共似乎逐漸重登十八世紀時全球最大經濟體之寶座。[18]世界銀行(World Bank)更估

[18] 至 1994 年時，中國大陸的經濟成長率已連續三年達到 19%；"Survey of the Global Economy," *Economist*, 1-7 October 1994, p.36.

計，到 2010 年時，中國大陸將超越美國，成爲世界第一大經濟體。[19]另有分析家認爲該情勢將遲至 2040 年方可能發生。[20]不論對未來的如何估計，隨著中共的持續經濟改革，1990 年代以後，中共已成爲全球第三大經濟力量，由於美蘇軍事力量相繼退出東南亞，西方亦開始出現所謂的「中國威脅論」。[21]它所代表的意義是，下世紀的中國將成爲西方一個強勁的敵手。換言之，基於預估中共將成爲最大經濟體，而且約在 2013 年超越美國，分析家擔憂中共將經濟成長所產生的資源引至軍事部門。

美國對「中國威脅」的推論可歸納如下：首先，中共已是全球高度軍備的國家，常備軍已高達 300 萬人。其次，中共擁有 5,000 架戰鬥機和 300 顆核子彈頭，穩居世界第三大軍事強權。第三，雖然中共的國內生產毛額僅爲美國的 44%，然專家認爲，中共未來的經濟成長將維持 8%至 10%之間，而美國仍滯留在 2.3%左右。第四，如果中共每年的國防預算以 10%成長，而美國持續進行減少支出，則中共國防預算將

---

[19] 對中共經濟的評估，可參考：Nicholas R. Lardy, *China in the World Economy* (Washington DC: Institute for International Economics, 1994), pp.14-18; William H. Overholt, *China: The Next Economics Superpower* (London: Weidenfeld and Nicholson, 1993), pp.19-22.

[20] Lardy, *China in the World Economy*, pp.25 and 107.

[21] Michael B. Yahuda, The China Threat,; Sophia Yow, "Lion Awakening: China Seen As a Newborn Power," Available from http://www.cuhk.edu.hk/ journal/varsity/9701/threat.htm; Da Jun, "Trumpeting 'China Threat'," Available from http://www.ihep.ac.cn/BOOK/bjreview/november/96-46-7.htm;

在 2012 年超越美國。尤有進者，中共的核武瞄準美國以及出售大規模毀滅性武器至利比亞、伊朗和伊拉克，皆證明中共對美國安全的直接與間接威脅。[22]

冷戰結束後，美國的唯一敵人消失。但是對一般人而言，是很難容許現實的世界沒有敵人。同樣是共產主義爲信仰的中共，很容易地就接續了這個需要被投射的角色。即使在 1998 年 6 月美國總統走訪北京前，美國的民眾還有約 77%的高比率認同「中國威脅」這個看法。有 29%「強烈感受到來自中國的威脅」，51%對中共「懷有某種程度的威脅感」。[23]

儘管柯林頓總統採取與中共的積極交往政策，1998 年 7 月下旬，在美國中共建立「建設性的戰略夥伴關係」後，美國傳統基金會、安全政策研究中心等五個華府智庫所作的全民民意調查顯示，佔絕大多數的 72%美國人民相信，中共會在未來對美國形成威脅，只有 22%的受訪者不同意這種論點。調查當時仍有 48%的受訪者認爲中共是美國的敵人，43%相信中共不是敵人。有 78%表示美國不應將諸如先進衛星科技等具有軍事及民用雙重用途的「敏感科技」轉移給中共，只有 16%認爲美國可以進行這種科技轉移。這些調查足以顯示，即使在冷戰後的近十年，美國一般民眾認爲中共仍有威脅的

---

[22] 參考 Stuart Sweet, “Growth and the China Threat,” *Investor’s Business Daily*, April 2, 1997.

[23] 《聯合報》，民國 87 年 6 月 17 日，引述日本朝日新聞與美國哈里斯民調公司所作的調查。

敵意。「中國威脅論」在這些人的心中是有市場的。[24]

不過也有一點可以看出美國一般民眾對中共的認識仍是停留在「自我認定」為主的範疇。例如，在 1998 年 6 月底柯林頓訪問中國大陸時，已與中共達成《轉移核子飛彈瞄準目標的協議》，但仍有 56%的多數美國人仍認為中共會對美國發動核子攻擊，只有 29%的人民認為這種情形不會發生。此外，有 62%的美國選民「不十分」或「根本不相信」中共的飛彈已不再瞄準美國，只有 14%「極為」或「非常」相信所達成的協議，另有 22%表示有點相信。[25]

這種民眾的認知自然是長期受到媒體、國會、學者或意見領袖等的觀點所致，固然他們的看法或許與真實情況有些出入，但是作為研究分析而言，這是更足以確認「中國威脅論」仍是非政府行政部門對中共的一種有影響力的看法。

## 二、威脅美國的領導地位：威脅到美國的安全、經濟與價值觀

1990 年，日本防衛大學副教授村井友秀發表了〈論中國這個潛在的威脅〉一文，第一次從國力的角度提出中共是一個潛在的威脅。1992 年 9 月，美國傳統基金會以引人注目的篇幅發表了一篇文章，認為中共對美國構成了威脅及挑戰。與此同時，美國傳統基金會的會刊《政策評論》(*Policy Review*)

[24]《自由時報》，民國 87 年 8 月 8 日，第 4 版。
[25]《自由時報》，民國 87 年 8 月 8 日，第 4 版。

發表了前駐北京與香港的記者，時爲美國費城對外政策研究中心亞洲部研究員的孟儒(Ross H. Munro)以〈正在覺醒的龍——亞洲真正的危險來自中國〉(Awakening Dragon : The Real Danger in Asia is From China)一文提到中國大陸經濟快速發展，軍事展露鋒芒。該文稱中共近年來積極取得先進武器，蘇聯的崩潰以及美國自蘇比克灣、克拉克空軍機地撤退，將是中共加強其在亞太影響力的最佳機會。該文認爲：「這個新的列寧主義的、資本主義的、重商主義和擴張主義的中國，現在正漸漸對美國的基本經濟利益展現重大的挑戰。在可預見的將來，美中關係必將歷經艱難、複雜和危險的時期」。[26]另外，1993 年 5 月美國《時代》(*Time*)雜誌也以中國是下個世界強權作專題報導，認爲中共已有主導東亞地區的野心，中共建立遠洋海軍，其勢力將展延至南海地區。[27]中國大陸的學者統計，從 1992 年初到 1994 年底，美、日、英、法等國的報刊上先後出現七十多篇有關「中國威脅論」的文章。[28]

的確如此，在蘇聯瓦解後，不少仍抱存冷戰心態的美國人開始將北京視爲假想敵，反中國的言論甚囂塵上。當蘇聯

---

[26] Ross H. Munro, "Awakening Dragon: The Real Danger in Asia is From China," *Policy Review*, no. 62 (Fall 1992). pp.10-16.

[27] James Walsh, "China: The World's next Superpower," *Time* (Asia Edition), May 10, 1993. pp.15-39.

[28] 郭隆隆、趙念渝編著，《世紀之交的大國關係》，上海教育出版社，1998 年，第 83 頁。

不再是美國的勁敵後，一批「美國至上主義者」即四處尋覓新的對手。很自然的，北京成為他們的目標，北京的一舉一動都很容易被套上「擴張主義」的色彩。

面對中國的威脅要以甚麼態度來面對？還是在專家的眼中，中共根本還談不上會對美國產生威脅。如前所述，「圍堵」概念是針對蘇聯的特殊本質而生。美國冷戰期間也從未因為中共的政權本質原因而圍堵中共。「要圍堵中共的理論依據是什麼？」則是圍堵論者應該思索與找尋的問題。也就是如果認為中國因為對西方有威脅，就必須圍堵，那麼也必須先回答，「中國威脅論」的基礎是什麼？

主張「圍堵中共」者，大多從人權、經濟與軍事三個觀點提出他們的看法。[29]第一、中共政權是個殘暴的獨裁政府，北京大規模踐踏人權，最好的例子就是 1989 年 6 月 4 日在天安門對學生民運活動的武力鎮壓，以及對西藏忽視人權的控制；第二、中國大陸是一個迅速崛起的經濟大國，在不久的將來，將會超越美國成為世界的經濟強權；第三、中共每年龐大的軍費支出，將使得中共成為一個日益強大的軍事大國。這三種觀點的人，自然得出應圍堵或對抗中共的見解。採取對中共的圍堵或對抗，將可迫使中共改善人權、轉向民主。即使中共未能轉向民主，遏制中共的軍事與經濟發展對美國也是有利，削減對中國大陸的進口，減少雙邊的貿易赤字，

---

[29]亦有自生態環境觀點提出中國威脅論者，但本書並不列入探討。

可為美國人創造更多的就業機會。最重要的是，中國大陸的繼續壯大，有可能會危及到美國的霸主地位。

主張圍堵中共的觀點認為，中國的崛起不可避免地危及到現存的國際體系。中共隨著經濟力量的上升，正逐步增加其軍事實力，對外政策亦愈來愈有好鬥性，對亞洲的和平與穩定構成嚴重的挑戰。同時，中共在人權、貿易、核武擴散，以及台灣問題上的表現，也威脅到美國的利益。因此圍堵派認為，美國應以對抗性手段為主，迫使中共遵守國際遊戲規則，謀求限制中共國力，尤其是軍事力量的發展，阻止中共以武力解決台灣問題和南海問題，從戰略上削弱中共。

1995 年 7 月，美國的《時代》雜誌以〈我們為何必須圍堵中國〉(Why We Must Contain China)為名的專文公開主張，美國在面對中共這種野心勃勃的強權，不但要圍堵，而且要從速、從嚴。該文並以西方國家當時沒有及時圍堵德國，而讓西方嚐到兩次世界大戰的苦果為例，而為防歷史重演，應對類似於當年德國的中共進行圍堵。[30]

同週內，英國《經濟學人》(*The Economist*)也無獨有偶的以〈圍堵中國〉(Containing China)作為封面的專題。《經濟學人》認為與中共的經濟交往是正確的，但是也必須讓中共了解，中共並沒有威脅鄰國的權利。面對中共，應採經濟

---

[30] Charles Krauthammer, "Why We Must Contain China," *Time*, July 31, 1995, p.72.

上的交往與戰略上的圍堵，才能算是完整。[31]

在全球戰略方面，圍堵中國論者認爲，中共正極力阻止美國與日本合作對其進行圍堵策略。而不久的將來，中共將成爲美國在亞太地區的首要勁敵。北京在 1980 年代後，即視美國是它戰略野心的首要障礙。同時，中共正企圖取代美國，成爲亞洲的首要支配國，以作爲全球文明的中心。他們指出中共是亞洲唯一擁有核武部署，也是全球第三大核武器的國家。中國威脅論者更指明，若根據中共的正式國防預算，加上隱藏性的經費在內，中共每年的軍費支出是 870 億美元，是美國的三分之一，較日本多出 75%。[32]他們認爲，未來「若中國人每人年平均所得能達到今日台灣的水準，則中國的經濟總值將超越其他工業國家的總合。尤其是在 1997 年香港回歸後，西方的一些智庫更評估，北京將擁有更多的經濟與軍事實力，新的超級強權於焉產生。」[33]他們更擔心，「如果中國成爲世界經濟成長最快國家，人們會更加以爲獨裁專制有其經濟上的存在理由。而其他國家將有樣學樣，他們可能就決定採行『中國模式』。」[34]這些人士更意有所指地表示，在亞洲，美國已經無力單獨應付中共，而勢必需要跟日本結

---

[31] *The Economist*, July 29, 1995, pp.11-12.

[32] Richard Bernstein and Ross H. Munro, "The Coming Conflict with America," *Foreign Affairs*, vol.76, no.2 (Mach/April 1997), pp. 24-25.

[33] 紀思道、伍潔芳著，陳妙香譯，《驚蟄中國》（台北，智庫出版，1996 年），第 487 頁。

[34] 前引書，第 495 頁。

合，共同圍堵中共勢力的擴張。[35]

## 三、遏制中國威脅的未來理論依據：西方建構的「文明衝突論」

上述對「中國威脅論」的三種理由，其實都只能算是表象。它們並沒有為圍堵中國創造出理論的依據。奈伊即認為，雖然中共的軍事力量與經濟力量持續的成長，但即使如此，中共在西元 2025 年的個人平均所得也仍只有美國的五分之二，中共並沒有能力排除美國在東亞的權力。奈伊認為中共並沒有前蘇聯那種不計代價擴張的野心，而且中共也沒有那種本錢。[36]

美國可以對蘇聯進行長達四十年的圍堵，如果沒有「冷戰自由派」的理論依據是不可能持久的。真正為「中國威脅論」建構理論依據的應該是由杭廷頓(Sameul P. Huntington)所總其成的「文明衝突論」。這個看法將中美未來可能發生的彼此利益衝突，上綱至因為潛伏在背後的文明衝突所衍生出來的觀念衝突所致。早在 1967 年美國政論家白修德(Theodore White)就提出了中美文明衝突的概念。他在一篇文章中寫到「我們正處於文明衝突，這種衝突也許會摧毀世界。其中關

[35] Richard Bernstein and Ross H. Munro, *The Coming Conflict with China* (New York: Alfred A. Knopf, 1997), p. 32.

[36] Joseph S. Nye, "China's Re-emergence and the Future of the Asia-Pacific," *Survival* (The IISS Quarterly), vol.39, no.4 (Winter 1997-98), p.70.

係最大的是兩大文明，即大西洋——地中海文明與太平洋——亞洲文明，它們分別以美國和中國爲首。」[37]

美國哈佛大學教授杭廷頓於 1993 年夏天，在美國《外交事務》季刊發表〈文明的衝突？〉(The Clash of Civilizations?)，[38]接著又於 1996 年，同樣在這份刊物上，發表另一篇文章〈西方文明：獨特但非四海皆準〉(The West: Unique, not Universal)。[39]而其大作—《文明的衝突與世界秩序的重建》(The Clash of Civilizations and the Remaking of World Order)，亦在同年出版。[40]該三項著作構成了杭廷頓的「文明衝突論」。

1993 年，杭廷頓〈文明的衝突？〉文章發表後，立刻在中國大陸引起了不尋常的反應。[41]杭廷頓的論點，特別是東西方文明衝突不可避免的觀點，等於在告誡中國人民，在蘇聯瓦解後，美國正在尋找一個新的潛在對手。「文明衝突論」與「中國威脅論」自此在理論上建構起根本的先後共生關係。

---

[37] Thedore White, "An Offering of History to Men Who must Act Now," *Harvard Alumini Bulletin*, May 13, 1967, p.4.

[38] Sameul P. Huntington, "The Clash of Civilization?" *Foreign Affairs*, vol.72, no.3 (Summer 1993), pp.22-49.

[39] Sameul P. Huntington, "The West: Unique, Not Universal," *Foreign Affairs*, vol.75, no.6 (November/December 1996), pp.28-46.

[40] Sameul P. Huntington, *The Clash of Civilizations and the Remaking of World Order* (New York: Simon & Schuster, 1996).

[41] 由中共中國社會科學院美國研究所的所長王緝思主編的《文明與國際政治：中國學者評亨廷頓的文明衝突論》一書可為代表。上海人民出版社，1995 年。

「文明衝突論」者認爲，文明的衝突將主導未來的世界，而認爲未來的衝突將是西方文明與非西方文明間的對抗。這種將冷戰期間自由民主與共產集權的對抗拉升到冷戰後的不同區域文明間的可能衝突，使得現實主義者與理想主義者都失去了焦點。如果以杭廷頓的「文明衝突論」作爲政策的假設命題，則由於中國大陸與西方的文明因素不同，中國的壯大必然會對西方世界帶來威脅，正如同法國拿破崙的名言，「中國一旦覺醒，天下震動」。因此在「文明衝突論」下的中國，不論政治是否民主，社會是否多元、經濟是否繁榮，都不能阻礙中國這個非西方文明所可能與西方文明引發的衝突，「中國威脅」都是存在的，擁有西方的民主制度西方文明地區團結在一起對抗非西方文明是一個命定的選擇。

中國大陸的一些學者與新聞人士，認爲「中國威脅論」是一種「妖魔化中國」(Demonizing China)的說法。[42]「中國威脅論」從「文明衝突論」中找到了理論基礎，只要「文明衝突論」這個命題是正確的，「中國威脅論」自然也是合理的。因此只要「文明衝突論」沒有被深入與廣泛的接受，「中國威脅論」就將只是西方對中共有關經貿、人權、軍備方面的指責。在現實主義的政治家看來，這些只是技術範疇的問題都是可以化解的，在理想主義看來，這些議題尚不足於形

[42] 其實西方人的妖魔化中國，或者是「黃禍」等，對中國的恐懼概念，早在廿世紀三十年代，甚至更早的十九世紀即已存在。見李希光、劉康等著，《妖魔化中國的背後》，（北京，中國社會科學院，1996年），第127，173頁。

成像圍堵蘇聯般圍堵中共的理論基礎，自然也就無法形成美國或西方圍堵中共的真正力量。

## 第三節　布希時期的中國政策：建設性關係的持續

### 一、絕不孤立中共：天安門事件後的抉擇

圍堵中共一直未成爲美國「中國政策」的主流思維。美國中國政策從 1970 年代起，一直具有相當的持續性，也就是在超越意識形態的基礎上與中共發展關係，用談判解決彼此的分歧。即使布希被迫在 1989 年天安門事件後宣布對中共進行經濟制裁，但仍反對「孤立中國」。布希認爲孤立中共的政策是危險的，強調應以「持續保持交往」作爲對於中共的政策，支持中共改革開放，促進經濟發展。布希相信，中國大陸的經濟持續發展將有助於政治上的改變，同時能使中共扮演負責的國際角色。[43]也就是基於這種考量，布希連續兩年動用否決權以對抗國會的反對聲浪，支持無條件的延長中共最惠國待遇。

布希於 1989 年初上任，基本上，他延續著雷根時期發

[43] James A. Baker, III, “America in Asia: Emerging Architecture for a Pacific Community,” *Foreign Affairs*, vol.70, no.5 (Winter 1991-92), pp.1-17.

展與中共「建設性關係」的政策軌跡。1989 年的六四天安門事件，對新上任的布希總統的確是一個挑戰。6 月 5 日，布希政府宣布了幾項制裁措施，包括暫停對中共武器出口與兩國軍事領導人的互訪；優惠考慮中共留美學生申請延長居留；透過紅十字會對天安門事件受傷人民予以人道與醫藥的援助等。[44]6 月 20 日，布希政府又宣布了第二批對中共的制裁措施，包括停止高層官員互訪和反對國際金融組織對中共提供新的援助與貸款。布希在天安門事件後的作法，並不表示美國對中共態度的基本改變，他不但沒有召回駐北京大使，也不考慮對中共進行全面經濟制裁，反而自己違反禁止高層官員互訪的禁令於 7 月及 12 月派遣當時國家安全顧問史考克羅(Brent Scowcroft)和副國務卿伊戈伯格(Lawrence Eagleburger)秘訪北京。

史考克羅和伊戈伯格兩人第二次的北京之行爲外界知曉。1990 年 2 月 7 日伊戈伯格在參議院外交委員會作證談他的兩次「秘密中國之行」。第一次秘訪最主要的目的是將美國總統「對天安門事件的極端厭惡的訊息明確無誤地傳遞給中國領導人」，第二次「我們的使命還是傳遞一個明確無誤地訊息：需要中國採取行動改善兩國關係」。在這次報告中，最重要的是伊戈伯格明確地陳述了美國政府對中共政策的立場，而這個立場並未因天安門事件或因美蘇的緩和而有改變。

---

[44] Congressional Quarterly Weekly Report, June 10,1989, p.1414.

他首先陳述美國對中共政策的一貫性，而這也是最合乎美國的利益。他說：

> 「美國代表兩黨的五屆政府，在對中國政策上追求一系列始終不變的目標。第一、我們尋求培育一種與中國的戰略關係，旨在幫助中國人擺脱孤立狀態，鼓勵他們在重大國際問題上與我們合作。……第二、我們尋求鼓勵中國發揮其在東亞地區的影響，以便緩和緊張局勢和促進穩定。第三、我們尋求吸引中國人廣泛參加有助於政治與經濟改革，以及提倡人權的交流活動和其他活動。第四、我們尋求增加與中國的經濟和商業往來，以便推動中國向市場經濟的轉變。這些目標指導著二十年裡的中國政策，在可預見的未來將繼續指導美國的政策。為什麼？因為一個安全的、穩定的、不斷現代化和不斷改革的中國，一個內部保持和平並與鄰國和睦相處的中國，符合美國的最高利益」。[45]

上述報告顯示，即使在中美關係最低潮期，不孤立中共仍居美國「中國政策」的主流，而且也可以說是在冷戰後，美國仍認爲一個持續發展與現代化的中國大陸是符合美國的利益。在天安門事件後，中共也有急於與美國修好之意，對美國不改變對中國共政策的大方針，以及布希總統的善意接

---

[45] 劉達第編，《中美關係重要文獻資料選編》，（北京，時事出版社，1996 年），第 302 頁。

觸，予以些許善意回應。北京與上海的研究機構在中共領導人的要求下，對於如何穩定中美關係進行研商與提出建言，包括：允許方勵之離開中國大陸而到第三國、增加從美國的進口以顯示中共保證與美國互利的商業關係、釋放大部分在六四事件後被拘捕的示威者、在中共的新聞媒體上減少反美的宣傳，以及重申北京的利益在於和美國關係的穩定。[46]最後，中共接受全方位的戰略以處理與美國關係的建議。首先，中共鼓勵美國的盟邦對華府施加壓力，以避免對中共施加更多的制裁並與北京回復到更正常的關係。第二，中共領導人在雙邊的敏感問題上對美國做出一些讓步。最後，中共尋求管道以顯示其對美國仍具戰略的重要性。[47]

其後，中共對美國表現出更具修好的姿態。1990 年 4 月初恢復傅爾布萊特的交流計畫。5 月初解除對西藏拉薩的戒嚴。5 月 10 日再釋放 21 名民運人士，同意一名美國之音記者駐在北京。一批全部 97 名異議份子，在 6 月上旬獲得釋放。6 月上旬宣布購買價值約 20 億的美國波音噴射客機，在未來幾年也將持續購買類似價值的物品，另外將派遣一個高層的採購團於該年稍後至美採購。[48]江澤民亦嘗試親自執行外交，在 5 月上旬接受華特斯(Barbara Walters)在電視上的訪問。他也寄了一封長信給一群美國的大學生解說中國國內的情形以

[46] Harry Harding, *A Fragile Relationship: The United States and China Since 1972*, (Washington, D.C.: Brookings Institution, 1992), p.262.

[47] *Ibid.*

[48] *Wall Street Journal*, June 1, 1990, p.A16.

及傳達他與美國的重修舊好的希望。[49]

## 二、持續的善意：拒絕以最惠國待遇問題杯葛中共

美國與中共的貿易在 1979 年 1 月兩國建立正式外交關係後迅速的發展，1979 年 7 月雙方簽署貿易協定，美國並於 1980 年開始給予中共最惠國待遇。貿易最惠國待遇實際上美國與其他國家開展貿易的一項基本規定，美國允許絕大多數國家的產品以平均 4%之關稅進入美國市場，沒有享受該種正常待遇國家的產品在進入美國時要課加 50%以上的關稅。

1990 與 1991 年，布希政府每年給予中共最惠國待遇的檢討上，成爲美國國內辯論兩國關係的主題。最終，兩國政府在各自的政策上做出必要的調整，以維持中共最佳的貿易地位。相對的，北京在經濟與人權問題上也做出些許讓步，例如，釋放政治犯、解除戒嚴及擴大美國產品的進口。

基於天安門事件的影響，華府自 1989 年 6 月以來首次考慮以一種緊迫的政策來制裁中共。白宮開始暗示總統尚未決定是否給予中共每年檢討一次的最惠國待遇的地位。原來的最惠國待遇將於 1990 年 6 月 3 日期滿，而當天恰巧是 1989 年天安門事件週年的前一天，極具象徵性與敏感性。根據 1974 年貿易法案第 402 條的修正案，即傑克森一凡尼克修正案 (Jackson-Vanik Amendment)，[50]美國總統有資格決定是否每年

---

[49] *Beijing Review*, June 4-10, 1990, pp.16-18.

[50] Tan Qingshan, *The Making of U.S. China Policy :From Normalization to*

給予中共或其他非市場經濟國家的最惠國待遇地位。總統考慮這些國家所給予移入的公民享有多少的自由。根據此修正案的條款規定，總統可以推薦給予非市場經濟的國家享有最惠國待遇，但其前提是總統必須保證這些國家的政府允許該國公民自由移民，或者總統可以確保在給予待遇之後，該國政府會增進移民的自由。反之，國會有權審查總統的決定，並拒絕接受總統的決定。然而，若是國會加以否定，修正案還提供了總統的否決權作爲最終解決之道。[51]直到 1990 年之前，給予中共最惠國待遇的問題已經是一個例行事務：美國總統宣布將給予中共最惠國待遇，國會有時考慮不予認可，但最後總是失敗而同意總統的決定。中共從 1980 年來所獲得的優惠關稅待遇，於 1989 年第一次受到被剝奪的威脅。[52]

雖然拒絕給予中共最惠國待遇並非是對中共的一種全面性經濟制裁，但是卻足以嚴重的傷害到中美之間的商業關係。如果華府對於中國大陸進入美國的貨物課以正常的關稅，中共將支付更高的關稅，其中最重要的二十五種商品的關稅將從 8.8%躍升至 50.5%。[53]美中企業委員會估計這項改變將會使得中共出口至美國的產品整整減少 50%，或者減少大約 60 億美金。[54]而中共的反應可能是抵制美國出口至中國大陸的

---

*the Post-Cold War Era* (Boulder: Lynne Rienner Pubkishers, 1992), p.70.

[51] *Ibid.*

[52] *New York Times*, March 11, 1990, pp.A1,A16.

[53] *New York Times*, April 4, 1990, p.A12.

[54] *Christian Science Monitor*, May 21,1990, pp.1-2.

產品，甚至亦可能反對所有美國在中國大陸上的投資，預計更廣範圍的學術與文化的交流計畫亦將中斷，而中共和美國在戰略與外交上的合作也會衰退。

由於美國是中共最大的貿易夥伴之一，因此，美國對於中國大陸產品課稅的增加將對中共經濟造成損害，特別是對一些極度依賴美國市場的工業部門（如紡織工業）和一些區域（如東南各省）。更進一步而言，西方已對中共實施經濟制裁，特別是國際金融機構借貸的停止以及商業信用的緊縮，使得中共的國際債務償還能力拉起警報。如果出口到美國的產品減少，中共必將尋找替代的市場以銷售相同的產品或減少相同數量的進口。中共掌管外貿的官員深刻瞭解喪失最惠國待遇的嚴重性與損害性。事實上，中共的對外經濟關係與貿易部估計，喪失優惠關稅地位的結果每年將使中共減少 100 億美元的出口收益，該數字遠高於美國的預測。[55]

雖然北京已經說服布希，建議他重新給予中共最惠國待遇，但是中共在美國國內討論她的優惠貿易地位命運時並未做出足夠的讓步。布希總統無法僅憑藉中共釋放方勵之這一點上，就可使他給予中共最惠國待遇的決定能夠避免國會和公眾的反對。反對重新給予中共最惠國待遇的人認爲，布希總統的對華政策自 1989 年 6 月以來即不斷地飽受批評，白宮對中共擺出太多的修好姿態，而在中國大陸的人權情況基本

[55] *Journal of Commerce*, May 16, 1990, p.A4.

上並沒有改變，因此進一步的經濟制裁有其正當性。

布希政府的批評者，包括許多社論主筆、國會議員、人權提倡者及中國大陸在美國的學生與教授代表，一再宣稱，中共雖然釋放了八百名被拘押者，但是在中國大陸的政治氣氛仍處於高度的抑制狀態。國際特赦組織(Amnesty International)和亞洲觀察組織(Asia Watch)兩個知名人權組織的報告結論認爲，數以千計的異議份子仍在監禁中，並遭受到肉體與心理的折磨以及牛步的司法程序，中國大陸的整體政治氣氛不但沒有進步，反而每況愈下。[56]緊密的政治控制仍強壓在新聞媒體、主要的幾所大學、文學界及社會科學研究組織之上。

另一方面，爲了保衛中共的最惠國待遇而出現了一個有力的聯合陣線。在起初的時候，這些捍衛者勉強地說出他們明白中共的說明或接受中共對天安門事件的解釋。但是逐漸地，這種觀點的論調增強。聯合陣線的不同成員解釋說，他們不再孤單而且他們的立場得到公平的傾聽。

基本上，這個聯合陣線對於支持繼續給予中共最惠國待遇，提出三個理由。

第一，他們堅稱結束中共的貿易優惠地位會導致與中共的貿易大戰，因而將減少美國的出口，中國大陸的市場將拱手讓給競爭者，威脅到美國人在中國大陸上的投資，以及增

[56] Harding, *A Fragile Relationship: The United States and China Since 1972*, p.265.

加中共進口美國消費品的價格。由於中共出口到美國的許多產品中，包含了廉價的鞋、襪與衣服之類，他們認爲可以減輕低收入美國人的負擔。[57]

第二，他們指出絕大多數中共出口到美國的商品都經由香港，減少中美貿易將因而嚴重地損傷到一個友好的市場經濟體。香港政府和美國駐香港的商務辦事處(the American Chamber of Commerce in Hong Kong)估計，中共最惠國待遇取消後一年，在貿易上香港將損失 70 至 100 億美元之間，以及損失大約兩萬個工作機會，[58]同時亦會造成香港經濟生存能力的不確定性和其在 1997 年歸還中共後政治上的不穩定，當然亦會使其經濟成長率減少 2%到 3%。

第三，也是最重要的，該等人士認爲，如果撤消對中共最惠國待遇的話，將會傷害中國大陸上要求美國協助的人民。[59]對中共進口產品課以高關稅將會傷害到大陸沿海區域的小規模個體經濟和集體企業，這些都是中國大陸經濟改革的核心部分，而對國營的大規模事業所造成的衝擊則少得多，因爲其主要生產是國內市場所需的產品。對中共施以附加的經濟制裁，尤其是在如此重要的方面，幾乎可以確定的會導致中國大陸的政治緊縮，而那些支持或同情與美國接觸的人將會首當其衝的成爲整肅目標。支持給予中共最惠國待遇的人

---

[57] Harding, *A Fragile Relationship: The United States and China Since 1972*, p.266.

[58] *Washington Post*, May 12, 1990, p.A17.

[59] *New York Times*, April 27, 1990, p.A34.

也指出，不同於放逐在美國的中共學生與學者，生活在中國大陸的絕大部分中共知識份子反對美國進一步的經濟制裁，至少他們並未感到人權情況的衰退。[60]

美國行政部門的態度是非常清楚的。固然應該給予中共一些制裁，但是不應該用最惠國待遇議題作爲手段。1990 年 5 月 24 日，國務院助理卿索羅門(Richard H. Solomon)在眾議院外交委員會亞太事務、人權及國際組織及國際經濟政策和貿易三個小組委員會談「中國最惠國待遇問題」。這份報告充分反應出美國政府在天安門事件後，對最惠國待遇問題的看法以及如果取消最惠國待遇對美國與中共關係的影響。該報告首先稱，國務院經過權衡利弊，給予中共最惠國待遇是最符合美國的利益，因爲中國大陸的經濟持續的發展將有助於改變中共的政治改革。這也等於直接地表明，最惠國待遇不僅有經濟的需要，也有其政治的考慮：

> 「美國國務院加以權衡之後所得的結論是：延長最惠國待遇符合美國利益。總統認為：（一）取消最惠國待遇對每天都在點燃改革開放火焰的中國工人、農民和知識份子造成損害。（二）貿易不只是錢財交易，它是中美兩國人民交流思想與價值觀念的重要途徑。商業是改革的力量，從過去一年的事態發展，我們已經看到，全世界的事態表明，經濟改革和資訊革命必然迫使政治改革

[60] *New York Times*, May 13, 1990, p.A16.

的進行。」[61]

美國國務院在報告中並提出如果取消最惠國待遇，將有可能使中國大陸十年的改革中斷，而回到 1950、1960 年代「憤怒的孤立」的局面，這對中國大陸及美國都有不利的影響。該報告稱：

「主張取消中國最惠國待遇的人應當面對這樣一些後果：(一)成千上萬的中國人會失去與美國交往的機會，中國經濟與西方的關係會縮減。(二)對於為中國的改革而努力的中國人產生重大的影響，中國領導人將對美國更加敵視。(三)美中關係將嚴重惡化，中國將對美實行報復，中國的改革開放政策將受到影響。(四)中國對恢復保護人權的興趣將會減少。(五)美國的對外政策將受威脅，美國將無法促使中國致力於地區和全球問題的合作與支持。」[62]

在該報告中，國務院也清楚的說明美國取消最惠國待遇對美國本身經濟的影響。該報告稱：

「如果取消中國的最惠國待遇，必將對美國的工商業和消費者產生極具破壞性的影響：(一)美國從中國進口的產品價格將因提高稅率而使消費者，特別是低收入消

[61] United States Information Agency, *USIA News*, May 24, 1990.
[62] *Ibid.*

費者蒙受損失。（二）美國對華出口企業將受到損失，如小麥、化肥和飛機，中國將尋求其他的進口來源。（三）在高技術領域，美若提高關稅，中國將增加從歐洲、日本方面進口高技術產品的份額。（四）美國在中國投資的困難將增大，利潤將減少。（五）本來已在增長中的美國對中國貿易投資受到打擊以後，要恢復起來就頗不容易。在美國外貿逆差仍然不小和國外貿易競爭激烈的形勢下，不能不謹慎地考慮有著長期增長潛力的中國這個市場的位置」。[63]

該報告可謂是美國行政部門對最惠國待遇問題所作最詳盡的分析與立場宣示。爾後行政部門在最惠國待遇問題上的立場，再也沒有超越該報告的各項觀點。

給予中共最惠國待遇，象徵美國對中共建設性關係的持續，亦爲明示反對以圍堵或遏制政策來面對中共。但是，美國國會卻不同意行政部門如此寬容中共。國會部門紛紛提出取消最惠國待遇，或者爲最惠國待遇設定若干條件。在辯論的過程中，一種妥協的情形逐步成形。雖然一些國會議員敦促立刻撤消中共最惠國待遇地位，而其他的議員則建議條件擴大的可能性，包括：每年檢討一次，而且在 1991 年要求更嚴格的標準。[64]然而，在該法之內，又有兩種方式，一個較

---

[63] *Ibid.*

[64] Harding, *A Fragile Relationship: The United States and China Since 1972*, p.267.

爲嚴厲，而另一個則較爲溫和。

較溫和的方式是由眾議員皮斯(Don Pease)所提出的建議案（編號 HR 4939），規定有條件延長中共的最惠國待遇一年，而在 1991 年再決定是否給予中共優惠待遇。在皮斯原先的提議中，傑克森—凡尼克修正案所提的移民自由將被修改爲包括像是中國大陸終止戒嚴令的實施、停止對赤柬的援助及最重要的，「改善對國際承認的人權之大量違反模式，並做出實質的與可茲證明的進步」等目標。[65]這個添加在其後包括了更多的目標，例如，要求中共釋放被拘禁的非暴力示威者、對新聞自由的放寬，以及終止對美國之音的電波干擾、停止對於在美國的中國公民施以「恐嚇與騷擾行動」及放寬人民至外國旅遊和讀書的禁令。該項提議也要求總統對於中共對香港的政策以及其對臺灣加入關稅暨貿易總協定的態度亦列入考慮。由於原始的傑克森—凡尼克修正案規定，總統在推薦重新給予最惠國待遇之前，不需要宣布這些目標。但他必須要保證這些目標將有效的實施，以作爲檢討最惠國待遇的依據。

較嚴厲的方式是由眾議員裴洛西(Nancy Pelosi)所提議的法案（編號 HJ Res 647）。該法案設定類似的條件，在 1991 年檢討中共的最惠國待遇時，總統將保證中共完全地實現此法案所設定的目標，並對其他的目標做出「重要的進步」。

---

[65] *Ibid.*

它不同於皮斯法案的是，對於再給予中共最惠國待遇地位的人權保護條件不能簡單地加以評定。當這項討論持續地進行時，其他的目標也陸續地加入裴洛西法案，包括「對結束宗教迫害做出重大的進步」以及中共遵守和英國對於香港前途談判的協議。

最後，所有的三個提案，即立即的撤消中共最惠國待遇的提案、附有嚴苛條件的給予的提案，以及附有較溫和條件的給予的提案，於 10 月 18 日在眾議院舉行投票。布希政府反對所有三個提案。一個簡單地不予認可最惠國待遇決議案，亦即所有解決方法中最極端的制裁中共的提案，以 247 票對 174 票獲得通過，但是尚未達推翻絕對的多數否決所需的三分之二。皮斯提案，是許多國會領導人所支持的。該項法案以 384 票對 30 票的多數獲得通過，似乎是考驗總統否決的多數。[66]在參議院中，參議員密契爾(George Mitchell)的提案（編號 S2836）也並未得到參議院全體的認可。[67]這使得取消中共最惠國待遇案無法通過。[68]

---

[66] *New York Times*, October 19, 1990, pp.A1,A8.

[67] David L. Kleykamp, "The Political Economics of United States Most Favored Nation Policy Towards China," *Tamkang Journal of American Studies*, vol.X, no.1(Fall 1993), p.4.

[68] 依照法定程序，美國總統必須在每年 6 月 3 日前，做出延長或中止給予某國最惠國待遇的決定，而美國參、眾兩院則會對有爭議的國家或地區舉行一連串的聽證會，在 10 月中旬國會休會前，就總統的中止或延長決定進行表決，或提出國會的修正案。若參、眾兩院各有其本身的修正案，則再透過協商、表決的方式，形成兩院共同的決議案，送交總統簽署執行。若參、眾兩院皆以三分之二的多數反對總統的決

一直到布希卸任前，美國國會每年都會為給予中共最惠國待遇案，提出不同內涵的條件限制，但是在 1991 年和 1992 年都遭到布希的否決。[69]

布希政府的態度非常清楚：可以其他方法促使中共改善其人權或武器輸出，但是不願以最惠國待遇之給予作為籌碼。道理很簡單，正如同上述 1990 年 5 月 24 日國務院第一次在眾議院外交委員會針對最惠國待遇案的發言立場，無論是從美國國家利益或是改變中共政權方面，對中共的最惠國待遇都應該持續，而且是不應該在這個議題上設定任何條件。同一天，布希發表給予中共最惠國待遇的談話稱，「要把（對天安門事件）義憤填膺地予以痛擊的衝動感情與一種清醒的估計，即與對我國長遠利益的清醒估計兩相權衡。……我得出的最後結論是：繼續保持給予中國的貿易地位是符合我們的最大利益」。[70]此以美國利益為首要考量的論點，決定了布希在最惠國待遇問題上的不變立場。

---

定，美國總統可依據憲法授權，以否決權推翻國會的決議，照案執行其本身的決定。

[69] 國內學者的分析可參考，蔡瑋，〈美國國會對中共最惠國待遇案之立場〉，《問題與研究》，第 33 卷，第 9 期，民國 83 年 9 月，第 28-38 頁）。另自 1990 至 1998 年美國行政與立法部門對於給予中共最惠國待遇的互動，可參考第四章，表 4-3。

[70] *Washington Post*, May 25, 1990, pp.A1,A14-15; *Japan Times*, May 26, 1990, p.6.

# 第四節　柯林頓的中國政策：「全面交往政策」的開展

## 一、中共國際環境的改變：中共創造了有利的睦鄰關係

蘇聯解體與東歐驟變後，國際間普遍認為，中共抗蘇的戰略地位將下降，復以 1989 年的天安門事件，中共在國際間的形象大壞，對於這個世界僅存的共產社會主義強權，西方出現聯合制裁中共的趨勢，中共的國際地位有孤立之虞。但是，不可否認的，中國大陸廣大經濟市場、作為冷戰後的亞洲唯一共產軍事強權、冷戰後軟政治議題的重要性增大，都使得西方或亞太各國不能忽視中共存在的事實和與其發展關係的重要。中共方面在六四天安門事件後，也是積極地改善與鄰國的關係。種種發展使得中共的戰略地位並未在冷戰及天安門事件後受到影響，反而有提高的趨勢。

1989 年 9 月，鄧小平提出「冷靜觀察、穩住陣腳、沈著應付」的因應世局方針，其後又提出「善於守拙、絕不當頭、韜光養晦、有所作為」，此即所謂的「廿八字方針」。[71]此以「韜光養晦」為核心的外交方針，使得中共在變動不居的

---

[71] 《鄧小平文選》，第三卷，（北京，人民出版社，1993 年），第 320 至 321, 353, 363 頁。

國際情勢下，爲自己找到站穩腳步的基點。

在與俄羅斯關係方面，自中共與俄羅斯建立正常的國家關係後，雙方高層往來頻繁。俄國外長、國家議會主席及總理先後訪問北京，錢其琛副總理兼外長也訪問了俄羅斯。1994 年 9 月，中共江澤民主席訪問俄羅斯，雙方並就面向廿一世紀建構新型夥伴關係，達成共識。

在日本方面，天安門事件使得中共與日本在 1990 年的貿易總額較 1989 年下降了 7.5%，但是自 1991 年後即開始每年兩位數的成長。1993 年日本天皇與中共江澤民主席互訪。1994 中共副總理朱鎔基訪問日本，日本首相細川與外相也回訪。雙方的關係穩定發展，日本是中國大陸的最大貿易夥伴，在 1993 年時雙方的貿易量已達 378 億美元，1994 年達 462 億美元，1995 年更達 578 億美元。[72]

在朝鮮半島方面，中共與南韓在 1992 年建立了外交關係。南韓總統金泳三於 1994 年 3 月訪問北京，中共總理李鵬在 11 月回訪漢城，在雙方外交關係確定後，中共在朝鮮半島的政治影響力增加，經貿關係也急速增加，1991 年中共與南韓貿易額爲 44 億美元，1992 年增至 63 億美元，1993 年升至 90 億美元，1994 年再達約 116 億，1995 年達 165 億美元，穩定地快速成長。中共與北韓的傳統友誼以及與南韓政經關係的加強自然有助於朝鮮半島的穩定，提及在以對話解決南

[72] 石原忠浩，〈戰後「中」日經濟與政治的互動關係〉，《問題與研究》，第 36 卷，第 5 期，民國 86 年 5 月，第 47 頁。

北韓爭端上將可發揮正面的影響力。[73]

在與東協國家方面，中共與新加坡及汶萊建立了外交關係，與印尼也恢復了外交關係，和東協國家的交往合作也不斷擴大。中共外長自 1990 年起出席東協外長會議，1994 年 7 月並出席首次的東協區域論壇（ASEAN Regional Forum）。自 1993 年起，菲律賓總統羅慕斯、新加坡總理吳作棟和資政李光耀、馬來西亞總理馬哈迪(Mohamad Mahathir)、泰國總理乃川相繼訪問北京。中共總理李鵬、人大委員長喬石、軍委副主席劉華清等中共的重要領導階層也分別訪問了泰國、新加坡與印尼等國。1994 年 11 月，中共主席江澤民在雅加達出席亞太經合會第二次非正式領袖會議後，走訪印尼、菲律賓、馬來西亞和越南等國。中國大陸與東協各國的貿易量從 1948 年的 8.5 億美元增加到 1993 年的 107 億美元，貿易量增加了近 12 倍。東協成為中共的第六大貿易夥伴。

在與其他的東南亞國家關係方面，1991 年中共與越南的關係正常化，恢復友好關係。越南國家主席黎德英於 1993 年訪問中國大陸，江澤民也於 1994 年訪問越南。中共與寮國（老撾）的關係也有改善，兩國在 1994 年簽署了《中老邊界制度條約》，象徵著兩國邊界已徹底地解決。中共與柬埔寨的關係也持續發展，1994 年柬國國王施亞努與首相正式訪問北京。

[73] 有關南韓與中共的關係，請參考，劉德海，《南韓對外關係》，（政治大學外交系，1997 年），第 128 頁。

在與西歐國家方面，經過一段很短時間的震盪後，雙方很快的在經濟利益的需求下重新恢復了關係，高層互訪頻繁。1993 年中共與西歐的貿易額近 300 億美元，較之 1992 年增加了 49%。1993 年 11 月，德國柯爾總理訪問中國大陸，雙方簽署 20 多項合作文件與商業契約，金額達 16.5 億美元。1994 年 7 月李鵬也訪問德國，又與德國簽署金額達 40 多億美元的契約與意向性文件。1994 年 4 月，法國總理席哈克訪問北京，他向中共做出不向台灣出售武器的承諾，江澤民於 9 月訪問巴黎，與法國簽署價值 180 餘億法朗的契約與意向書。

從上述中共的各項積極作爲看出，中共的國際外交空間並未在天安門事件後受到嚴重的影響。反而中共藉助其改革開放後的經濟潛力與填補冷戰後的強權空間，使得中共的國際地位不降反升，而亦直接地牽引著亞太或全球的權力互動。

1994 年 9 月 26 日，美國國會圖書館研究部(Congressional Research Service)題爲〈中國情況的變化〉(China's Changing Conditions)的研究報告中即指出：首先，中共目前的週邊地區已有著較過去任何時間所出現的有利安全環境。中共已擺脫了任何大國的軍事威脅與軍事壓力。地區的安全將有利於中共保持政治穩定與集中力量從事國內的現代化建設。其次，中共的外交趨向「溫和、務實」。該政策已淡化意識形態的因素，並在某種程度上受到外國的經濟關係，特別是與西方先進國家經濟關係的驅動。第三，中共更積極參加了國際組織活動，特別是更加重視聯合國的活動，以發揮其安理會常任理事國的大國作用。中共在波斯灣戰爭及海地出兵問題上所持的立場，客觀上符合美國的利益。在朝鮮半島核武問題上，中共也有「非常建設性」的功能。第四，報告中雖然對中共為賺取外匯，向中東及東南亞一些國家出售武器，但報告中也認為由於中共軍火市場在近幾年中急速萎縮，中共在軍售問題上已採取與西方合作的態度。[74]

該報告可謂清楚描繪了中共在後冷戰時期的國際地位。冷戰後，美國逐漸意識到中共作為安理會的常任理事國，又是核子俱樂部的一員，其地緣位置又使得中共在亞太地區將具有特別重要的地位與作用。美國要維持亞太地區的安全與穩定、防止大規模毀滅性武器的擴散、保持全球環境、阻止非法移民、走私、販毒和恐怖主義等事，無一不需要與中共密切合作。

## 二、對中共軍事力量的評估:中共尚不足以威脅美國

1994 年 1 月初，美國國會圖書館研究部應眾議院外交事務委員會的要求，收集了美國國內各相關論著，深入採訪亞太地區三十多名國防專家，對中共的軍事力量作全面分析，向美國國會提出一份研究報告。該報告的結論首先指出：中共現有的經濟與軍事實力並未對美國構成現實和緊急的威脅，即使在未來的 5 至 10 年內，中共也不具備這種能力。中

---

[74] Robert G. Sutter, "China's Changing Conditions,"*Congressional Research Service Report*, 1994, pp.93-114.

共如要成爲美國強勁的軍事對手，估計還需 20 年的時間。其主要根據的理由是：（一）中共當前要集中力量發展經濟，需要和平的國際環境，避免與鄰國發生對抗或軍事衝突。（二）中共軍備落後，兵力投送能力弱，基本上是一支防衛性部隊。中共在近幾年中採購的武器裝備多數用於提高其現有飛機、艦艇和坦克作戰的能力，對提高其總體作戰能力的作用有限。（三）波斯灣戰爭後，中共領導已認識到中共與西方軍隊在現代化戰爭能力上的差距。中共加速軍事建設主要是爲了趕上鄰國軍事現代化的步伐，改變軍隊裝備的落後狀態。

其次，該報告又稱：當前來自於中共主要危險在於，中共可能因爲台灣與南海的主權問題而使用武力。但這也會受到下列若干因素制約，包括中共軍事實力有限，如動用武力會遭到報復，並沒有必勝的把握；動用武力會惡化與鄰國的關係，在政治上遭受巨大損失；國際社會將會反應強烈，致中共在政治上處於不利的地位。但是這些制約因素將隨著中共國內外形勢的發展而發生變化。[75]

在討論到中共的武力是否會對亞太地區的安全與穩定造成危害時，另一種的看法，並非基於中共的強大和繁榮所生，而是因爲中共的虛弱和出現混亂所致。如果中國大陸發生經濟崩潰或政治混亂，將會嚴重影響亞太地區的經濟秩序，特別是大量的難民外流，將會爲週邊國家和美國帶來巨大的負

[75] 夏旭東、王書中主編，《走向廿一世紀的中美關係》，（北京，東方出版社，1996 年），第 158-160 頁

擔甚至災難。因此保持中共的繁榮與安定是符合美國的經濟與安全利益。在該中共軍事力量不足懼，中國大陸不穩定才是美國的隱憂思考邏輯下，柯林頓政府常言，「一個穩定、強大和繁榮的中國符合美國的利益」，也正反應出柯林頓政府「全面交往」政策的必要性。

## 三、全面交往政策的形成：最惠國待遇與人權問題從掛鉤到脫鉤

柯林頓具有民主黨傳統的人道理想主義色彩。競選總統時，柯林頓批評布希的中國政策是「磕頭」和「擁抱獨裁者」政策，他呼籲在貿易問題對中共施壓。他表示，當選後將取消中國大陸的最惠國待遇，但是當柯林頓入主白宮後，他卻主張與中共開展「全面交往政策」(comprehensive engagement policy)。

柯林頓在美國人民期許振興經濟的情況下接任總統。如果在最惠國待遇問題上與中共對抗，將會危及當時總額達 340 億美元的雙邊貿易，以及美國企業繼續進入中國大陸的可能，此對美國絕非有利。柯林頓政府在權衡理想與現實、利弊與得失，並經過與國會反覆磋商後，於 1993 年 5 月 28 日發布一項行政命令和一份政策聲明。在聲明中，一方面肯定中共在美國對外政策中的重要性，並強調：「鑒於中國在全球社會愈來愈重要，我們不想孤立中國，……對中國的發展和經濟改革進程將伴隨著更大的政治自由抱有希望」，另一方面，

則提出「仍然對中國共產黨領導人的一系列作法深爲擔憂」，對「中國人權紀錄、擴散危險武器和中美貿易狀況」表示關注。聲明並宣稱美國「政策的核心是：堅持要求中國在人權問題上有重大改進」。爲執行該項政策，柯林頓簽署一行政命令：「延長中國的最惠國待遇地位十二個月，不過明年是否延長最惠國待遇將取決於中國是否改進人權狀況取得重大進展」。美國政府的行政命令，要求中共在人權問題的七個方面取得全面進展，方能考慮延長中共的最惠國待遇。該七項條件分別爲「一定要達到」與「不一定要達到」兩個類別。「一定要達到」的條件包括：停止向美國輸出獄中所製造的產品；允許部分中國大陸持不同政見者離開中國大陸。「非一定達到」的條件包括：停止干擾美國對中國大陸的無線廣播；對政治及宗教犯進行統計；允許國際紅十字會訪問中國大陸的人犯；放鬆對西藏的控制；採取措施遵守《世界人權宣言》。[76]

該項行政命令是美國政府首次將人權問題作爲延長最惠國待遇問題的政治條件。但是柯林頓的作法就事實面而言，美國政府並無意真正取消對中國大陸的最惠國待遇。首先，該等條件全都是屬於有關人權問題的範疇，但「一定要達到」的條件並不困難，顯示柯林頓政府傾向未來繼續給中國大陸

[76] The White House, Office of the Press Secretary, May 28, 1993, Executive Order, Conditions for Renewal of Most Favored Nation Status for the People's Republic of China in 1994.

最惠國待遇。第二、對給予中共最惠國待遇的附加條件只限於人權問題，而將貿易與武器出售問題分開。第三、所提的條件只集中在公民權利、人道待遇等問題，而並沒有涉及政治體制等問題。第四、美國避免與中共直接衝突，以一年的緩衝期來解決分歧。第五、附帶條件避免用國會立法方式，而用總統行政命令的形成，這可以使行政部門享有更大的主動權。

1993 年 5 月 28 日，美國總統的行政命令發布後，中共與美國的關係仍然顛簸起伏。一方面，柯林頓也不得不履行他競選時的承諾，對中國大陸的人權問題，予以撻伐。1993 年 5 月續予中共最惠國待遇的同時，也指控中共出售 M-11 型中程飛彈予巴基斯坦，違背飛彈管制協議。8 月間在「銀河號」事件後，[77]美國爲制裁中共出售 M-11 型飛彈，下令禁止美國高科技對中共的輸出。9 月 23 日，中共以些微票數之差未能取得公元 2000 年奧運的主辦權，中共猛烈攻擊美國從中作梗。美國隨後向台灣出售「魚叉」式導彈武器，該等事件，使得中共與美國的關係降到柯林頓上台後的最低點。在一片紛爭中，根據美國及其他新聞媒體的報導，柯林頓總統在權衡利弊得失後，決定採取新的中國政策。9 月中旬，柯林頓簽署由國家安全事務助理雷克綜合各方意見所提出的對

[77] 1993 年 8 月美國指控駛往伊朗的中共「銀河號」載有可以用來製造神經瓦斯的化學原料，中共則嚴詞否認。9 月 4 日，「銀河號」在沙烏地阿拉伯接受檢查後，證實船上並無任何違禁品。中共除要求美國道歉外，中共官方及媒體並展開另波對美國的猛烈抨擊。

中共《行動備忘錄》，採取了「全面交往」的戰略。[78]

1993 年 9 月下旬，美國政府重新審議了美國與中共的關係，決定採行與中共的「全面交往」政策。1993 年 9 月 25 日，柯林頓總統的國家安全顧問雷克約見中共駐美大使李道豫，向他通報美國對中共政策的新方針，準備與中共「在廣泛的問題上加強聯繫」。其後，美國負責人權事務的助理國務卿、農業部長、國防部長助理等相繼訪問中國大陸，兩國關係有了進展。同年 11 月，中共國家主席江澤民與美國總統柯林頓在西雅圖實現了 1989 年 2 月後兩國領導人的首次會晤。1994 年 3 月，美國國務卿克里斯多福訪問北京時向中共領導人表示，一個「強大、穩定、繁榮和開放的中國」，符合美國國家利益。

1994 年，在中共的人權仍無具體改善的情形下，5 月 26 日，柯林頓仍然再度宣布延長中共的最惠國待遇。雖然他也作了些限制，例如，禁止中共小型軍火、彈藥輸入美國，但這些都只是些僅具象徵性的意義。柯林頓並稱，以往將人權和貿易掛鉤的政策已完成階段性的任務。[79]他在宣布〈關於延長 1994 年至 1995 年度最惠國待遇的決定〉中作下列政策決定：

「一、延長中國最惠國待地位。二、將最惠國待遇的延

[78] *Los Angles Times*, Sept. 30, 1993; *Washington Post*, Nov. 1, 1993; Nov. 7.

[79] Ann Devroy, "Clinton Reverse Course on China," *Washington Post*, May 27, 1994, p.1.

長與人權問題分離處理。也不再像傑克遜－凡尼克修正案所要求的那樣將兩者聯繫在一起。三、禁止從中國進口軍火，主要包括武器彈藥，預計 1994 年該進口總額將接近 2 億美元。四、維持因天安門事件而實施的現行制裁措施（不讓加入美國貿易與發展援助計畫，海外私人投資公司和美國——亞洲環境夥伴關係計畫；美國繼續反對世界銀行和其他多邊發展銀行向中國提供不是滿足人的基本需求的貸款；中止武器運交工作；不給具有雙重用途的民用技術和美國軍火清單上的項目發放許可）。五、實施有力的、多方面的人權政策，以便繼續取得進展」。[80]

自此，對美國行政部門而言，貿易與人權問題開始脫鉤。未來將「最惠國待遇」與「人權」問題分開處理，雖然日後仍將關切中國大陸的人權表現，也會對北京施壓，但是，不再將兩者一併考量處理。

1994 年 5 月 31 日，柯林頓總統並以「孤立中國不可能改善人權狀況」為主要內涵的文中談及美國與中共的關係。該文章中，柯林頓清楚的表達他決定延長中共最惠國待遇的原因，包括肯定中共在全球議題中的重要角色、推動中國大陸開放有利於中國人獲得個人自由及美國的國家利益：

[80] The White House, Office of the Press Secretary, May 26, 1994, Press Conference of the President.

「中國是美國價值 80 億美元的商品市場，提供美國 15 萬人就業機會。中國擁有核武，在聯合國安理會擁有否決權。其為亞洲乃至全球安全的一個重要因素。譬如在朝鮮半島建立無核區，保護全球的環境等」。「我們面臨的挑戰是，如何在不出賣我們理想的情況下與中國作生意，如何使經濟發展有助於個人獲得更大自由，如何在認識到在中國乃至整個亞洲的其他重大利益的同時，推動我們在一個較為開放的中國的利益。此即為我為何延長中國的貿易最惠國待遇以及在加強中美關係的同時開始實行支持促使中國進行建設性變革的力量的新方針的原因所在」。

該文章中，柯林頓還對用貿易作爲向中共施壓以改善人權的工具，表達不予苟同，並認爲這反而會影響到雙方在其他重要問題上的合作。他認爲，「每年將最惠國待遇與人權聯繫起來的辯論，可能會阻礙在安全與經濟問題上取得必要的進展，而人權問題上也不會取得什麼進展，即使取得進展，也是很小的」。柯林頓決定以其他的方法來表達對中共人權的關切與施壓，包括成立自由亞洲電台，增加美國之音對中國大陸的廣播；運用國際力量，如聯合國，來改善中共的人權；繼續延長針對天安門事件所實施的制裁。美國將增加交往、增加貿易、增加國際合作並增加在人權問題上的廣泛和經常的對話。[81]

1994 年 8 月 27 日至 9 月 1 日，美國商業部長布朗（Ron Brown）率美國企業家和高級政府官員代表團訪問中國大陸，揭開兩國經貿關係的新頁，雙方簽署了兩國商業經貿聯合委員會關於合作的框架協議，以及內容涉及化工、電力、民航、資訊、環保、衛生、水力、服務、法律和商業等方面價值近 50 億美元的協議、意向書、諒解備忘錄等。10 月 3 日，中共外長錢其琛訪美。10 月 4 日，兩國簽署了《關於停止生產用於核武器的裂變材料的聯合聲明》（Joint US-China Statement On Stopping Production Of Fissile Materials For Nuclear Weapons）和《關於導彈擴散問題的聯合聲明》（Joint US-China Statement On Missile Proliferation），美國同意取消對中共的衛星技術禁運。[82]11 月 14 日，柯林頓與江澤民在雅加達舉行了第二次的領導人會晤。從上述的發展看來，在美國決定採取對中共的「全面交往」政策後，兩國的發展非常快速，迄至 1995 年的李登輝總統訪美，方遭遇暫時的頓挫。

此外，柯林頓非常清楚地表達了美國與中共交往的策略，一言以蔽之，即追求一個「開放」的中國：「在國外促

[81] Bill Clinton, "To Advance the Common Interest in a More Open China," *International Herald Tribune*, June 1, 1994, p.8.

[82] Remarks by Secretary of State Warren Christopher and Chinese Vice Premier & Foreign Minister Qian Qichen Following The Signing of Joint US-China Statement On Missile Proliferation and Joint US-China Statement On Stopping Production of Fissile Materials for Nuclear Weapons, Department of State, Washington, D.C. October 4, 1994.

進更爲開放的社會——促進民主、人權和朝著市場經濟的變革——的目標深透到我們的國家歷史、思想與安全之中。……我相信，事實將證明，這些行動是推動人權事業的最好辦法。」[83]

## 四、全面交往的戰略意義：合作、遏制、促變的共生體

“engagement”這個英文字，在中文翻譯多爲「交往」或「接觸」。但是該字的涵義並非如此單純，它也有利用「交往」而獲得想要達到訴求目標的另一個目的。其實最能反應“engagement”涵義的應該是一種互動描繪，也是爲達到目標的一種手段。它曾經被歐洲用來作爲制定對前蘇聯外交政策的原則，也就是「以交往促使改變」。

面對中國大陸的發展，美國的態度是多重的。政治發展的理論認爲，經濟發展有助於中產階級的壯大，因而可帶動社會的多元化，進而促成政治的開放與民主化。1993 年 1 月 13 日，克里斯多福在柯林頓政府的外交政策公聽會中表示：「我們的政策將致力藉由和平演變，使中國共產黨由共產主義走向民主……」[84]此種「和平演變」中國大陸的主張，代表東西方善意的合作，認爲「和平演變」將可促使中共逐漸

---

[83] Bill Clinton, “To Advance the Common Interest in a More Open China,” *International Herald Tribune*, June 1, 1994, p.8.

[84] U.S. Department of State, Office of the Spokesman, Statement at Senate Confirmation Hearing, Secretary-Designate Christopher, Senate Foreign Relations Committee, Washington, DC, January 13, 1993.

減少對內的威權統治與對外的武力威脅。由主張對中共「和平演變」到最後彼此間的「和平相處」，與主張「文明衝突論」推演的「中國威脅」必然存在性的兩種看法，各有支持者，他們有時相互爭辯，但多時是並存的，而後者往往更是最核心的思考。

冷戰後以美國為首的西方世界，對於中共所抱持的態度可謂是矛盾的。一方面，有人認為美國未來在東亞的戰略，應該和中共維持某種程度的和平關係。他們表示，美國必須承認中共的利益，並與中國大陸共同協商東亞地區的和平，如在朝鮮半島阻止核武的擴散；共同維繫中南半島的安全與發展；和平解決東海與南海的爭執。在國際體系方面，他們強調，美國不應過度孤立中共，而是要極積的將中共納入西方規範的國際體系，如協助中共加入世界貿易組織(World Trade Organization , WTO)；鼓勵中共參與國際政策的制定，共同成為國際間各項事務的主要領導者，並分擔責任。正如同「中國威脅論」的鼓吹者，《紐約時報》記者紀思道(Nicholas D. Kristof)即認為：「如果中國能走上相同的道路，世界五分之一的人口就納入了民主體系，也許會因此減少了和其他五分之四人口發生軍事衝突的危險。」[85]

主張美國與中共未來的互動應是和諧論的學者，強調儘管中共的軍事、經濟與外交等各方面的實力，正逐漸成長，

---

[85] 紀思道、伍潔芳著，陳妙香譯，《驚蟄中國》，（台北，智庫股份有限公司，1996 年），頁 487。

但若與美國，甚至是其他鄰近的國家相較，在廿一世紀初，中共仍不具絕對的威脅性，國際社會不必太過在意與誇大中共的能耐。他們認爲，對中共採行「善意而非孤立，是最適當的政策」，[86]而非一味杞人憂天的強調，中國是一個未來的威脅者。

與中國交往，而不採圍堵一直是美國「中國政策」的主流，也是美國歷任總統所採取的政策。他們認爲加強與中共的交往，除了有助於中共對西方價值的了解，也有助於美國本身的經濟利益。另外，美國要維持在亞太地區或全球事務上的影響力，與中共全面交往也有其本身不得不爲的必要性。

1992 年，尼克森出版《掌握時機》(*Seize the Moment*)一書，在對中國政策方面，他認爲：「中國人口佔全球的五分之一，不僅在國際政治舞台上是舉足輕重，也有成爲經濟大國的潛力。其爲太平洋三角之一，在國際間分量不容輕忽，其勢力也不容世界孤立。就在二十年前，我們打開了中國大門；在往後二十年間，我們必須維持中國的門戶開放，將其融入到國際社會之中」。[87]即使在六四天安門事件後，尼克森仍然反對用全面經濟制裁方式對付中共，亦不主張取消最惠國待遇。他主張以鼓勵代替懲罰，以接觸代替孤立，他並

---

[86] Robert S. Ross, “Beijing as a Conservative Power,” *Foreign Affairs*, (Mach/April 1997), p.43.

[87] Richard Nixon, *Seize the Moment* (New York: Simon & Schuster, 1992). 中譯本，丁連財譯，譯名為《新世界》（台北，時報出版，民國 81 年），第 156 頁。

且警告：「現在將中國孤立起來，將會是一場歷史大悲劇」。[88]

1995年1月13日，美國國防部長裴利（William Perry）分別在新德里與紐約記者會上，發表中共不會對鄰國和世界構成威脅的談話：

「從70年代末到90年代初，中國軍費支出增幅放慢，軍隊人數減少，但在過去的三年中，該趨勢出現逆轉。我們對軍費增加的趨勢表示關注，但我認為它尚未發展到對安全構成重大威脅的地步。中國顯然擁有強大的軍事力量，但根據我的判斷，它並不意味著重大的威脅，不論自全球範圍還是地區範圍而言，我亦不認為中國政府有侵略或進攻的意圖」。[89]

1995年10月11日，美國助理國務卿羅德在參議院外交委員會的小組委員會作證指出，美國對中共「全面交往」政策是有其安全與軍事上的考慮。他在證詞中表示，即使中共的軍事預算及戰略計畫並不透明、支持巴基斯坦和伊朗的核計畫、對南沙群島提出領土要求、持續進行核試驗、在台灣海峽附近進行軍事演習，但是「所有行動是否意味中國是一心想支配或威脅其鄰國的侵略性強國，而對其採取圍堵政

---

[88] 同上書，中文譯本第162，168-169頁。

[89] 劉達第編，《中美關係重要文獻資料選編》，（北京，時事出版社，1996年），第400頁。

策」？羅德認爲，「答案很簡單，不是。」他認爲，中共目前的首要工作是發展經濟，因而中共需要一個和平的國際環境。羅德在證詞中再稱，美國已經制定了一些政策，反映出美國對於中國崛起而出現的機會與風險的清楚估計。他稱：

> 「我們在安全方面的一項基本政策是進行全面交往，此與我們中國政策的總體方向是相吻合的。這既不能表示中國是侵略成性的，也不能表示他是友善的。這既不意味著我們默認中國採取不恰當的行動，也不意味著試圖孤立中國或遏制其發展。圍堵將自然而然地預示著彼此間的敵對。這種作法不會獲得我們亞洲夥伴的支持。問題不是中國是否將成為一個在全球和地區安全事務中發揮重要作用的國家，而是何時與如何發揮這個作用。中國迅速發展的經濟、日趨強化的軍事力量和他在國際上的歷史作用，將在下一世紀使它成為世界上的一個主要強國。我們面臨的挑戰，是要確保，中國在其發展成為一個世界級大國的過程中，能發揮建設性的作用，是作為一個能夠與國際社會融為一體，並致力於遵守國際法行為準則的國家。我相信，我們奉行的政策將有助於促使中國朝著這個方向演變。」[90]

[90] U.S. Department of State, 95/10/11 Testimony: Winston Lord on US Policy toward China Bureau of East Asian and Pacific Affairs, Statement of Ambassador Winston Lord, Assistant Secretary of State Bureau of East Asian and Pacific Affairs October 11, 1995 Before the Senate Foreign

1995 年 10 月 30 日，美國國防部長裴利在西雅圖對「中國關係委員會」(China Relations Council)發表以〈與中國交往既非圍堵亦非姑息〉(Engagement Is Neither Containment Nor Appeasement) 爲題的演講，該篇有關中國政策的講話中，透露美國對中國大陸重要性的最新評估，明確指出美國今後亞太政策的走勢。裴利認爲，中國大陸的經濟規模居世界第四位，人口又是世界最多的國家，擁有核武，又是聯合國的安全理事會的常任理事國，該等因素致使中共「逐漸成爲世界上最強大的國家之一」，並認爲「新的地緣政治秩序，正在亞太地區形成」，對話有助於減少緊張，符合雙方利益，強化中國的正面發展。「選擇交往並非是向中國示好，而是因爲有利於美國在全球及蓬勃的亞太地區的利益」。[91]該篇演講明確表達出美國對中共採行「全面交往」的意義：

「首先、我確信與中國維持安全上的交往有助於我們對中國對外政策的影響，以阻止大規模毀滅性武器的擴散。其次、交往使我們有機會影響中國，使其在美國利益面臨威脅的不穩定地區，發揮積極的作用。第三、與中國交往將開闢與人民解放軍進行交流的渠道。如果我們要

---

Relations Committee Asia and Pacific Affairs Subcommittee U.S. Policy toward China: Security and Military Considerations.

[91] William Perry, "Engagement Is Neither Containment Nor Appeasement," Speech at Washington State China Relations Council, Oct. 30,1995, pp.1-2.

在如台灣、南中國海和武器擴散等問題上取得進展，就必須與人民解放軍交往，因為他們在該等問題上具有重大影響力。第四、藉由與解放軍的直接交往，我們便能協助中國國家安全機制的進步，包括軍事機構更加開放或透明化。」

裴利並反駁批評者的「圍堵中國」主張。他指稱，抱持日益強大的中共會威脅到美國，或美國對中共的交往是姑息並會損害到美國利益的想法，都含有實踐和理論上的缺陷。實踐上的缺陷是，「圍堵中國」會危害美國的安全利益；理論上的缺陷是，有關「圍堵」還是「擴大交往」的爭論是錯誤的二分法。因爲「交往」並不等於是姑息或調和。裴利詳盡解釋：

「圍堵在實踐上的缺陷在於它可能真正破壞我們的安全利益。在限制大規模毀滅性武器擴散、出口核導彈技術和履行禁止核子擴散條約等方面，都至關重大的國家利益。一個認為美國試圖對中國採行圍堵政策的中國，是不可能提供實現這些重要安全目標所必須的合作。圍堵政策可能會刺激中國加速其國防現代化計畫，造成地區軍備競賽，增加諸如在北韓、台灣海峽和南中國海等熱點發生軍事衝突的可能性。圍堵政策可能導致區域聯盟關係的破裂，因為日本、韓國、菲律賓和澳大利亞出於本國經濟和政治的需要，不可能與美國共同採取對中國的圍堵政策。維持美國在亞太市場實力，我們也有重要的安全與經濟利益，圍堵政策將導致美中雙方相互關閉其市場，並使我們說服亞太各國開放而不是關閉其市場的努力遭到挫折。最後，圍堵只會引起中國對由美國帶頭在聯合國和其他多邊組織所採取的安全倡議本能和頑強的表示反對。如果美國圍堵中國，我相信上述結果不僅可能，而且勢必發生」。

裴利並再駁斥「交往就是等於姑息」的看法。他說：

「交往不是姑息，也不意味著美國隨便遷就我們不同意的政策，不意味我們無視中國不斷的違反人權現象，更不是我們就此不再理會中國向危險政權出口破壞性武器技術。……反之，藉由堅定的外交和對話，可以促使中國改變那些我們不滿意的政策。敵對、對抗不可能使中國改變政策。……簡言之，奉行交往政策不是以信仰，也不是以理想主義為基礎，而確確實實是出於現實和自身利益考慮。美國政府奉行交往，但不是不惜一切代價的交往」。[92]

美國前助理國防部長奈伊在亞洲協會(Asia Society)華盛頓中心論及「交往政策」與安全關係時，重申三個理由以論證與中共交往的必要：第一、美國在全球性及區域性問題上

---

[92] *Ibid.*

必須爭取中共的合作與支持，方可解決。例如，在北韓核武問題、柬埔寨問題、禁止核武擴散問題及全球禁止核試問題上，中共的合作舉足輕重。第二、美國與中共在若干事務上，例如，台海安定、武器管制上，是既有利益又有矛盾的複雜狀態。美國透過與中共的交往對話，在雙方共利之處合作，在彼此歧見之處減少緊張。第三、在彼此利益衝突的議題上，雙方可透過交往以便處理、防阻或減少軍事衝突。[93]

美國不採取對中共的圍堵，而以交往爲主的政策的他項因素在於，隨著中國大陸的經貿發展，以及廣大的市場潛力，致使冷戰後以經濟交往爲主的國際互動中，中國大陸重要性的凸顯。冷戰後，美國難以找到願意在中國大陸周圍共同圍堵中共的國家，亦難在世界上求得願意配合美國圍堵中共的國家。中共的軍力雖非美國之敵，但究竟仍是東亞的重要強權。若美國以對抗代替交往，中共亦會以對抗回應，此不啻爲美國製造一個原本可以不存在的敵國。

1996 年 4 月 1 日，史丹福大學亞太問題研究中心研究員奧森柏格(Michel Oksenberg)在《新聞週刊》(*Newsweek*)所發表的文章亦指出：「中國自身的利益與美國的願望是一致的。中國在地區和國際事務中的作用提高，不一定導致中美的敵對狀態。如果美國威脅和貶損中國領導人，並無視他們的利益，則中國的行爲將愈來愈具破壞性。反之，如果藉由建設

[93] 奈伊，〈台海不穩定將威脅美國家安全〉，《中國時報》，民國 84 年 12 月 14 日，第 3 版。

性的安排與中國交往，美國將有可能得到中共的合作」。[94]

「交往」政策本身就有其兩面性。1996 年 5 月 17 日，克里斯多福在一場演講中，充分反應出美國「中國政策」的兩面性：

「柯林頓政府的中國政策方針是以長久的一個中國政策為基礎，以三項原則為指導：第一、中國發展成為一個安定的、開放的和成功的國家完全符合美國的利益。第二、支持中國全面加入和積極參加國際社會。……中國充分參與國際社會對我們解決下個世紀的重大全球和地區問題的能力至關重要。第三、雖然我們尋求對話和交往來處理中美間的分歧，但我們毫不猶豫地採取必要的行動來保護美國的利益。」[95]

三天後，柯林頓總統在太平洋盆地經濟理事會(Pacific Basin Economic Council , PBEC)的講話中，將「交往」的實質性闡述的更爲透徹。他說：

「我們採取交往政策是為了利用我們掌握的最好手段，

---

[94] Michel Oksenberg, "What Kind of China Do We Want?" *Newsweek*, April 1, 1996, p.53.

[95] U.S. Department of State, Office of the Spokesman, "American Interests and the U.S.-China Relationship," Address by Secretary of State Warren Christopher to the Asia Society, the Council on Foreign Relations and the National Committee on U.S.-China Relations, May 17, 1996, McGraw Hill Building, New York, New York.

不管是刺激的還是抑制的，來推進美國的重要利益。交往並不意味著我們對不同意的中國政策視而不見。在人權、不擴散和貿易等方面，我們一直十分關注。在我們與中國意見不同時，我們將繼續捍衛我們的利益，堅持我們的價值觀」。[96]

美國對中共的戰略思維，應可認爲是在 1993 年 9 月正式形成。儘管自 1990 年代起美國國內對於如何面對中共，是以「交往」爲主還是以「遏制」爲軸，國會與政府，以及參眾議員間皆有不同的看法。美國政府充分檢討分析後認爲，現在將中共作爲美國的現實威脅尚嫌太早，因此，「全面交往」政策較之「遏制」政策更能有效維護美國的長遠利益。但是「全面交往」政策中，雖然主要內涵是聯繫、互利、和好，但是也有對中共施壓、遏制、引導的一面。「交往」成爲美國如果想要「遏制」或「引導」中共的前提條件。沒有「交往」的成果，美國不容易在「以壓促變」上有理想的成果；沒有「交流」的累積，美國也不可能在「以導促變」上有多大的功效。美國「全面交往」的最終戰略目的，是希望將中共「引導」至美國和西方主導的國際社會。在這種思維下，美國在經貿、文化、政治、軍事、戰略上與中共開展「全面交往」，但是在人權、台灣、西藏、加入世界貿易組織上，

[96] The White House, Office of the Press Secretary, May 20, 1996, Remarks by the President, To the Pacific Basin Economic Council, Constitution Hall Washington, Γ.C.

美國也希望能發揮「遏制」或是「引導」的功能。當然，中共對於美國在「遏制類」或「引導類」的議題並非苟同，此亦為未來美國與中共必須克服的課題。

整體而言，美國在冷戰後對中共的「交往政策」有其雙面的不同性格。此與 1983 年起美國開始發展與中共「建設性」關係時僅有「互利」的建立合作互動，而本身缺乏「促變」的本質不同的是，「全面交往」政策本身有著積極的「利益均沾」互動，也有促使中國大陸「和平演變」的內涵。「全面交往」政策本身是個「合作、遏制、促變」三者合一的共生體。

## 第五節　美與兩岸三角的互動：框架內的變動

### 一、基本原則框架內的兩岸互動：事務性的交流

雖然中共在 1980 年代高唱「統一」作為其「反霸」、「四化」外的第三個重要政策，在台灣的中華民國也主張「三民主義統一中國」，但是彼此的作為都相當自制，並沒有在中國問題上有具體的對抗活動，反倒是自蔣經國總統於 1987 年開放大陸探親後，兩岸民間開始交往。

冷戰後的國際情勢已不再是意識形態的對抗。1990 年 10

月 3 日，德國完成統一，其他分裂的國家已不易再利用冷戰的對峙而相應不理。1991 年，南北韓也簽署了《和解、互不侵犯、交流合作協定》。

1990 年 10 月 7 日，中華民國總統府成立國家統一委員會，並於 1991 年初制定《國家統一綱領》。爲避免彼此對主權的爭議而影響到雙方的良性互動，國統綱領特別以政治實體作爲兩岸的屬性定位，呼籲雙方「在交流中不危及對方的安定與安全，在互惠中不否定對方爲政治實體」。台灣方面的誠意可想而知，只要彼此「不否定」爲政治實體即可。但是兩岸似乎都沒有完全體會到此言的精髓，交往到後來，彼此對立場或身分的堅持愈來愈強。

1991 年 8 月 1 日，國統會通過「關於『一個中國』的涵義」，表明「堅持『一個中國』之原則」，但也表示台灣所謂的「一個中國」與中國大陸所說的「一個中國」並不是同樣的涵義。兩岸對「一個中國」各說各話，並未妨害到兩岸的交流。在中共眼中，只要是不主張台獨，支持一個中國，都沒有問題。兩岸的中介團體台灣海峽交流基金會（海基會）與大陸海峽兩岸關係協會（海協會）分別在 1991 年初成立。1991 年 10 月 28 日，兩會代表正式在香港展開事務性協商，1992 年 11 月初，雙方在對「一個中國」各自以口頭表述的原則下，會談得以持續進行，也爲未來的事務性協商排除了基本的「主權」障礙。1993 年 4 月 27 日，在新加坡舉行了第一次的辜汪會談（辜振甫與汪道涵），隨後簽署了四項事務性協議。[97]

自 1979 年中共與美國建交，迄至 1990 年代初，美國成功的在兩岸間扮演「客觀者」的角色。美國不介入兩岸間統獨的紛爭，也不做兩岸的調解人，也不向任何一方施加壓力迫使去與對方談判。美國本身最大的利益，即是維持兩岸的和平，並與雙方發展實質關係。台灣雖然不像日本、韓國般的與美國有軍事同盟關係，但台灣對美國的友善與支持，並不遜日、韓兩國。美國支持台灣除了有助於美國在亞太的實質利益，維持台灣的民主、經濟成果對中國大陸也是一個很好的示範。

1989 年天安門事件，中共的人權紀錄觸及美國的理想主義者；1990 年蘇聯解體，降低了中共在冷戰中的戰略地位，中共與美國在其他領域內的矛盾開始凸顯，使得自 1980 年起支持與中共建立一種穩定而廣泛關係的美國兩黨外交政策共識開始動搖。行政部門與國會部門在對台灣問題上也有了分歧。該分歧在柯林頓就任總統的初期更顯得對立。而中共與美國間的矛盾又適巧遇到了中華民國李登輝總統積極推動務實外交，以進入聯合國爲主要目標的外交政策，使得中、美、台三方面的關係交錯糾纏。1994 至 1995 年是三角關係的震盪期。此一紛擾的局面迄至 1998 年 6 月底柯林頓訪問中國大陸後方告停止。

---

[97] 這四項協議為：兩岸公證書使用查證協議；兩岸掛號函件查詢、補償事宜協議；兩會聯繫與會談制度協議；辜汪會談共同協議。

## 二、框架內行政關係的調整：對台灣鬆緊互見

冷戰後的國際情勢改變，台灣民主化與經濟發展的成果，皆促使台灣要求美國能夠全面檢討雙邊的關係。多年來，台灣一直積極向美國表達駐美代表處更名、兩國高層官員互訪、雙方代表人員官署洽公、美國支持台灣加入國際組織以及繼續依據《台灣關係法》出售防禦性武器的意願。

### （一）1989 年〈對台指導方針〉

天安門事件後，1989 年 7 月 19 日美國參議院以口頭表決通過參議員培爾(Claiborne Pell)所提有關台灣前途的第 285 號修正案(S. AMD. 285)，對於和平解決兩岸問題再次重申，[98]並表示應在法案的適當處，插入以下的內容：

「一、在有關台灣的前途政策部分，調查結果——國會發現：

鑒於雖然在過去幾十年中台灣海峽基本處於和平狀態，但是在 1989 年 6 月 4 日，中華人民共和國政府顯示了以武力對付為爭取民主而進行和平示威的中國人民的意願。

鑒於在《台灣關係法》中，美國明確表示，決定與中華人民共和國建立外交關係是基於以台灣的前途將通過和

[98] http://thomas.loc.gov/cgi-bin/bdquery/z?d101:SP00285:1/bss/d101query.html

平方式決定的期望。

國會的看法──國會的看法是：

（一）台灣的前途應以和平的、不附任何強制，並且是台灣人民能夠接受的方式來決定。

（二）美國與中華人民共和國之間的良好關係取決於中國當局不使用武力解決台灣前途或不以武力進行威脅的意願」。[99]

相對於美國國會的積極態度，在行政部門的作爲上，1989年的天安門事件並沒有爲美國與中華民國的關係帶來多少正面發展。同年10月5日，美國國務院向國家安全委員會、中央情報局和國防部所發送的〈對台指導方針〉備忘錄稱：

「一、與美台關係的非官方性質一致，美國政府不再稱台灣為中華民國。中華民國是專有名詞，反映台灣當局繼續宣稱自己為中國的政府。美國政府也不稱台灣是一個國家或一個政府。美國只稱台灣為台灣，其領導人為台灣當局。二、美國政府各行政部門及有關機構不應該直接與北美事務協調委員會（台灣駐美機構）或美國在台灣的相應機構（美國在台協會）聯繫。所有這種聯繫都必須通過美國在台協會或在其領導下進行。三、一般而言，與台灣當局的非官方會面與接觸，可在美國在台

[99] 該案共同提議者，包括：Joseph I. Lieberman, Jesse Helms, Cranston, Edward M. Kennedy.

協會或其他非官方場合進行。但不應在行政部門的辦公室進行。四、政府部門不能參加在橡樹園（中華民國前駐美大使館駐地）的活動。然而可以接受邀請參加在北美事務協調委員會人員家中進行的社交活動。五、一般而言，任何一級外事部門的官員（如國務院、國防部、國家安全委員會、白宮和中央情報局）以及其他行政部門 GS-11 級以上的官員都不能參加北美事務協調委員會在雙十節舉行的正式招待會」。[100]

1991 年《美國國家安全戰略報告》(National Security Strategy)有關美國與台灣關係部分稱：「美國正迅速發生政治與經濟變革的台灣保持著牢固的、實質性的非官方關係。我們的目標之一是創造一種環境，使台灣與中華人民共和國能夠越過台灣海峽進行建設性的、和平的相互交流」。[101]該報告可視爲美國在冷戰後仍接續冷戰期間對兩岸關係的看法：希望兩岸能夠良性互動，而美國將會爲此創造有利的環境。

上述幾份文件充分的表達美國在天安門事件與冷戰後對兩岸關係的看法，一方面重申強調兩岸問題應以和平方式解決；另一方面，也期盼兩岸在美國所創造的和平基礎上進行交往；但仍堅持不與台灣發展官方關係的立場，甚而顯得更

---

[100] United States Information Agency, *USIA News*, December 9, 1989.
[101] U.S. Department of Defense, *National Security Strategy*, 1991.

爲嚴格。

（二）1992 年軍售台灣 F16 戰機

1992 年 9 月 2 日，美國總統布希在德克薩斯州 (Texas) 沃斯堡(Fort Worth)通用公司(General Dynamics)宣布將出售 150 架在該地製造生產的 F16A 和 B 型飛機。在外界看來很明顯有競選考量的決定，自然獲得台灣方面的讚許，但也遭致中共及部分美國媒體的質疑，認爲此舉違反了美國政府在 1982 年《八一七公報》中的「不尋求執行一項長期向台灣出售武器的政策」、「向台灣出售的武器在性能和數量上將不超過美中建交後近幾年供應的水準」、「準備逐步減少對台灣武器出售」等有關規定（見附錄）。但是，布希的觀點認爲，「在經過幾十年的對抗之後，在過去幾年裡，在緩和台北與北京之間的緊張關係方面已取得很大進展。在這一時期，美國向台灣提供了足夠的防禦能力，以維持台北所需要的信心，緩和上述緊張。正是基於同樣的安全感，台灣才朝著民主的方向發生了引人注目的演變」。布希表示仍將信守三個公報所承諾的義務，執行一個中國、承認中華人民共和國是中國的唯一合法政府。但他也「一直強調，關於向台灣出售武器問題的 1982 年公報的重要意義在於，它通過共同採取克制態度促進共同的政治目標，即該地區的和平與穩定」。[102]

[102] "Remarks to General Dynamics Empoyees in Fort Worth, Texas, September 2, 1992," *Weekly Compilation of Presidential Documents*, vol.28, no.36 (Sept. 7, 1992), pp.1556-1557.

布希上述的談話爲原本是以大選爲考量而出售 F-16 戰機的經濟因素，賦予政治性的解釋，即台海能夠保持和平，美國持續出售武器予台灣，有助於維持台灣的信心，使得台灣得向民主方向演進，而且這將有助於台海的和平與穩定。至於，是否違反了《八一七公報》所述的「性能與數量上的限制」，在這次重要的武器交易中是避而不談。中共的反應自然是非常強烈，認爲「美國自食其言，不斷提高售台武器的性能和數量，甚至作出向台灣出售 F-16 戰機的決定。這只能說明美國政府的承諾是不可信任的。……美國決定向台灣出售 F-16 戰機，這是明目張膽阻撓和破壞中國和平統一的大業，必將遭到全中國人民和主持正義的世界人民的強烈反對」。[103]

美國在法國同意出售幻象戰機予台灣後，也基於大選的考慮出售 F-16 戰機。雖然這件事在本質上，經濟因素遠大於政治因素，但整件事情還是令台灣方面感到鼓舞。有人認爲此事是對美國外交的一個成果，也更一步強化了向美國尋求改善雙邊關係的意願與信心。

### （三）1994 年美國全面檢討對台政策

柯林頓總統上台後表達了全面檢討對台關係的意願。自 1993 年起，美國開始 1979 年以來的首次全面評估與台灣的關係。直至 1994 年 9 月底評估結果出爐，對台政策作了一些

---

[103] 《人民日報》，1992 年 9 月 4 日。

調整，其主要內容為：第一、將台灣在美國的非官方機構由「北美事務協調處」改為「台北經濟暨文化代表處」(Taipei Economic and Cultural Representative Office)。第二、美國將允許其經濟與技術機關的高層官員，以及國務院較資深的經濟及技術官員訪台，並允許訪台的官員與台灣各層級官員晤談。第三、允許「美國在台協會」處長、副處長等所有職員進入外交部洽公。第四、允許美國和台灣的高級官員在白宮、國務院及舊行政辦公室以外的美國政府機構中會面。第五、允許副國務卿一級的官員在國務院以外的非官方場合與台灣代表就經濟和技術問題會面。第六、「美國不支持台灣進入聯合國」。但是美國「認識到台灣在一些國際問題上可以正當地發揮作用(recognize that Taiwan has a legitimate role to play in a number of international issues)，讓適當的國際組織聽到台灣的聲音，是符合國際利益與我們的利益」，於適當時機支持台灣加入不需主權國家地位的國際組織，並設法使台灣在無法以國家身分參加的國際組織中表達意見。美國對於聯合國等僅以國家身分為會員的國際組織，不支持台灣參加。第七、允許台灣高層領袖（總統、副總統、行政院長以及副院長）過境美國，其期間長短為正常所需，惟不得從事任何公開活動，每次過境將個案考慮。[104]

雖然美國對台政策作了調整，但是以下政策仍然不變：

---

[104] "Adjustments To U.S. Policy Toward Taiwan Explained," Transcript: Background Briefing at the State Department, September 9, 1994.

第一、根據《台灣關係法》，「美國在台協會」將爲繼續處理雙方非官方的機構。第二、爲符合雙方非官方關係，美方不允許台灣高層領袖訪美。第三、美方不允許台灣的代表進入國務院、白宮及舊行政大樓洽公。第四、美國對台軍售政策並無改變。第五、美國繼續維持「一個中國」政策，美國與台灣的三項公報，以及《台灣關係法》將繼續爲美國對台政策的核心。

這些變化中最重要之處是美國允許在一定程度上和級別上與台灣官方接觸，也支持台灣加入非官方國際組織，此對於提升台灣的國家屬性及國際地位都有相當助益。但是也有幾點卻爲對台政策帶來一些負面的影響：第一、在三個公報中，英文的文件都是美國只是“acknowledge”（認識到）「一個中國」的立場，但是在 9 月 7 日國務院的對台政策檢討報告中，羅德卻多次反覆重申美國將繼續維持其「基本的一個中國政策」(fundamental one-China policy)。[105]該表述式的改變已與以前的三個公報有了些改變，台灣內部有新聞媒體稱，此爲「美國半正式宣告『一個中國』政策時代來臨」。[106]第二、美國公開表示不支持台灣加入以主權國家爲資格的組織，這將使得台灣在追求加入聯合國、世界銀行、國際貨幣基金會等國際組織事務上，美國政府不會支持台灣的加入行爲。

---

[105] 裘兆琳，〈柯林頓政府對華新政策之決策過程探討〉，《美歐月刊》，第 9 卷，第 12 期，民國 83 年 2 月，第 6 頁。

[106] 孫揚明，〈美國半正式宣告「一個中國」政策時代來臨〉，《聯合報》，民國 83 年 9 月 12 日，第 6 版。

這種明白的宣示美國立場，也等於爲美國對「一個中國」、「中華人民共和國政府是中國唯一的合法政府」，及美國與台灣關係的立場再作了一次定位。

但也有些仍是美國沒有調整的原則，這些也正是台灣與美國雙方關係發展的一個界限。包括：美國承認中華人民共和國政府是中國的唯一合法政府、認知到台灣是中國的一部分、將台灣的關係定位在與美國非官方關係的經濟與文化基礎上，以及不支持台灣進入聯合國。另外，美國仍然根據《台灣關係法》向台灣提供武器及訓練，但是也遵守《八一七公報》的武器售台規定、禁止台灣高層官員（包括總統、副總統、行政院正副院長）訪美、禁止美國非經濟、商業和技術人員訪台、禁止台灣的外交部長和國防部長訪問美國華府。這些規定很明顯地是要向中共作一交待，也明白地標示出台灣對美關係的底線。

## 三、三角關係的出格：「務實外交」與「一個中國」的爭議

1992 年，李登輝先生繼續擔任中華民國總統。與以前不同的是，李登輝先生的個人意念日趨強烈，1992 年底的立法院改組也使得國內政治情勢有了急速改變。相對於主張「一個中國」，「台灣主體論」成爲國內政治發展的另一個主流。原本排斥加入聯合國的執政黨，在在野黨與李登輝總統的推動與認定下，改弦易轍將參與聯合國作爲外交政策的長期目

標，1993 年起中華民國政府正式向聯合國提案申請加入。中華民國認爲作爲兩千一百萬人的代表，在未來中國統一前，自然應該有適當的代表在聯合國以維護他們人民的利益。

### （一）「一個中國」與「務實外交」的認知爭議

中華民國尋求參與聯合國的行動遭致中共的疑慮。中共認爲，台灣追求加入聯合國的舉動，其動機與目的實質上是爲走向「台獨」、「一中一台」或「兩個中國」而鋪路。1993 年 8 月，中共發表《台灣問題與中國的統一》白皮書，並以多種文字對外發表。該白皮書除重申「一個中國」、「台灣是中國的一部分」外，明白再向世界表示：

> 「近年來，台灣當局在國際上竭力推行其所謂『務實外交』，謀求同一些與中國建交的國家發展官方關係，推行『雙重承認』，達到『兩個中國』、『一中一台』的目的。對此，中國政府堅決反對。……中華人民共和國政府作為中國的唯一合法政府，有權也有義務在國際組織中行使國家主權，代表整個中國。台灣當局企圖在某些只有主權國家才能參加的國際組織中搞所謂『一國兩席』，就是要製造『兩個中國』……」[107]

台灣方面對於中共白皮書的反應自然是不予苟同。1994

[107] 中華人民共和國國務院台灣事務辦公室國務院新聞辦公室，《台灣問題與中國的統一》，北京，1993 年 8 月，http://www.china.org.cn/indexc.html

年 7 月，可視為正式回應中共《台灣問題與中國的統一》白皮書的《台海兩岸關係說明書》作了表明。首先，台灣認為，中共不斷在國際間打壓台灣的活動空間，使得兩岸關係的良性互動無法建立，也阻礙了國家統一的進程：

「台灣地區民眾對統一問題的看法也受到中共對台政策的影響。從民國三十八年迄今，中共領導人從未放棄對台動武的恫嚇。此外，中共始終刻意封殺中華民國的國際活動空間，設法排除或貶低中華民國在各種國際組織中的地位，極力破壞中華民國與有邦交國家的關係，多方阻撓中華民國拓展航權、採購正當自衛所需的武器裝備，或與其他國家的高層人士相互訪問、開展正常交往。中共這種充滿敵意的行為，怎能不讓海內外的中國人有著『本是同根生，相煎何太急』的感嘆！中共執行外交封殺政策多年，卻似乎渾然不覺其中隱含的矛盾：中共一面動用國際力量來圍堵台灣，一面卻又反對『台灣問題國際化』；一面認定台灣與外國通航是『涉及主權的政治問題』，一面卻聲稱兩岸直航是純粹經濟問題，而不是政治問題；一面打壓台澎金馬地區人民繁榮富庶所依賴的國際空間，一面又大唱民族感情的高調。如果中共不知反省自己的言行不一，只知用高壓手段在國際上排擠中華民國，恐怕不僅不能切斷中華民國的對外關係，反而會在台灣地區不斷激起更多、更大厭惡中共政權的心理，阻礙了國家統一的進程。」[108]

其次，台灣認爲，成功的經濟成長與政治民主化，釋放出了台灣的活力，促使台灣一方面以「務實外交」迎向世界，另一方面也成爲擴大兩岸民間交流的媒介。《兩岸關係說明書》稱：

「中共不但不曾理解這個因果關係，反而一直醜化或詆毀臺灣地區的民主化過程，然後又藉口『務實外交』就是搞『兩個中國』或『一中一台』，而蠻橫地干涉中華民國的對外關係，企圖縮小中華民國的國際活動空間。同時中共又企圖『以商圍政，以民逼官，以經濟促政治』，擴大其對台灣地區的影響力，最後逼迫中華民國政府接受其「一國兩制」的安排。這種一拉一打的作法，既無視於台灣地區近年來政經發展的潮流，也完全不顧台灣地區人民的真正意願和福祉。長此以往，對中國統一，甚至兩岸正常交流，必然會導致難以逆料的負面影響。」[109]

第三、除了上述爲「務實外交」或「參與聯合國」所作的防禦性表述或解釋外，最重要的是在《兩岸關係說明書》

---

[108] 行政院大陸委員會，《台海兩岸關係說明書》，台北，民國 83 年 7 月，第 34 至 35 頁。

[109] 行政院大陸委員會，《台海兩岸關係說明書》，台北，民國 83 年 7 月，第 37 頁。

內對「一個中國」的定義作了不同於以往的解釋。認為「『一個中國』是指歷史上、地理上、文化上、血緣上的中國」[110]，而不再肯定「一個中國」有其政治上的意義，此與《兩岸關係說明書》出版的兩年前，國統會通過「關於『一個中國』的涵義」中認定「『一個中國』應指 1912 年成立迄今之中華民國」的政治上意涵已有根本概念上的不同。[111]

中共自然也不會接受台灣方面的解釋。中共仍將中華民國在追求合理活動空間而盼加入聯合國的行為，視為是「台獨」或「獨台」的同義詞，其後續愈來愈激烈的反應，使得海基會與海協會間雖仍有斷續的往來，進行了些「辜汪會談」後的後續協商，但彼此的互信也愈來愈弱。中共原本認為只要守住美國這個關卡，台灣的「務實外交」是跳不出「一個中國」的框框，但是在 1995 年 6 月李登輝總統訪美，使得中共感到驚訝，更是措手不及，更讓中共的不滿藉此全面渲洩，兩岸與美國三角關係的基本格局，在中共看來已有出格的可能。

### （二）台灣尋求進入聯合國的爭議

1995 年，一連串的事件使得中共與美國的關係降至雙方建交以來的最低點。首先是 1995 年 4 月 7 日美國眾議員索羅門(Jerry Solomon)、托瑞西里(Robert G. Torricelli)、藍托斯(Tom

---

110 同上書，第 25 頁。

111 張亞中，《兩岸主權論》，（台北，生智出版社，1998 年），第 85 至 89 頁。

Lantos)、印第安納州的柏頓(Dan Burton)、佛羅里達州的多伊奇(Peter Deutsch)、康乃迪克州的蓋登生(Sam Gejdenson)和美屬薩摩亞法雷歐馬維加(Eni F. H. Faleomavaega)等人提出有關台灣加入聯合國的第 63 號共同決議案。該決議案中，以十四項理由說明美國應支持台灣加入聯合國。該十四項理由涵蓋台灣方面所主張的由法理、政治、經濟、人權等各個層面。該共同決議文內容如下：

「鑒於中華民國是 1945 年聯合國憲章的簽署國，並且在 1971 年前一直是該國際機構的積極成員；

鑒於中國於 1949 年分裂，從此中華民國（以下稱『台灣』）和中華人民共和國（以下稱『大陸』）對各自的區域行使管轄權；

鑒於台灣的國民生產總值居世界第 19 位，經濟強大且充滿活力，是各國外匯儲備最多者之一；

鑒於台灣的人權記錄有明顯改善，在多黨制度下定期舉行自由和公平選舉，1994 年 12 月 3 日投票選舉地方和省級官員的選舉就是最新的證明；

鑒於自 1971 年以來，2,100 萬台灣人民在聯合國沒有代表，他們作為世界公民的人權因此被嚴重剝奪；

鑒於台灣近年來反覆表示其加入聯合國的強烈願望；

鑒於台灣對聯合國的工作及其經費作出很多貢獻；

鑒於通過能對世界上的災害和危機作出積極反應，對波斯灣的環境破壞和盧安達的飢荒提供資金捐助、醫療援助以及其他形式的援助，台灣表現了願意對國際社會承擔義務；

鑒於世界組織對台灣加入國際社會的願望報以積極反應，表現在保留台灣亞洲開發銀行的成員資格，吸收台灣為亞太經濟合作組織的正式成員，以及增加台灣為關貿總協定的觀察員，作為該組織立約國的第一步；

鑒於美國明確支持台灣加入那些機構，而且也在 1994 年 9 月的政策檢討中表明將更加強烈、更積極地支持台灣加入其他國際組織；

鑒於台灣已多次聲明其加入國際組織是平行代表之一，不損害大陸當前在國際社會的地位，也不是對那一地位的挑戰；

鑒於聯合國和其他國際組織在有關平行代表方面已有先例，如南北韓與前東西德；

鑒於美國與中國大陸建立外交關係的決定，正如《台灣關係法》（公法 96-8）中所表明的，是根據『期望台灣的前途將通過和平方式來決定』；以及

鑒於台灣加入國際組織不會阻礙也不會危害最終解決台灣與中國大陸之間存在的爭端，前西德與前東德加入國際組織並沒有阻止德國通過和平與民主方式最終解決德國的國家地位。因此，現在眾議院決定（參議院作出相同決定）。國會的意見是：

台灣應該正式加入聯合國及有關機構，包括有一席地位；以及

美國政府應該立即鼓勵聯合國採取行動考慮台灣在國際社會的特殊地位，並且採取一項全面的解決辦法，接納台灣進入聯合國及其他相關組織。」[112]

美國國會此一行爲，當然遠遠超出了美國行政部門的立場。由於聯合國是一個由主權國家所組成的國際組織，美國在三個公報中已接受了中共是代表中國的唯一合法政府，因此台灣能否進入聯合國，已非美國單方面所能決定，除非中共願意接受，它牽涉到美國與中共三個公報的原則與解釋問題。基於對國際條約與協定的尊重，美國政府也必然地在各種公開場合表明美國間接不同意的立場。

1995 年 6 月 27 日，美國國務院發言人伯恩斯(Nicholas Burns)就台灣加入聯合國事答覆記者稱：「依據聯合國憲章第 4 條，只有國家才有資格進入聯合國。美國與大多數聯合國成員國不承認台灣是一個國家。美國承認中華人民共和國爲中國唯一的合法政府，這是自 1979 年以來美國歷屆政府一再重申的一項政策決定。我們認識到中國的立場，即只有一個中國，台灣是中國的一部分。……我們將繼續奉行一個中國的政策。因此，我認爲這是處理這一問題的依據」。[113]

---

[112] http://thomas.loc.gov/cgi-bin/query/z?c104:H.CON.RES.63:IH

[113] U.S. Department of State, 95/06/27 Daily Press Briefing, Office of the Spokesman.

1995 年 8 月 3 日，美國副助理國務卿韋德曼(Kent Wiedemann)在眾議院國際關係委員會上作證詞時，在台灣尋求加入聯合國事上對美國的立場作了非常詳盡的說明：

「今天擺在我們面前的問題是，美國應否支持台灣加入聯合國，而且能夠在不損害過去十六年來非常成功的政策情況下這樣做？答案是否定的。……美國能夠接受聯合國憲章，由海峽兩岸人民共同達成解決這個問題的任何辦法。然而，在台灣和中華人民共和國達成這樣一個協議前，我們認為台灣加入聯合國不會有好處，只會有很大的害處。我們不應嘗試圖使美國捲進這個問題裡。

從實際的角度來看這個問題……，除了這些共同發起者（15 個國家）之外，聯合國成員國中幾乎沒有支持這個決議的國家。中國已明確表示：他要以否決權來阻止聯合國考慮台灣問題。由於中國是安理會的常任理事國，他能夠做到這一點。

如果台灣加入聯合國的動議注定要失敗，我們為什麼應當給予支持呢？美國這種皮洛士式得不償失的努力會在美中關係上付出重大的代價。支持台灣加入聯合國，一個由國家組成的組織，與我們 1979 年以來實行的承認中華人民共和國是唯一合法政府的政策相互矛盾。中華人民共和國說過，中國會把美國支持台灣加入聯合國視為我們放棄美中關係中最基本的原則，即不謀求『兩個中國』或『一中一台』的政策，這一政策在雷根總統的領導下，1982 年作為承諾加以重申，並指出台灣繼續執行『一個中國』的政策十分重要。

美國支持台灣加入聯合國的努力也會損害中國在聯合國中對一系列廣泛重要問題的支持——對美國人民來說是重要的問題，如在海地建立民主和在朝鮮半島的穩定。沒有中國的合作，聯合國的作用將大大削弱。

最重要的是，美國支持台灣加入聯合國會破壞台灣海峽的和平與穩定。我們會使台灣人民在經濟和政治上取得的進步面臨危險，我們還會使台灣和大陸之間日益加強的和平交流面臨危險，這種交流有利於台灣人民。

最後，……在台北與北京就此問題達成協議之前，支持台灣加入聯合國不符合美國的國家利益。我們認為這也不符合台灣人民的利益，不符合整個地區人民的利益，他們不會從動盪的局勢中得到好處。

那麼，我們要怎樣做呢？……我們繼續堅持，台灣與中華人民共和國的問題是由中國人自己解決這個問題。我們持久關注的是必須用和平方式解決問題。顯然這不會在一夜之間發生。我們敦促北京和台北繼續耐心進行對話，進行經濟交流，這些已有良好的開端。這才是台灣人民通向穩定與繁榮前景之路。美國支持台灣加入聯合國是一個愚蠢的決定，不能達到這個前景」。[114]

此為美國政府完整表達出不支持台灣加入聯合國的各項理由。簡言之，美國認為（一）台灣在中共的反對下不可能加入聯合國；（二）美國對中共有公報上的法律與誠信承諾，不能支持台灣加入聯合國；（三）美國基於在聯合國需要中共的支持，不會支持台灣；（四）美國若支持台灣加入聯合國將會破壞台海的和平與穩定；（五）美國若支持台灣加入聯合國將使亞太地區陷入動盪，此不合乎美國的國家利益。總之，美國在該事的立場上，是首先基於現實主義的大國利益考量，其次在道德主張上，美國是為防止衝突發生以保護台灣人民安全。美國認為，如果美國支持台灣，反而會為兩岸帶來不可預測的災難，這反而不符合道德的需要。因此在這份證詞中，才會說，如果「美國支持台灣加入聯合國是一個愚蠢的決定」。另外，美國也表示得非常清楚，台灣若想要進入聯合國，需與中共協商，只要台北與北京能達成協議，美國自然樂觀其成。

美國的明確表白，仍抵不住台灣領導階層追求進入聯合國的決心。1995 年，台灣繼續推動該項政策，隨著台灣「務實外交」愈來愈積極，李登輝總統走訪了美國，中共方面的反應亦愈來愈強烈。該等因素皆在 1996 年的飛彈試射中全部一併爆發出來。

---

[114] United States Information Agency, *USLA News*, August 4, 1995.

1995 年的一些其他事件也使得美國與中共的關係受到影響。1995 年 5 月，參眾兩院分別通過法案，要求美國任命一個有大使級別的駐西藏特使，此一行動可解釋爲表示對西藏獨立運動的間接支持。同月，參眾兩院分別以 97 比 1 和 396 比零票通過議案，要求美國政府發給李登輝總統的訪美簽證。6 月，參議院外交委員會以 16 比 0 通過支持台灣加入世界貿易組織和聯合國的議案。7 月，眾議院有一百餘位議員建議取消中國大陸的「最惠國待遇」資格，但未獲眾議院通過。同月，國會以 416 比 10 票通過 1995 年的《中國政策法案》(China Policy Act of 1995)，要求柯林頓政府採取外交途徑說服中國大陸釋放吳弘達和其他政治犯，尊重人權、堅持執行非核武擴散條約、不向伊朗、巴基斯坦出售導彈技術、停止對台灣的威脅，法案還要求柯林頓總統每六個月向國會敘述一次中國大陸在以上各問題中的表現。[115]7 月份另一件較大之事，是眾議院議長金瑞奇(Newt Gingrich)公開支持外交上承認台灣爲主權國家。雖然幾天後收回了關於外交承認台灣的建議，但無疑對中共而言，是很不舒服的。

### （三）李登輝總統訪美的爭議

「走出去」是李登輝總統對「務實外交」的詮釋。在他上任後，即開始其「走出去」的行動。[116]1989 年 3 月 6 至 9

---

[115] H.R.2058, China Policy Act of 1995, http://thomas.loc.gov/cgi-bin/query/z?c104: H.R.2058.EH:

[116] 李登輝總統歷次訪問資料，可參考行政院新聞局，《和平之旅》，（台北，行政院新聞局，民國 86 年）。

日，李登輝總統訪問新加坡四天，當地稱呼他是「來自台灣的總統」，他表示「不滿意，但可以接受」，台灣人民也給予相當高的評價。1994 年 2 月 9 至 16 日，李總統前往菲律賓、印尼、泰國，展開爲期八天媒體所謂「破冰之旅」的非正式度假訪問。同年 5 月 4 日，李總統展開 13 天的「跨洲之旅」，訪問尼加拉瓜、哥斯大黎加、南非及史瓦濟蘭。1995 年 4 月 1 日起，李總統展開爲期四天的「中東之旅」。李登輝總統一直將赴美訪問視爲其重要的外交目標。

1995 年 5 月，美國參眾兩院分別以 97 比 1（5 月 9 日）和 396 比零票（5 月 2 日）通過議案，要求美國政府發給李登輝總統訪美簽證，同意李總統以「私人身分」訪問母校康乃爾大學。[117]5 月 2 日，美國眾議院關於李登輝訪美的第 53 號共同決議案(H. Con Res. 53)以十一個理由要求美國政府同意，該決議案稱：

> 「鑒於美國在東亞的外交與經濟安全利益，美國堅持承認中華人民共和國的政策，同時支持台北人民的民主願望；
> 鑒於在台灣的中華民國（稱為台灣）是美國第六大貿易夥伴，經濟實力強大，每年從美國進口額比擁有十二億人口的中華人民共和國多一倍餘；
> 鑒於美國人民渴望台灣——世界第二大外匯儲備擁有者

[117] See *Daily Digest*, May 2, 1995, p.D536; and May 9, 1995, p.D565.

擴大貿易機會；

鑒於支持台灣是新興民主的模範，享有新聞自由、選舉自由、民主制度穩定，以及人權得到保護；

鑒於 1994 年 12 月在台灣進行熱烈的選舉活動格外自由與公平；

鑒於對台灣領導人的尊重對美國的利益最有利；

鑒於台灣總統李登輝——康乃爾大學的博士畢業生已應邀對其母校作私人訪問，以及參加在阿拉斯加州的安克雷奇舉行的美國－中華民國經濟協會年會；

鑒於不允許李登輝總統對美進行私人訪問是沒有法律的依據；

鑒於美國參議院 1994 年多次投票歡迎李總統訪美；以及

鑒於公法 103-416 規定，為了討論許多重大的雙邊問題，台灣總統任何時候在美國都將受到歡迎。因此，現在眾議院決定（參議院作出相同決定），國會的意見是，總統應該立即表示美國歡迎李登輝總統對其母校康乃爾大學進行私人訪問，歡迎李總統在阿拉斯加州的安克雷奇過境停留，參加美國－中華民國經濟協會年會。」[118]

對李登輝總統訪美一事，美國國務院擔心，如果不接受國會的提案，國會有可能修改 1979 年的《台灣關係法》，以

---

[118] 全文請見 http://thomas.loc.gov/cgi-bin/query/c?c104:./temp/ ~c104IhGgu2

迫使國務院就範。5 月 22 日，行政部門放棄原有立場，白宮與國務院分別宣布同意李登輝總統訪問康乃爾大學。美國行政部門自然也必須面對外界的質疑而提出他們的說法。

5 月 22 日，美國國務院發表聲明稱：

「李總統將以嚴格的私人身分訪美，不從事任何官方活動。重申此行非正式訪問非常重要。核發李的簽證符合美國與台灣僅保持非官方關係的政策。……美國人重視言論自由和旅行自由的權利，認為其他人也應該享受這些權利。顯然這種情緒使國會最近以壓倒多數支持允許李登輝重返他的母校康乃爾大學。……允許李登輝私人訪問的決定並不反映美國與台灣的關係在基本性質方面發生了變化。我們將繼續維持與台灣非官方的經濟與文化關係」。[119]

1998 年 6 月 21 日，《華盛頓郵報》在回顧 1996 年台海危機的報導中，引用羅斯柯波夫(David Rothkopf)的話：「當時，克里斯多福在中共當局眼中的信用，立即破產。」此外，李總統訪美期間，在康乃爾大學「歐林講座」( Olin Lecture )，以「民之所欲，常在我心」（Always in My Heart）爲題發表演講。[120]郵報對該情形亦有描述稱，「台灣駐美代表魯肇忠

[119] U.S. Department of State, 95/05/22 Daily Press Briefing, Office of the Spokesman.

[120] http://www.oop.gov.tw/presid/statement/misc/emisc.htm

向羅德保證，李登輝的訪美之行將嚴守私人性質和低調的原則，然而，在抵達康乃爾大學發表演說時，李登輝卻一再提及『中華民國』國號，前後達十七次之多。羅德認爲，他被人欺騙，自此之後，他不願再與魯肇忠見面。」[121]然而，就中共與美國而言，傷害已經造成，彼此關係陷入低潮。中共召回駐美大使李道豫，而美國也因駐中共大使芮效儉任期屆滿回國而未再續派大使，形成雙方無大使駐在對方的真空現象。

柯林頓政府改變原先對北京的承諾，在國會壓力下同意李登輝總統的訪美，的確使得北京大感意外，但也爲中共找到施力點。開始時，自外交部至中共對台決策單位都有些措手不及。在慌亂中仍決定由唐樹備於 5 月 20 日按計畫赴台，並與海基會達成安排第二次辜汪會談事宜。北京當時猶豫不決，沒有採取斷然措施，事後觀之，應是內部對李登輝訪美事件的定性仍有歧異，沒有達成反應程度的共識。6 月 15 日，副總統連戰隨即出訪歐洲之事，可能加深對中共的刺激，中共擔心骨牌效應會否出現，如果不採激烈反應，將會使得其他國家效尤，這將有助於台灣國際地位的提升。就中共而言，台灣已經明顯走上台獨道路，如果不採取有力的反擊，台獨的傾向就會愈來愈強。他們認爲李登輝先生的務實外交，其

[121] Barton Gellman, "U.S. and China Nearly Came to Blows in '96: Tension Over Taiwan Prompted Repair of Ties," *Washington Post*, June 21, 1998, p.A1.

目的就是追求「一中一台」、「兩個中國」或「台灣獨立」。

中共外交部發表強烈聲明，並發動海內外媒體大肆抨擊，認爲美國一再違背自己的承諾，做出了違反三個公報原則的事。指責美國「明目張膽地製造『兩個中國』、『一中一台』」，並表示「一切後果應完全由美國承擔」。[122]在中共的眼中，三角關係已經超越了彼此長期所建立的共同默契。

中共的反應是對台灣戰略與對美外交的一次重新評估。中共對美國不能採取強硬路線，自然將不滿完全投射於台灣。在對台政策上，自原本「如何促使中國統一」至「如何防堵台灣走向獨立」，文攻武嚇的主戰聲浪掩蓋過溫和的加強兩岸交流的主張。中央軍委副主席劉華清、張震等進入了中央對台政策領導小組，參與對台事務。中斷兩岸間的對話協商。中共一改過去避免介入台灣內部政爭的政策，開始用外交、軍事、經濟和輿論手段，直接或間接的影響台灣政局。

中共介入的程度在 1996 年 3 月的總統大選中爲最露骨，直接用飛彈試射台灣來表達對李登輝與台獨聲浪的不滿與警告。中共在台灣這個號稱中華民族五千年，或台灣四百年來第一次民選總統以飛彈投下他的一票。美國爲此派出兩組航空母艦戰鬥群至台灣附近監視，中共也出動所有的核子潛艇，形成核子對峙的僵局，台海再陷危機。這一場號稱爲「第三次台海危機」的潛在衝突，迫使美中台三角關係發生了變化。

---

[122]《人民日報》，1995 年 5 月 24 日。

1995 年 6 月 16 日，海協會致函海基會表示：「鑒於台灣方面近期採取的一系列破壞兩岸關係的行動，舉行第二次辜汪會談及預備性磋商的氣氛已經受到嚴重影響。舉行會談及預備性磋商的時間不得不予以推遲」。[123]兩會的協商大門也就此關閉。一直到 1998 年美國的「三不政策」定案後，兩岸的協商方又開啓。

在對美政策上，除了基於美國對於中國大陸的經貿發展是絕對需要，中共不可能得罪美國，從李登輝總統的訪美與美國國會通過支持台灣進入聯合國的議案來看，中共更深刻體會到台灣能夠拓展國際空間的關鍵是美國。如果能夠拉住美國，即使台灣再多幾個小邦交國，對全局亦無大礙。自此以後，中共的對台政策，開始將美國作爲主要的目標。雖然中共領導人仍倡言，兩岸事務由兩岸中國人解決，反對台灣問題國際化。但是，很明顯的，在「防堵台灣走向獨立」問題上，中共不僅不寄望於台灣當局，也不多寄望於台灣人民，反而是「寄望於美國政府」。從此，如何促使美國在「台灣問題」上明白表態，如何消除中美三個公報中「認知」的模糊地帶，使美國明確地承認「不支持台獨」、「不支持『一中一台』與『兩個中國』」，以及「不支持台灣加入聯合國」爰成爲中共在 1995 年後的最重要外交目標。

在僵局過後，美國似乎「重新發現了中國」，了解到問

---

[123] 1996 年 6 月 16 日，海協會致海基會影本。

題的嚴重性。面對李登輝總統訪美，及中共在總統選舉期間對台灣海域的飛彈試射，美國不得不修補他與中共的關係，中共也再次認識到美國在兩岸關係中的影響力，也積極地加強與美國友好關係。美國與中共雙方再次認識到彼此關係的重要，雙方開始積極的交往。1995 年 6 月李登輝總統的訪美，中共 1996 年的飛彈試射這些曾讓中共與美國關係的危機，反而成爲彼此關係的轉機。相形之下，美中台三角關係就註定要向中共方向傾斜了。美國在這次危機後，送給中共的兩件大禮，一是特別是針對台灣加入聯合國一案所確定的「三不政策」，李登輝總統也不再可能訪美了；二是與中共建立了「戰略夥伴關係」。美國開啓了「新」的中國政策，這可能是台灣領導人在推動參與聯合國與推動李登輝總統訪美時始料未及的。

# 第三章
# 邁向廿一世紀
# 美國的中國政策
# ：建設性戰略夥伴關係

對美國而言，中共逐漸成為區域和全球大國兼具挑戰與機會。挑戰來自於中國傳統文化對國際事務的觀點與美國顯著不同；機會來自於兩國享有許多共同的經濟與安全利益。就美國而言，如何掌握有利的契機，一方面促進雙邊合作，另一方面減少潛在的衝突。有五方面的問題值得深思：（一）就美國的國家利益而言， 2010 年中國在亞洲和全球應扮演什麼角色？（二）美國在中共內部發展中有什麼國家利益？（三）中共對東亞穩定與安全的貢獻何在？（四）中共在國際經濟和環境上有何影響？（五）美國對中共政策的優先順序為何？

中共在亞洲與世界究竟扮演何種角色？以美國的利益而言，中共可扮演正面的角色，包括：（一）中共與亞太地區和全球的經濟互動，朝向更廣更深的經濟互賴。（二）中共與世界各國在雙邊與多邊關係上進行合作，尤其與主要國家之間的合作，諸如：日本、俄羅斯及美國。（三）參加國際議程與制度，包括（但並不限制）參與安全對話、軍備管制、國際和平維持及全球人道議題。（四）維持國家統一和必要的力量，致中共有力量在國際事務上作為積極的參與者。（五）中共國內事務逐漸增加透明度，尤其是軍事和經濟部門。

反之，中共亦可扮演美國認知的負面角色，包括：（一）中共逐漸閉關自守且遠離地區和國際社會。在最壞的情形下，中共可能成為一個「流氓」國家。（二）中共的經濟逐漸衰退，無法維持成長，致使無法提供人民生活所需。（三）中共從事快速和侵略性的軍事現代化計畫，導致亞洲軍備競賽。在該情形下，中共可能採行擴張主義並且尋求在亞洲的霸權地位。（四）中國大陸分裂為數個國家致使中央政府無法控制。（五）中共對大規模毀滅性武器（核、生、化及飛彈投射系統）和先進傳統武器的轉移。該種發展對美國是絕對不利的，美國應該防患於未然。[1]

就美國而言，當然期望中共在廿一世紀扮演符合美國利益的正面角色。因之，美國對中共持續採取「一個中國」政策，藉由交往的戰略與中共保持對話，以促使中共在完全融入國際體系前，置於雙方建構的「建設性戰略夥伴關係」之框架中。

## 第一節　廿一世紀初期美國全球戰略的佈局

1980 年代末期，美國國內對該國權力是否衰落(decline)的辯論過程，影響美國人對自身力量的重新評估，亦影響其全球戰略佈局之思維。甘迺迪(Paul Kennedy)係引發該次辯論

[1] 該等議題往往成為美國對中政策的討論重點，參見：The Proceedings of the Thirty-Ninth Air Force Academy Assembly, China-U.S. Relations in the 21st Century: Forsrering Cooperation, Preventing Conflict, February 18-21, 1997. Available from http://www.columbia.edu/cu/amassembly/new/usair.html

的重要人物，他認為，由於帝國戰線伸展過長，美國國家實力已經遠遠不能同時保衛美國所有全球利益和承擔所有義務。[2]他建議美國正視現實，使外交政策中「實力與義務」相稱。因此，美國應削減軍備，減少其所承擔的國際義務，吸取歷史上大國衰退的教訓。[3]衰落論受到許多學者的支持，[4]

---

[2] Paul M. Kennedy, *The Rise and Fall of the Great Powers: Economic Change and Military Conflict From 1500 to 2000* (New York: random House, 1987), pp.514-515.

[3] Paul Kennedy, "A Guide to Misinterpreters," *New York Times*, April 17, 1988.

[4] 該等學者被歸類為衰落學派，包括：David Calleo, Robert Gilpin, Fred C. Bergsten, Stephen S. Cohen, John Zysman, Charles P. Kindleberger, Thomas J. McCormick, Immanul Wallerstein, Aron Freidberg, Mancur Olson, Richard N. Rosecrance, Walter R. Mead 等人。代表著作，包括：David Calleo, *Beyond American Hegemony: The Future of the Western Alliance* (New York: Basic Books, 1987); Robert Gilpin, *The Political Economy of International Relations* (Princeton, N.J.: Princeton University Press, 1987); Robert Gilpin, *War and Change in World Politics* (New York: Cambridge University Press, 1981); Fred C. Bergsten, "The World Economy After the Cold War," *Foreign Affairs*, vol.69, no.3 (Summer 1990); Thomas J. McCormick, *America's Half-century: United States Foreign Policy in the Cold War* (Baltimore: Johns Hopkins University Press, 1989); Immanul Wallerstein, "The United States and the World Crisis," in Terry Boswell and Albert Bergesen, eds., *America's Changing Roles in the World System* (New York: Praeger, 1987), pp.14-17; *America and the World: Today, Yesterday and Tommorrow* (New York: 1990); Aron Freidberg, "The Political Economy of American Strategy," *World Politics*, vol.41, no.3 (April 1989); Mancur Olson, *The Rise and Decline of Nations: Economic Growth, Stagflation, and Social Rigidities* (New Haven: Yale University Press, 1982); Richard N. Rosecrance, *America as an Ordinary Country: U.S. Foreign Policy and the Future* (New York: Cornell University Press, 1976); Richard N. Rosecrance, *The Rise of the Trading State: Commerce and Conquest in the Modern World* (New York: Basic Books, 1986); Walter R. Mead, *Mortal Splendor* (Boston: Houghton

然而，衰落學派牽引未衰落學派的出現，該派認為，由於衰落學派錯誤的歷史橫向比較、[5]錯誤的歷史縱向比較、[6]以及帝國戰線過長理論之缺失，[7]因而認為美國儘管存在問題，但仍是全球大國，並未衰落。[8]總之，由於美國全力投入冷戰，

---

Mifflin, 1987).

[5] 參考 Walt W. Rostow, "Beware of Historian Bearing False Analogies," *Foreign Affairs*, vol.66 ,no.4 (Spring 1988), pp.863-868; Joseph S. Nye, Jr., *Bound to Lead: The Changing Nature of American Power* (New York: Basic Books, 1990), pp.49-68; Joseph S. Nye, Jr., "The Misleading Metaphor of Decline: Analogies Between the United States and Post-imperial Britain Are Inaccurate and Mischievous," *The Atlantic Monthly*, vol.265, no.3 (March 1990); Robert O. Keohane, "Power and Interdependence," Scott, Foresman/Little, Brown series in political science, 2nd ed, (Glenview,Ill. Scott, Foresman, 1989); Joseph Nye and Robert Keohane, "Power and Interdependence Revisited," *International Organization*, vol.41, no.4 (August 1987), pp;.725-753.

[6] Joseph S. Nye, Jr., *Bound to Lead: The Changing Nature of American Power*; pp.72-73; Samuel P. Huntington, "The U.S.-decline or renewal?" *Foreign Affairs*, vol.67, no.2 (Winter 1988); Samuel P. Huntington, "Coping With the Lippmann Gap," *Foreign Affairs*, vol.66, no.3 (Winter 1988); Mary H. Cooper, Francis Fukuyama and Samuel Huntington, "Can Defense Contractors Survive Peace?" *Editorial Research Reports*, vol.2, no.12 (Sept. 29, 1989); Stanley Hoffmann, "Reagan's America: Innocents at Home," *The New York Review of Books*, vol.34 (May 28, 1987); Stanley Hoffmann, "What should we do in the world?" *The Atlantic Monthly*, vol.264, no.4 (October 1989); Charles Wolf, "America's Decline: Illusion or Reality?" *Wall Street Journal*, May 12, 1988, p.22.

[7] Joseph S. Nye, Jr., *Bound to Lead: The Changing Nature of American Power*, p.88; Richard Hass, "The Use of History," *Orbis* (Summer 1988), p.414.

[8] 該派學者，包括：Walt W. Rostow, Joseph S. Nye, Jr., Robert Keohane, Samuel Huntington, Stanley Hoffmann, Charles Wolf, Ben J. Wattenberg, Charles Krauthammer 以及資深記者，包括：Karen Elliot House, John Chancellor, Henry Nau 等人。

忽視美國的經濟基礎，造成經濟衰退。然而，美國至 1990 年代前期已獲得恢復，仍穩居世界超強地位。[9]尤有進者，1989 年國際情勢的劇烈變化，似乎展現「民主與自由」的勝利，福山(Francis Fukuyama)認為，自由民主可能形成人類意識形態進步的終點與人類統治的最後的形態，亦構成歷史的終結。[10]根據該項言論，美國似乎不僅贏得民主與自由的勝利，而且是該項勝利的領導者，不啻重拾美國領導世界的信心。此外，其他大國雖減少與美國國力之差距，然綜合國力仍有所限制，因而並無任何一國得以挑戰美國的地位。1993 年，柯林頓上台後致力於推動經濟政策，美國經濟情勢亦逐步好轉，致柯林頓於 1996 年選舉中獲得連任，柯林頓政府遂成為帶領美國進入廿一世紀的政府。邁向廿一世紀，即令美國綜合國力強大，然未採取冷戰剛結束時所討論的「美國主導下的強制和平」作法，即藉由超強武力以達全球和平，而選擇「擴大與交往」(Enlargement and Engagement)的戰略。該項選擇可以維護既存的世界秩序，不致虛擲冷戰時期建構全球安全體系所花費的沈澱成本(sunk cost)和對友邦的安全承諾，致使美國僅調整而非全盤更動其全球大戰略(grand strategy)。

當前國際體系係以東歐的民主化和蘇聯解體所引發，因此，冷戰後新的體系建立與形成需要相當的時日。形成期間

[9] Donald Edwin Nuechterlein, *America Recommitted: United States National Interests in a Restructured World* (University Press of Kentucky,1991).

[10] Francis Fukuyama, *The End of the History and the Last Man* (New York: Free Press,1992).

需要多久，端視各種力量重新組合的進程。換言之，迄至 1990 年代後期，全球似乎可定位爲新舊格局的過渡期，預估該過渡時期可能跨越廿世紀末而至廿一世紀初。世界體系的變革可歸納爲五種類型，包括：重回兩極體系、多極體系、三大貿易壁壘、單極體系及多層次互賴。[11]經過近十年的演變，全球格局部分特徵已逐漸浮現，根據蘇聯的瓦解且俄羅斯經濟一蹶不振、歐洲聯盟的建立、中共經濟的持續發展等全球情勢發展，廿一世紀的軍事安全格局可能是「一超多強」，而經濟格局則是「多元並存」的局面。

柯林頓第二任政府的對華政策，充分展現華府架構廿一世紀美國安全的藍圖。該藍圖的建構主要基於美國對自身能力的評估、全球形勢的認知，以及中共在美國戰略藍圖中的地位與角色。換言之，中共的經濟潛力在國際體系過渡時期嶄露頭角，勢將吸引美國的焦距，以期中共在美國形塑的國際體系中，扮演正面積極的角色。藉由該種角度，美國決定與中共發展戰略夥伴關係。華府與北京的戰略夥伴關係必然衝擊到台北，新三不政策似乎成爲「戰略考量」下的自然產物。

## 一、美國全球戰略的內涵：維持美國利益與領導

「戰略」一詞本爲軍事用語，早先用於軍事領域，然一

[11] Joseph S. Nye, Jr., “What New World Order?” pp.52-55.

些非軍事團體和個人亦引用該詞。該詞主要係指國家的一系列目標和全球政策（相當於廣義的國家對外政策）。國家大戰略係求在世界範圍中實現國家基本目標，而大戰略的目標通常以國家利益表述。制定大戰略的目的是，爲維護國家利益而明確達成目標的手段。該等手段又被稱爲國家力量手段。國家力量手段常被區分爲政治（外交）、經濟與軍事手段。總之，國家大戰略的功能是，安排和運用適當的國力手段以維護國家利益。國家大戰略在結構上由目標或國家利益，以及用於達成該等目標的國力手段組成。

現代戰略制定之程序，至少由相互關聯、有先後次序的五個基本步驟或決策構成，其中包括：確定國家安全目標、制定大戰略、制定軍事戰略、制定作戰戰略及制定戰場戰略（戰術）。[12]

根據美國對自我與全球情勢的認知，美國逐漸形成廿一世紀的大戰略。面對廿一世紀，美國的首要及優先目標依然是以維護與確保美國的國家利益。美國主要的國家利益在於：（一）保障美國的主權、領土與人民，防止任何威脅美國本土的行爲，包括核生化武器的攻擊和恐怖主義；（二）防止敵對區域聯盟或霸權的出現；（三）確保國際海線之通訊、飛航及天空的安全；（四）若有需要，協助美國盟國與友邦

---

[12] Dennis M. Drew and Donald M. Snow, *Making Strategy: An Introduction to National Security Processes and Problems*, (Washington, DC.: Air University, 1988).

對付外來侵略。

如何維護美國的各項利益？美國認爲，應以全球主義(Globalism)，而非孤立主義來維護本身的主要利益；因爲藉由美國的領導可協助整頓全球事務，以增進美國的利益，推廣美國的價值觀；在資訊快速傳播全球的時代，當資金、思想及個人可以快速跨越國界時，美國參與世事因而必須持續且廣泛。孤立不再是可行的選擇。美國如同以往，必須積極出面領導。面對新時代的挑戰，美國的目標係強化聯盟關係，大力減少大規模毀滅性武器所帶來的危險，引導全世界走向和平與民主，並以打開美國產品的海外市場來創造國內更多的繁榮。[13]

完成戰略的目標包括使用軍事與非軍事方法。前者多爲應用於必要時的手段，即運用國家武裝力量或使用武力威脅；後者通常方爲經常持久的對外工具，包括經濟與外交手段。在邁向廿一世紀時，美國的軍事能力、經濟活力與外交手腕是足以作爲全球的唯一超強。美國的全球勢力遍佈範圍既廣且深，相當獨特。美國不僅控制了全世界的海洋，也發展出堅強的軍力能以兩棲作戰掌控海岸，並將其勢力深入內地發揮政治影響力。美軍部隊佈署在歐亞大陸的西端及東端，也控制住波斯灣。

[13] President William J. Clinton, Remarks on American Security in a Changing World, George Washington University, Washington, D.C., August 5, 1996

美國基於軍事目的開發最先進的武器系統，維持並擴大領先之勢，因而創造出技術上他國難以匹敵的軍事組織，唯一擁有可以有效在全球用兵的軍力。同時，美國在經濟上有決定性力量，在資訊技術上亦始終保持強大的競爭優勢。美國精通未來產業，亦代表其技術優勢不會立刻被超越，尤其是在經濟上有決定性的領域。

至於美國的軍事戰略，根據美國國防部發布的《國家軍事戰略》(National Military Strategy: Shape, Respond, Prepare Now—A Military Strategy for a New Era)，揭櫫美國廿一世紀的軍事戰略爲「塑造、回應、準備」。該項概念具體述之，即：塑造國際環境，美軍藉由固有的嚇阻力量與和平時期的軍事交往，以達到促進區域穩定、避免或減少衝突和威脅及和平時期的嚇阻環境；回應全面的危機係指防止在危機中的侵略與強制力、打贏主要戰區戰爭、控制同時發生的小規模衝突；以及即刻爲不確定的未來做好準備，其中包括：追求現代化的努力，資訊的優先與技術的創新。[14]

1994 年 9 月，美國進行核子態勢檢討(Nuclear Posture Review)爲其核武建立冷戰後的理論基礎。該檢討列述美國 2003 年第二階段戰略武器裁減後的兵力結構，主張保持戰略投射的三合一武力，即潛射彈道飛彈、重型轟炸機及地下室發射的洲際彈道飛彈。換言之，美國爲求保護該國利益，其

[14] U.S. Department of Defense, National Military Strategy of the United States of America 1997. Available from http://www.dtic.mil/jcs/nms.html

核武戰略可歸納如次：防止新興區域核子強國出現、保有核子嚇阻能力、部署反戰區彈道飛彈系統以保護前沿部隊不受區域性核子攻擊、藉由保留使用核武報復的權利以嚇阻區域強國的化武攻擊。[15]

所謂作戰戰略，係計畫、協調、指導一個戰區內的戰役行動，以達成國家安全目標的藝術和科學。由於美國的鄰國皆非敵國，另有大洋相隔，因而美國可能的戰區皆在海外。美國遠征部隊實施的任何作戰勢將有盟邦的參與，因而必須對美軍與盟軍的作戰行動進行協調。換言之，美軍的海外基地、軍事准入以及快速反應部隊將是美國能否贏得戰役的重要因素。

總之，美國廿一世紀的國家大戰略，係爲美國對本身地位與國力的認知以及對未來國際環境的預判，所作成綜合研析。[16]美國認爲，由於該國正處於經濟強盛的和平盛世，因而廿一世紀是充滿大好機會的時刻：民主與自由市場方興未艾，美國的價值觀盛行世界各地。曾經宣嚷一時美國走向衰落的論點已成過往，美國經濟情況的好轉，由**表 3-1** 可知，美國除了在 1990 至 1991 年的國內生產毛額低於七大工業國家的平均值外，其餘各年，美國的經濟表現都較好。此也意

[15] William H. Lewis and Stuart E. Johnson, *Weapons of Mass Destruction: New Perspectives on Counterproliferation*, (Washington, D.C.: National Defense University Press, 1995).

[16] 美國布希與柯林頓政府之全球與亞太戰略內容，另可參考：周煦，《冷戰後美國的東亞政策》，（台北：生智出版社，1999 年）。

表 3-1　美國與七大工業國實質國內生產毛額(GDP)和總內需每年平均增長率(%)比較表

| 年　份 | 1980-89 | 1990-99 | 1990 | 1991 | 1992 | 1993 | 1994 | 1995 | 1996 | 1997 | 1998 | 1999 |
|---|---|---|---|---|---|---|---|---|---|---|---|---|
| 七大工業國實質 GDP | 2.7% | 2.1% | 2.4% | 0.7% | 1.8% | 1.0% | 2.8% | 2.0% | 2.5% | 2.8% | 2.3% | 2.2% |
| 美國實質 GDP | 2.7 | 2.2 | 1.2 | -0.9 | 2.7 | 2.3 | 3.5 | 2.0 | 2.8 | 3.8 | 2.9 | 2.2 |
| 七大工業國實質總內需 | 2.6 | 2.0 | 2.2 | 0.2 | 1.7 | 0.9 | 3.0 | 1.9 | 2.6 | 2.7 | 2.8 | 2.2 |
| 美國實質總內需 | 2.4 | 2.4 | 0.8 | -1.6 | 2.8 | 2.9 | 3.9 | 1.9 | 2.9 | 4.1 | 4.1 | 2.2 |

資料來源：International Monetary Fund, *World Economic Outlook*, Washington, DC: International Monetary Fund, May 1998, p.146.

謂美國政府有信心的大步邁向下一世紀。柯林頓認爲美國領導有其必要性，他說：

「事實上，美國仍是世界上不可或缺的國家。許多時候，是美國，唯美國能在戰爭與和平、自由與壓迫、希望與恐懼間發揮作用，扭轉乾坤。當然，我們無法一柱擎天，更無法成為世界警察。然只要美國的利益與價值觀有其必要，且我們確有用武之地，美國一定要起而行擔負起領導之責。」[17]

## 二、美國全球戰略的挑戰：預防安全與外交的建立

美國在全球的領導與戰略佈局並非毫無阻礙，其面對四項主要的挑戰：首先，爲維持全球的領導地位，須重建適合廿一世紀的安全聯盟結構。其次，減少大規模毀滅性武器的威脅。第三，打擊恐怖主義的肆虐。第四，爲新世紀建立國際經濟體制。茲分述如下：

### （一）重建安全聯盟結構

在冷戰期間，聯盟戰略一直是美國保持本身安全的重要工具。歷屆美國總統皆持續強化美國所參與的各個安全聯盟，因其爲美國國防的重心，並爲美國的安全發揮了半個世紀的功能。奈伊認爲，自由民主政府較不會對美國產生威脅，短期內應維持與盟邦的關係。[18]美國對該等聯盟的承諾始終堅定，美國在歐洲與亞洲各有約十萬駐軍。美國已逐步調整該等聯盟，以配合廿一世紀及更久以後的需要。其調整的內容可從下述三方面觀之：充分發揮聯盟的作用，強調與盟國建立更爲平等的夥伴關係；加強地區防務合作；重視地區安全

---

[17] President William J. Clinton, Remarks on American Security in a Changing World, George Washington University, Washington, D.C., August 5, 1996.

[18] Joseph S. Nye Jr., "What New World Order?" in Eugene R. Wittkopf, eds., *The Future of American Foreign Policy* (New York: St. Martin's Press, 1994), pp.52-55.

機制的建立。

1.維持原有聯盟體系，擴大聯盟職能範圍

冷戰後，在聯盟關係失去以往以意識形態對抗爲存在基礎的前提下，美國強調繼續維持原有的聯盟體系，並力主擴大聯盟的職能範圍。在歐洲地區，美國積極推動北約東擴(NATO Enlargement)，力圖將北大西洋公約組織(North Atlantic Treaty Organization, NATO)的責任區擴大至東歐國家。自 1994 年正式提出北約東擴後，北約遭遇許多制約因素，尤其是俄羅斯的反對。儘管如此，該計畫仍取得一定成果。在亞太地區，美國繼續維持美日、美韓及澳紐美條約，並將美日聯盟關係作爲亞太安全戰略的基石。1996 年 4 月 17 日，美日簽署《日美兩國安全保障聯合宣言》(Japan-U.S. Joint Declaration on Security)，該宣言認爲日美安保體制是「亞太地區和平與繁榮的基礎」，重新確立後冷戰時期美日軍事合作的基本方針，將美日軍事合作的地理範圍自以往的遠東地區（即巴士海峽以北的台灣海峽、朝鮮半島和前蘇聯濱海地區），擴大至亞洲太平洋地區，並且強調在日本周邊地區發生不測事態時，加強雙方合作。[19]

2.重視發揮盟國作用，強調與盟國建立平等的夥伴關係

1996 年 10 月，柯林頓在底特律宣布美國的下一個目標是，讓第一批北大西洋公約組織的新會員，包括波蘭、匈牙

[19] http://www.mofa.go.jp/ju/security/sclty/sclty_6.html

利、捷克共和國於 1999 年以前加入。而且，加入北約的機會繼續對希望成爲會員、且已強化其體制並準備負起會員義務的各歐洲新興民主國家開放。再者，與擴大北約並進的一項計畫是，美國極力促成北約與俄羅斯建立鞏固的關係，以徹底消弭歐洲可能的武力對抗。

美國官方表示，擴大北約戰略有四項原因：第一，北約擴大將可避免歐洲未來衝突，致美國安全獲得進一步保障。第二，北約擴大將使該組織益形強大，致增進應付未來安全挑戰的能力。第三，北約擴大將有助於中歐民主的鞏固與穩定。第四，北約擴大將消除冷戰時期的分裂線。[20]

儘管北約擴大受到俄羅斯的反彈，但美國一方面安撫俄羅斯，另一方面則堅定貫徹本身既定的政策。因爲華府深知俄羅斯國內的情形不佳，需要西方國家的經濟援助，無暇亦無能力做出任何相對行動。基於此，美國與俄羅斯的交往主要還是以雙邊爲主，藉由美俄高峰會的舉行以牽制俄羅斯脫軌的可能。另一方面則持續拉近北約與俄羅斯的關係，將俄羅斯視爲北約的和平夥伴。1997 年 5 月 27 日，北約各國領導人與俄羅斯總統葉爾欽(Boris Yeltsin)簽署《北約與俄羅斯基礎法》(NATO-Russia Founding Act)，建立雙方新且建設性的關係。根據該法亦創設一個新的論壇，即常設聯合委員會

---

[20] United States Department of State, Bureau of Public Affairs, *The Enlargement of NATO: Why Adding Poland, Hungary, and the Czech Republic to NATO Strengthens American National Security*, pp.14-16.

(Permanent Joint Council)，[21]致北約和俄羅斯藉此討論雙方共同關注的安全議題。

在亞洲，美國繼續強化各主要的聯盟。自 1952 年起，美國與日本的安全關係一直是維持亞太地區安定環境的要素。美國與南韓合作對付北韓的核子計畫已降低威脅東北亞全區的緊張情勢。美國也強化與澳洲、泰國、菲律賓的聯盟。美國也擴大對當地軍事設施的利用管道，以增強先期部署部隊(military forward presence)的力量。1996 年 4 月，美日簽訂一項新的安全聯合聲明，更強化了美日聯盟關係。[22]

1998 年初，美國與菲律賓簽署《部隊到訪協議》(Visiting Forces Agreement)[23]。該協議將爲美國軍事演習和美軍太平洋艦隊訪問菲國港口預作鋪路。柯恩(William S. Cohen)表示，華府期望透過部隊到訪協議，和菲國擴大互惠安全關係，不過，美國不打算在菲律賓尋求基地，參與聯合軍事演習的船艦或潛艇也不會攜帶核子武器，訓練計畫將著重在人道援助，例如防洪或賑災。[24]部隊到訪協議與提供美國駐軍基地不同，該項協議不擬建立或重建永久性美軍基地。部隊互訪協議與

---

[21] 該委員會已召開多次部長級會議。

[22] U.S. Japan Joint Declaration on Security: Alliance for the 21st Century, Joint Declaration released in Tokyo during the State Visit by President Clinton to Japan. April 17, 1996. Available from http://www.state.gov/www/regions/eap/japan/jointsec.html

[23] *Washington Post*, August 3, 1998, p.A15.

[24] "US Defense Chief Visits Philippines," Associated Press, August 2, 1998; 7:00 a.m. EDT

1951 年締結的美菲共同防禦條約類似，根據防禦條約，一旦菲律賓遭到攻擊，華府保證提供援助。

3.擴大地區防務合作，重視多邊安全機制建設

冷戰後，美國不僅維持正式的聯盟關係，而且與部分非聯盟性質的友邦簽定軍事准入和合作協定。不論在波斯灣地區、東南亞、北非等國家，美國或簽署聯合防務合作、或舉行聯合軍事演習、或提供武器裝備，在在顯示美國在全球防務合作的廣泛與深入。此外，美國亦非常重視多邊安全機制的建立。[25]

儘管聯盟仍是美國廿一世紀安全保障的基石，但運作方式與冷戰時期已有顯著不同。原因在於 1980 年代中期，美國國內出版一些關於美國衰退的論著。甘迺迪所著《強權的興衰》出版後，引起美國國內廣泛的討論，衰落論或多或少衝擊美國的全球戰略與思維。因此，避免帝國戰線過度伸長所引發的經濟危機，並以「平等夥伴」關係爲理由，在實際運作上，美國則在波斯灣戰爭中已逐漸發展出「美國領導、責任分擔」的聯盟關係模式。美國認爲，適當與公平的共同安全責任分擔、適當的成本與利益均衡是有效聯盟關係的基石。[26]就波斯灣戰役、海地及波士尼亞行動就能窺探，許多與美

---

[25] 徐輝、朱崇坤，〈試論冷戰後美國聯盟戰略的調整〉，《現代國際關係》，1997 年第 3 期，第 2 至 4 頁。

[26] "U.S. Responsibility Sharing Policy," Chapter I, Report on Allied Contributions to the Common Defense, A Report to the United States Congress by the Secretary of Defense, March 1998.

國目標相近的國家會主動或被動的方式，分擔美國領導行動的負擔。

但爲因應廿一世紀新的、非傳統的威脅與挑戰，美國無法再單獨依賴該等傳統的聯盟。在面對不受疆界限制的危險，即大規模毀滅性武器 (weapons of mass destruction) 擴散或恐怖主義及國際犯罪等問題時，若要保障美國民眾的安全，美國必須訂定新的優先要務。美國認爲，身爲世上唯一的超強大國，只有美國能夠出面領導大家應付此一快速變遷時代的需求。

**（二）減少大規模毀滅性武器的威脅**

1996 年 9 月，柯林頓總統成爲聯合國首位簽署《全面禁止核試條約》(Comprehensive Test Ban Treaty)的世界領袖。美國認爲，由於美國積極的外交努力，得以與中共及俄羅斯在許多方面進行合作，美國也爲更安全的未來建立了聯盟。有鑑於此，未來武器競賽的可能性已大爲降低，其他國家獲得核武的機會也減少。1995 年，美國努力將其視之爲武器管制努力基石的《禁止核武擴散條約》獲得無條件、無限期的延長。再加上《限制戰略武器條約》(Strategic Arms Reduction Treaty)等計畫的成果，和柯林頓與葉爾辛及江澤民所達成的飛彈互不瞄準協議。美國裁減美國與俄羅斯的核子武器，從冷戰時期的最高數量減少三分之二，並協助烏克蘭、白俄羅斯、哈薩克放棄蘇聯解體時留下的核武。諸種行動皆有助於消除美國近半世紀以來的核武危險陰霾。

華府將尋求停止生產核分裂性原料，進一步降低「流氓國家」與恐怖份子企圖取得該等原料，用以建造核武的原料的能力。華府也致力於強化生物武器公約，加入必須宣告武器庫存量以及現場查核的條款。美國決心就全球性禁止地雷的使用、儲存、生產與轉移一事，儘快展開磋商。

**（三）打擊恐怖主義**

隨著世界藩籬崩塌瓦解，恐怖主義的威脅逐漸增加，致美國有必要將對抗恐怖主義當作首要任務之一。而身為世界唯一的超級強國，美國依然可能成為恐怖份子攻擊目標。柯林頓向國會要求並獲得同意，撥付經費讓執法單位能擁有最具威力的打擊恐怖主義工具，並且加強機場及飛機上的飛航安全。尋求盟邦對美國反恐怖行動的支持。為達這個目的，柯林頓呼籲全世界齊心聯手，絕不姑息恐怖主義。美國企圖達到恐怖份子無法找到任何避難所來發動攻擊。美國希望國際社會必須提高向支助恐怖活動的國家與黨派施壓。柯林頓簽署立法，將對打算大筆投資於伊朗或利比亞的實體給予制裁。美國要求友邦絕不可與一些圖謀殺害美國人民有生意往來。

柯林頓的實際行動展現在 1996 年七大工業國高峰會，他提議更動優先事項，並獲得各會員國同意採納美國所提的四十項對抗跨國犯罪與恐怖主義建議案。七大工業國的專家於是在巴黎集會，針對如何執行這些步驟以增進在執法措施、情報分享、引渡及其他領域的合作達成協議。

### （四）建立新國際經濟體制以符合美國國家利益

美國在冷戰後取得了超強的地位，其經濟表現又較之其他六大工業大國國爲佳。美國柯林頓總統就任之初，就充分把握這個機會，致力於建立廿一世紀開放貿易體系。

基於這個長遠的貿易議題，已在開創新的全球貿易體系方面大有進展。事實上，美國面對的問題不再是美國是否要推動自由公平的貿易，而是美國多快可以達成。柯林頓政府第一任期中訂定兩百多項貿易協定，包括北美自由貿易協定(NAFTA)與關貿總協(General Agreement on Trade and Tariff, GATT)的烏拉圭回合協定，已爲美國產品打開了比以往更多的市場大門，創造了將近 150 萬個與出口有關的工作機會，並使美國再度躍居世界第一大出口國。

美國努力鋪陳藍圖，以期拉丁美洲於2005年，亞洲於2020年前，達到自由貿易區域的目標。美國發現，藉著努力推動經濟繁榮，美國在和平與民主、禁止核武擴散與恐怖主義等方面，也有更迅速的進步。從南美洲到東南亞，美國推動開放市場與經濟發展之舉。同樣支援了對民主與人權的承諾。這是因爲當社會在經濟方面日益開放時，必然會加速其在政治方面的開放，與和平與穩定的利害關係也越大。

美國企圖維持歐洲和亞洲所呈現的和平可能性，承襲冷戰長期對抗中非常重要的聯盟關係，並且更新該等關係以迎接新世紀的來臨。美國必須領導指揮對抗威脅，並緊握住新世紀所帶來的機會。在阻止大規模毀滅性武器擴散，扭轉對恐怖份子的姑息，爲下一次的人道危機做準備，以及塑造廿一世紀經濟架構等方面，美國的領導顯然至爲重要。美國的挑戰將是如何在正確的優先順序下，堅強地面對該等威脅與機會。若處理得宜，美國自信下一個世紀必將是另一個屬於美國的世紀。[27]當然，美國在建構或想完成其廿一世紀初期的戰略目標時，其不能忽視亞洲的另一個強權中共。

## 三、中共在美國全球戰略中的角色：促使中共融入國際建制

在美國的全球戰略中，每一項國家利益目標幾乎皆需要中共的配合，否則難竟其功。美國的亞太安全戰略自然更不可能忽視中共的角色。美國的亞太安全戰略的設計可以說是全面性的，包括四個主要部分，分別是：美國軍事存在、美日安保條約、與中共的擴大交往政策及亞太多邊安全機制；而這四項設計如果以理論概念涵蓋，則分別是：霸權穩定、集體自衛、擴大交往及多邊主義四項。這四項戰略設計包含了新現實主義的結構觀點、古典現實主義的外交政策及自由主義的民主和平與多邊主義等理念。因此，在美國亞太安全戰略設計，可以看到一個複雜但是相環扣的戰略設計，一方面凸顯其單極霸權地位的軍事存在，作爲維持和平與安全的

---

[27] Challenges for American Leadership in the 21st Century, Nancy Soderberg, Deputy Assistant to the President for National Security Affairs, Remarks to the Carnegie Endowment, Washington, D.C., October 31, 1996

基礎；二方面結合區域內現狀國家的集體自衛，以美日安保條約和其他雙邊軍事同盟（美韓、美菲、美泰、美澳紐）作爲提供其軍事存在的基礎，且以不平衡的優勢軍事力量，展現維持現狀的能力與決心，嚇阻未來可能的挑戰；三方面則積極、全面、建設性、戰略性與區域內最不確定但卻逐漸壯大的中共進行交往，滿足其希望成爲強國地位的心理需求，並希望帶領其遵守作爲國際強權的遊戲規則，使其認知到維持現狀對其最爲有利；最後，透過利用日漸浮現重要性的多邊安全合作對話與機制，儘可能加強區域各國軍事與安全政策與透明度，並協助增強彼此信任，以其建立區域性解決衝突的制度性機制與程序。[28]

整體而言，這種結合「霸權領導」(hegemonic leadership)，「單邊主義」(unilateralism)、和「多邊主義」(multilateralism)的「複合式領導」(multiple leadership) 應該可以用來詮釋美國柯林頓總統的新東亞政策。[29]1996 年 11 月，克里斯多福在卸任前和錢其琛會面時，相當透徹的說明美國和中共改善關係，是柯林頓總統第二任任期的外交重點。克氏表示，柯林頓總統體認到中國的重要性，在未來四年任期內，將決心致

---

[28] 楊永明，〈美國亞太安全戰略之理論分析〉，《美歐季刊》，第 12 卷第 3 期（民國 86 年冬季號），第 35 至 71 頁。

[29] 彭慧鸞，〈柯林頓政府的新東亞政策：奈伊「複合式領導」的理論與實踐〉，《美歐季刊》，第 12 卷第 3 期(民國 86 年秋季號)，第 73 至 92 頁。有關「複合式領導」之理論，可參考：Robert O. Keohane and Joseph S. Nye, Jr., *Power and Interdependence* (Glenciew, Illinois: Scott, Foresman and Company, 1989).

力提升雙邊的合作關係。[30]克里斯多福認爲：

「中美兩個大國要共同負起重責大任。身為核武強國，聯合國安理會常任理事國，又是世界兩大經濟體，我們必須負起領導的責任。我們有一個共同的期許：建立並維持一個推動全球和平、安全及繁榮的國際體系。」[31]

柯林頓政府在第一任期與第二任期之交，美國爲因應廿一世紀的全球戰略思考與部署已大致成形。北約擴大雖遭致俄羅斯的要脅，但仍持續推動，且有一定成效，北約的再生與美國的領導已成定局。亞洲方面，美國雖接連遭致南韓反美情緒、菲律賓不再續租軍事基地、美軍強暴琉球女童事件等不利因素，然美國適當的姿態和重新與盟國塑造夥伴關係，代表美國仍是廿一世紀的亞太領導強權。

然而，傳統聯盟關係重新建立後，美國仍須面對跨國的安全威脅。後冷戰時代新的、非傳統的威脅與挑戰，使其無法再單獨依賴該等傳統的聯盟。美國與俄羅斯藉由雙邊高峰會以及建立北約和俄羅斯的和平夥伴關係，以及俄羅斯當前國內脆弱經濟處理，美國已大致掌控俄羅斯的狀況。然華府面對亞太地區，則無法忽視中共的存在，美國需要中共的合作，作爲塑造廿一世紀全球安全環境的正面角色。曾任美國

---

30 《中國時報》，民國 85 年 11 月 21 日。

31 "The United States and China: Building a New Era of Cooperation for a New Century," Address by U.S. Security of State Warren Christopher, Fudan University, Shanghai, China, November 21, 1996.

國家安全顧問的布里辛斯基在他的著作《大棋盤》(*The Grand Chessboard*)一書中，即自地緣政治的角度評論中共對美國戰略的重要。他說：

> 「中國崛起為大國，亦產生一個非常重大的地緣戰略議題。最樂觀的情況是，將一個推動市場自由機制、民主化的中國納入一個廣泛的亞洲區域合作架構內。但是，如果中國並未民主化，卻在經濟及軍事上繼續增長實力，會是什麼狀況？不論鄰國意願及考量如何，可能會出現一個「大中國」(Greater China)，而且若是企圖阻撓大中國的出現，必會與中國產生激烈衝突。該類衝突會使美日關係緊張，因為日本未必就肯追隨美國進行圍堵中國，因而可能會對東京所界定的日本區域角色產生革命性大變化，或許甚至造成美國軍力退出遠東」。[32]

因此，中國大陸的穩定發展對美國是重要的利益，亦有助於亞太地區整體的和平與穩定。美國認爲，對於亞太地區的安全情勢，美國與中共共負「特殊責任」。該理由有五：

其一，戰略因素。就美國而言，位於太平洋兩岸的中共與美國，地大物博，在亞太舉足輕重；亞太地區經濟與安全發展，美中皆扮演決定性的主導角色，歷史顯示，當美國與

---

[32] Zbigniew Brzezinski, *The Grand Chessboard: American Primacy and It's Geostrategic Imperatives* (New York: HarperCollins Publishers, Inc. 1997), p.54.

中共維持積極穩定的關係時，整體亞太皆受益良多。

其次，美國與中共之間有許多利益不謀而合，例如，兩國皆將經濟進步和人民福祉視爲國家的重大優先政策，而經濟發展最需要的就是安定與和平。引導中國大陸人民越益融入世界貿易體系，以享受其好處並分擔促成經濟蓬勃發展的責任，顯然符合美國的利益。

其三，人類遭遇大規模毀滅性武器擴散的威脅。美國和中共皆有能力生產大規模毀滅性武器，美國需要中共合作以限制飛彈技術和核融合物質生產科技的轉移。中共可以選擇製造問題或解決問題。美國認爲中共已相繼參加《禁止核武擴散條約》(Non-Proliferation Treaty)（中共於 1992 年加入）、《化學武器公約》(Chemical Weapons Convention)（中共於 1993 年加入）、《生物武器公約》(Biological Weapons Convention)（中共於 1984 加入）及《全面禁止核試條約》(Comprehensive Test Ban Traeaty)（中共於 1996 年加入），[33]該等成就爲美國與中共高層接觸每每論及該等議題的成果。美國將繼續在禁止擴散方面向中共施壓。尋求飛彈及其技術、軍民雙用途產品及生化武器等方面更嚴格的銷售管制。

其四，重大區域衝突威脅必須依賴美國與中共的合作方得順利解決。美國認爲，亞洲面對諸多挑戰，需要中共和美

---

[33] 有關中共參加核、生、化及飛彈武器之國際協定、組織及機制，可參考：Inventory of International Nonproliferation Organizations and Regimes, 1996-1997 ed., (Monterey, Calif.: Monterey Institute of International Studies, 1997).

國合作加以克服。第一，朝鮮半島的核子安全問題與政治有緊密的關聯。如果北韓生產核武，東北亞的和平與安全堪憂，中共對該問題與美國已有一致的看法。第二，在南亞大陸，印度與巴基斯坦的緊張關係處於長時間僵持，然雙方將核子武器納入其軍火庫中，遭致美國的側目。美國認爲，南亞與朝鮮半島的情形類似，中共與該等國家皆接壤，利害關係極大。對巴基斯坦有影響力的中共，不啻爲美國寄望能扮演積極角色的國家。第三，在南中國海海域，如果南沙群島主權爭議導致衝突，美國倚重的海運線可能會中斷。美國希望扮演紛爭主要角色的中共能扮演積極角色，以避免衝突的發生。第四，在台灣問題方面，美國認爲，解決台灣海峽兩岸歧異的責任在兩岸的中國人手中，美國最希望的是，解決是和平性質，而且不致威脅區域安全。美國的政策包括堅持美中協議和維持與台灣的非官方關係。上述諸種挑戰皆有賴於美中合作、各自適度發揮影響力，方能充分因應，此亦爲雙方關係的戰略基礎。[34]

其五，打擊國際犯罪組織及毒品走私與美國有深遠的利害關係。就美國而言，北起俄羅斯，南迄越南與泰國，西與印度、巴基斯坦接壤，東至韓國與日本，中國大陸在這塊浩瀚的土地上已成爲毒品與非法活動得利的轉運站。美國與中

[34] 裴利在人民解放軍國防大學，以「美中對地區安全情勢所共負的『特殊責任』」為題發表演說，《中國時報》，民國 83 年 10 月 21 日，版 11。

共已組成特別聯絡小組，聯合兩國執法人員，以加強對抗犯罪集團、人蛇集團及仿冒。1998 年 7 月，美國緝毒署在北京設立辦公室。美國認爲，在該方面尋求與中共務實的合作，同樣對美國的未來有極大的作用。

柯林頓亦重視中共在美國戰略佈局中的地位，1998 年 6 月，他訪問中國大陸前所發表〈美中廿一世紀的關係〉(U.S.-China Relations in the 21st Century)一文，充分地表達美國在安全、政治、經濟、防止武器擴散、環境等各個方面都需要中共的合作，方可完成美國在全球的戰略利益。該文稱：

> 「首先，促進亞洲的穩定。中國在亞洲扮演重要的穩定性角色。（一）印度與巴基斯坦的核試。在印度與巴基斯坦核試後，中國在聯合國安理會主持一項常任理事國的會議，企求取得一項共同策略，以制止印巴兩國繼續從事軍備競賽。中國亦參與美國對印巴兩國核試的譴責，要求兩國盡快簽署全面禁止核試條約，並鼓勵雙方以和平對話解決歧見。（二）朝鮮半島問題。中國亦為朝鮮半島穩定與和平的維護力量之一。中國政府已協助美國説服北韓凍結核子計畫，並在四方會談中扮演建設性的角色。
>
> 其次，遏止大規模毀滅性武器擴散的實踐。過去十年，中國陸續參與《禁止擴散條約》、《化學武器公約》、《生物武器公約》以及《全面禁止核試條約》，每一種

條約的內容都清楚的規定要求和監督體系。中國也同意停止對伊朗與巴基斯坦核子計畫的援助。美國將持續監督中國對非擴散的承諾，並要求中國對飛彈銷售、飛彈技術、軍民兩用製品以及化學和生物武器，進行更嚴格的管制。

第三，共同打擊國際毒品走私和組織性犯罪。

第四，協助中國發展環境策略。中國面臨嚴重的環境問題，中國主要的河流全部被污染，呼吸器官的疾病已成為威脅中國人民健康的主要原因。該問題可能蔓延至鄰國。1997 年，美國副總統高爾開始與中共對話，以協助中國從事環境的成長與保護。

第五，鼓勵中國對全球開放市場。中國是全球成長最快的市場之一，美國出口 130 億美元的產品到中國大陸。美國將持續對中國開放產品、服務及農業市場施壓，並將中國融入世界貿易組織，並重新給予中國享有正常貿易待遇。

第六，在中美兩國利益不一致的領域，與中國交往。將中國融入國際社會和全球經濟體系。

第七，塑造更繁榮與和平的未來。當美國的觀念更為世界各國所接受，世界各國將更享有美國的理想。持續與中國在同意的領域上合作，並且直接面對雙方的歧見，美國可以確保將中國融入國際體系。」[35]

由上述可知，美國在廿一世紀全球的戰略設計，若無中共的支持或消極的不反對皆很難奏效。本質上此與中共的綜合國力相關聯，中共的地緣戰略、地緣政治、地緣經濟、地緣環境以及聯合國安理會常任理事國的地位皆深深影響亞太與全球。再者，美國已充分認知，快速崛起的中共在亞太地區和全球的重要地位與角色，並判斷，若對中共採取任何全面孤立、對抗或圍堵的方式，不僅會導致亞太地區和全球的不穩定發展，甚至引發全球緊張，不符合美國在亞太與全球的利益。因之，美國願意承認中共在亞太地區和全球發展中的重要地位，積極發展美中的戰略夥伴關係，以對話代替對抗，以合作化解衝突，藉此引導中共逐步融入以美國爲主導的世界政經體系之中。美國國家安全顧問柏格認爲：

「美國必須加強與中國的戰略對話。中國逐步演進成為安定、政經開放且不具軍事侵略的勢力，換言之，即是愈接近，而非遠離國際安全秩序，十分符合美國的利益。最終，中國將決定其本身的命運，但無論結果如何，美國將在中國選擇定向上盡份心力。美國與中國交往的策略並非嘉獎其行為良好，而是擴大彼此合作以增進雙方

[35] President Clinton: U.S.-China Relations in the 21st Century, The White House at Work, June 11, 1998. Available from http://www.whitehouse.gov/WH/Work/061198.htm

戰略利益層面的手段，……交往政策並不能保證一定會將中國拉進國際社會，遠離民族主義傾向、專注於自我的走向。然似乎可以確定的是，如果要孤立中國，或是使美國隔離於中國事務之外，會將中國推向錯誤的方向，並削弱美國、中國乃至於全亞太地區未來安全與繁榮所需的安定力量。」[36]

另一方面，北京亦十分清楚未來美國在全球政經體系中位居超強的地位穩定，中共在未來很長的一段時間並無能力挑戰其地位，而且任何對其直接挑戰皆會對中共的現代化計畫造成嚴重的負面影響，因此，中共願意承認美國在全球體系的領導地位，亦願意與美國建立戰略夥伴關係。但中共並非毫無條件，其前提是美國要以正面友善的態度承認中共在亞太地區和全球的強國地位，並在台灣問題上不挑戰「一個中國」的原則。對美中兩國政府而言，戰略夥伴關係中的「戰略」意涵，主要係指美中雙方充分體認對方在全球體系中的地位與角色，並以合作替代對抗，藉此發展和鞏固雙方的國家利益，以達「雙贏」。由於美中兩國均認識到雙方「戰略合作」的重要性和關鍵性，台灣議題反而有了「因」與「果」的雙重特性。一方面，對台灣議題的共識成爲雙方建立戰略夥伴的最基本共識；另一方面，台灣議題又有可能會隨著美

---

[36] Samuel R. Berger, Assiatant to the President for National Security Affairs, "A Foreign Policy Agenda for the Second Term," Center for Strategic and International Studies, Washington, DC, March 27, 1997.

國與中共戰略夥伴關係的深淺度而被迫再作調整。美國與中共對「戰略夥伴關係」的基本共識就是，美國將不會在台灣問題上直接挑戰中共的「一個中國」政策底線，而落實在政策承諾即是「三個不支持」。

# 第二節　「建設性戰略夥伴關係」的建立

## 一、從危機到轉機：全面深化交往的確立

爲了化解 1996 年 3 月台海危機後的僵局，修復雙方關係，最具體訊息於 1996 年 5 月 16 日柯林頓在一場晚宴的講演，他直截了當的道出，「我要與中國改善關係」(I want better relations with China)。[37]1996 年 7 月 6 日，美國國家安全顧問雷克(Anthony Lake)及主管亞太事務的助理國務卿羅德聯袂訪問北京五天。展開「戰略對話」之旅。他們首先即與中共國務院外辦室主任劉華秋進行會談。

雷克與劉華秋雙方會談情形，根據新華社報導，雙方同意以「戰略眼光和長遠觀點來看待和處理」雙方的關係，及江澤民所提的「增加信任、減少麻煩、發展合作、不搞對抗」

[37] The White House, Office of the Press Secretary, May 16, 1996, Remarks by the President at Asian Pacific Caucus Dinner.

原則。在與江澤民會晤時，雷克表示此行重要目的在爲與中共探討如何開展雙方間的戰略性對話，以建立一個和平安全的世界。在與錢其琛會晤時，也表示希望通過高層接觸和不同級別的對話，建立「建設性的正常關係」。[38]

雷克此行對中共與美國的關係發展極具意義。這位在 1993 年的演說中，還將中共歸納爲與伊朗、伊拉克、利比亞及北韓一般屬性國家的訪問者，在飛往大陸的路上，寫下他日後所謂的「策略交談」。他打算以此行化解中共一直懷疑美國像從前圍堵蘇聯般圍堵中共的疑慮。[39]

雷克在與劉華秋會晤後接受訪問時指出兩件事是中美關係中應該被確定的。第一，中共應該遵守現代社會的遊戲規則；第二，美國在亞洲的駐軍不會撤離。他說：「中共在下個世紀截然不同的世界中所扮演的角色極爲重要。中共不但要遵守遊戲規則，譬如核子擴散、限武或加入世界貿易組織等，這點不但符合中共的利益，也將符合世界的利益。」另外表示：「美國駐亞洲的問題並未提及。我相信，不但過去沒有提及，將來也不會，因爲美國駐軍不是爲了圍堵中共，而是爲了謀求穩定。我要他想想看，如果美國從東亞撤軍，將會是甚麼局面？日本、中國和韓國間鐵定會發生武器競賽，

---

[38] 《大陸情勢週報》，中國國民黨大陸研究工作會，第 1232 期，民國 85 年 7 月 17 日，第 2 至 3 頁。

[39] Barton Gellman, "U.S. and China Nearly Came To Blows in '96: Tension Over Taiwan Prompted Repair of Ties," *Washington Post*, June 21, 1998, p.A1.

甚至可能爆發核武競賽，對大家都沒有好處。」[40]

雷克之行，雖未在人權、經貿、核子擴散、台灣議題上有具體結果，但雙方的氣氛已有相當進展。建立中美高層互動機制、建設性的合作關係，以及未來安排邀請副總統高爾訪問，都爲3月台海危機的後遺症作了相當程度的化解。

1996年3月的台海危機對中共與美國的關係而言，既是危機，也是轉機。6月27日，美國國會眾議院以286對141票通過無條件延長對中共最最惠國待遇案。另表明重視發展美國與中共的關係，已在美國國會形成共識。美國前國務卿克里斯多福在出席一項會議中表示：

「美國將繼續全力以赴追求我們的利益，不論是在安全、貿易、禁止核武擴散或人權方面。比方說，上個月美國就曾傳遞很明白的訊息給中國，表達北京在台灣海峽使用武力對美國將是嚴重的關切。但我們不接受某些人提出的圍堵或孤立中國的建議。這樣的行為不只不能保護，反而只會傷害到我們的利益。 就是在這樣廣泛的背景下，我們將於下個月再次支持繼續給予中國最惠國待遇。總統與我將證明，提升美國利益的最好方法就是繼續往來，這也是過去六任總統所奉行，我也願在此指出，杜爾參議員同樣認同此作法。現在終止或對最惠國待遇設限都無法改進中國的人權問題。卻會損害美國的經濟，

---

[40] *Ibid.*

也連帶對香港、台灣與其他的亞洲盟國或友邦造成傷害。這也是為什麼我昨天早上才與之會面的香港立法局領袖李先生與港督彭定康，會支持無條件續予中國最惠國待遇的原因」。[41]

11 月 20 日，柯林頓在坎培拉(Canberra)表示，在他第二屆任內，將加強與中共的交往。他指出：

「美國將成為太平洋地區的一支主要力量，美國在這一地區的軍事力量並不是針對任何一個國家。美國的意圖不是要圍堵中共，而是要與中國保持接觸。一個穩定、開放和繁榮的中國的崛起，一個對其在世界上所處地位充滿信心並願履行其作為大國所承擔的責任的大國，是我們最關心的事情。……與中國真正合作，既是可能的，也是顯而易見有效果的。為了適應不斷出現的對穩定的挑戰，美國正在追求三個目標：追求更強大的結盟，追求更深入地與中國交往和追求範圍更大的民主社會」[42]

11 月 24 日，在亞太經合會非正式高峰會談中，美中雙方均表示對彼此的肯定。江澤民表示，「目前兩國關係的氣

---

[41] U.S. Policy in the Asia-Pacific Region U.S. Secretary of State Warren Christopher Remarks before the Business Council, Williamsburg, Virginia May 10, 1996.

[42] The White House, Office of the Press Secretary, November 20, 1996, Remarks by the President, To Parliament, Parliament House, Canberra, Australia.

氛已經明顯改善，發展兩國關係的有利條件明顯增多，中、美關係正面臨進一步改善和發展的良好機遇」。柯林頓也表示，「雙方有著共同的戰略利益……，願與中國建立一個合作的夥伴關係」。雙方並同意在 1997 至 1998 年實現領導人的正式訪問，並同意進一步接觸來討論一系列的重要問題，如全球安全問題、地區問題、防止核擴散問題等。[43]

1996 年 5 月 20 日美國總統柯林頓在太平洋盆地經濟理事會第廿九屆國際大會演講中對於與中共的關係作了非常詳盡與清析的陳述：

> 「最後，讓我將話題轉到我們與中國的關係上，因為他們將對我們未來的發展有極深遠的影響。將來中國如何自我定位與其未來國力的強弱，加上美中關係之演變，都會像我們與其他國家間的關係一樣，影響到我們人民的生活，事實上也會影響全球的和平與安全。
>
> 中國是亞洲唯一眾所周知擁有核武的國家，又擁有世上最龐大的常備軍。在不到二十年內，它很可能成為世上最大的經濟體。其經濟成長正帶來更廣泛的變革，而使企業邁向更自由化的各種步驟也助長人們對社會自由化的渴望。
>
> 然而中國進行中的演變完全談不上脈絡分明或面面俱

[43] The White House, Office of the Press Secretary, November 24, 1996, Press Briefing, Mike Mccurry and Senior Administration Official, Luzon Ballroom, The Westin Philippine Plaza Hotel, Manila, The Philippines.

到，它徹底而深遠。目前，中國正處於關鍵的十字路口。它將選擇開放與整合的路線，或是轉向孤立與國家主義？它會是世上一股穩定的力量，還是製造紛亂的力量？促成一個安全、穩定、開放、繁榮的中國，一個遵守國際禁止核武擴散與國際貿易規則，對區域性與全球性安全計畫合作，並尊重其人民基本人權的中國，直接關係到我們的利益。

我們的交往政策是利用最好的工具，包括鼓勵性與懲罰性工具，來增進美國的主要利益。往來並不表示對那些為我們所反對的中國政策不聞不問。我們仍然持續嚴重關切人權、核武擴散和貿易等問題。當我們與中國意見相左時，我們將繼續保衛本身的利益並堅持我們的價值觀。但是透過與中國的交往，我們已為我們的人民與世界其他各國爭取到重大利益。

我們與中國密切合作延長禁止核武擴散條約，凍結北韓的核武計畫。我們歡迎中國對我們提議的朝鮮半島四邊和平會談，所表現的建設性立場。我們正與中國協商，將在九月前獲致結論並簽訂一項廣泛的禁止核試條約。我們也正加緊合作對抗毒品走私、人蛇集團和環境破壞等等威脅。上星期，我們和中國達成一項有關核子輸出的重要協議。這是中國第一次公開明確地承諾，不對任何國家無保防措施的核子計畫提供援助。中國也同意針對出口管制政策和作業舉行協商。我們對中國的核子出口仍表關切。而這一協議為我們化解這些關切提供一個架構。

我們與中國的經濟往來也已獲致實際成果。中國取消超過一千種產品的配額與許可要求，已幫助美國通訊器材的出口，自 1992 年起成長了 200%以上。中國已成為我們成長最快的出口市場，僅 1995 年就成長了將近 30%。不過有待努力之處仍多。我們與中國的雙邊貿易赤字太高，而中國仍有貿易障礙必須去除。但解決我們貿易問題的最好辦法是繼續努力，透過協商和執行妥善的貿易協定，以打開中國這個蓬勃發展的市場。這就是為何我們將利用我國法律的所有效能，以使中國確實負起保護智慧財產權的義務。這也是為何我們堅持中國必須與其他欲進入世界貿易組織的國家，遵守同樣的市場開放標準。這更是為何我決定要無條件延長中國的最惠國待遇。事實上，取消最惠國待遇及中止與中國的經濟關係，將使雙方退回到彼此孤立與相互譴責的時代，這對美國利益有害無益。此舉不會使中國改善對人權的尊重，反而會減少我們與中國人民的接觸。它也無法限制大規模毀滅性武器的擴散，卻可能限制未來在這一領域合作的展望。正如香港、台灣和所有該地區各國領導人所一再重申，此舉不但不會帶來安定，反倒可能造成不安。它無助於我們的經濟利益，反而會把一個發展最快的市場拱手讓給競爭對手。延續最惠國待遇不是對中國所有的政策做一次表決，而是對美國利益的投票。未來幾週內我將和國會協商以確定最惠國待遇得以延續，並繼續朝我們促進一個安全、穩定、開放、繁榮的中國這個目標前進。這是一場長期奮戰，我們一定要堅持到底。

對我們與中國的歧見，且歧見在所難免，美國將繼續保護本身利益。對那些為中國更自由更多元化而奮鬥的人士，我們會繼續予以聲援，就如上個月我們在聯合國共同發起一項譴責中國人權狀況的決議案。我們會積極執行美國法律來對抗不公平貿易行為及核武擴散等問題。我們將堅持在一個中國政策下，以和平方式解決台灣問題，這個立場已使美國、中國、台灣獲益近二十年。但我們對未來不能開倒車。我們必不可將自己與中國隔離起來。我們將以務實態度和中國來往，以便在一個更和平繁榮的世界中增進我們的利益。」[44]

1997 年 1 月 20 日，柯林頓開始第二任的總統職務，22 日，新任國務卿歐布萊特(Madeleine Albright)、國防部長柯恩也在參議院中以 99 票對 0 票通過任命。隨後主管亞太地區的助理國務卿也由陸士達(Stanly Qwen Roth)取代羅德，一個新的外交團隊開始運作，也爲美國的中國政策立定明確的基調。柯林頓總統開啓其第二任期的政策：深化與中共的全面交往。

---

[44] U.S. President William J. Clinton Remarks before the 29th International General Meeting of the Pacific Basin Economic Council, May 20, 1996.

新政府主張與中共積極交往的政策，並採取多元化的方式與中共接觸，不因某一問題產生分歧而影響到其他問題，諸如人權問題，貿易逆差問題、軍售問題等等，也包括「台灣問題」，將各別處理，不再相互掛鉤。

歐布萊特與柯恩兩人都認同與中共建立友好合作關係的必要。歐布萊特應該屬於國際現實主義的信徒，她主張不應孤立中共，應鼓勵其成爲國際社會負責任的一員，美國繼續承擔對亞洲安全的義務，但她反對美國中止對台軍售，以換取中共中止對巴基斯坦的軍事技術轉移。1997 年 1 月 8 日，歐布萊特在美國參議院外交委員會所舉行的聽證會上指出：「美、中關係的重要性是毫無疑問的，而促進中國進入國際社會也是必要的。不應該孤立中國。美國要與中國建立牢固的雙邊關係，目的是要擴大合作領域，減少潛在的誤會，並鼓勵中國成爲國際社會負責的一員」。「我們與台灣的關係，使我們有義務協助他們，提供他們防衛需要」。[45]

1 月 24 日，在就任國務卿的首次記者會上，歐布萊特強調，她將把改善與中共的關係看作是她任內的「主要外交政策」，她認爲美國與中共的關係包括「很多方面」，她將向中共率直地提出人權問題，但「不能完全受制於某一個單一問題」。[46]

---

[45] Secretary of State-Designate Madeleine K. Albright, Prepared Statement before the Senate Foreign Relations Committee, Washington, D.C., January 8, 1997.

[46] Secretary of State Madeleine K. Albright, Press Conference at the

1997 年 2 月 13 日，美國國會通過一項決議(Hong Kong Reversion Act, H.R. 750)，要求美國政府在中共收回香港後，時刻警惕中共在香港侵犯自由的行爲。[47]中共對此感到不滿，認爲是美國干涉中共的內政。但是這些不論是來自於國會的聲音，或是學者的警告，並不會影響到柯林頓總統的全面交往的中國政策。

最能顯示出柯林頓政府在第二任期對中共態度上的改變，是對給予中國大陸最惠國待遇一事。雖然國會仍有雜音，但柯林頓政府不僅已改變以往只將「最惠國待遇」與「人權」問題脫鉤，而是將「最惠國待遇」與美國其他在亞洲或世界的利益結合在一起。從將「最惠國待遇」作爲以消極性「遏制」中共侵害人權的主要貿易工具，到將其作爲以積極性「鼓勵」中共與美國交往的經濟工具，這代表了美國對中共政策一個新階段的開始。

1997 年 6 月 10 日，歐布萊特對參院財政委員會的一篇證詞，最能夠反應美國在最惠國待遇上的立場。歐布萊特從區域安全、禁止核武擴散、在聯合國中與中共的合作、經貿關係、對人權政策的影響、對台灣與香港經貿關係六個方面論證對中國大陸繼續給予最惠國待遇的重要。這等於是將最惠國待遇的功能作了最大的擴張，其實是反映出美國對與中共關係的重視。在證詞中，歐布萊特稱：

---

Department of State, Washington, D.C., January 24, 1997.

[47] http://thomas.loc.gov/cgi-bin/query/D?c105:4:./temp/~c105S6pA L:e0:

「身為全球最大、最開放的經濟體，美國如果不肯給予中國正常的貿易關係，中國在國際體系中的利害關係便會縮小。其結果的確將會非常嚴重。

首先，就區域安全而言，我們可能因而失去中國在瓦解北韓核武計畫與追求朝鮮半島永久和平上關鍵性的合作。台海緊張情勢有可能再度升高，中國對南中國海領土主權的態度也會轉趨強硬。

其次，在禁止武器擴散方面，停止續惠中國勢必會使我們想要中國加強出口管制，以及擴大彼此合作發展核能和平用途的努力遭到重挫。這麼做也會擾亂我們要限制中國移轉先進武器及技術給不穩定地區的努力。

第三，美國可能會失去中國對美國在聯合國提案的支持，包括組織革新、維持和平與制裁伊拉克等。在其他全球事務上，此舉會增加中美合作禁止毒品走私的困難，特別是從緬甸，這個全世界海洛因主要產地運送出來的毒品。此外，中國注定將取代美國成為溫室氣體的主要排放國，但它可能因此而退出預定於今年底在東京簽署的一項避免氣候改變的全球協定。

第四，取消最惠國待遇會破壞中美兩國的經濟關係。它會招致中國對我國出口商品的報復，過去十年內美國對中國的出口成長了近三倍，1996 年的總額更高達 120 億美元，支持美國約 17 萬個工作機會。終止最惠國待遇也會傷害我國未來的投資機會，因為中國會主導將合約轉給許多美國的經濟競爭對手。依據世界銀行估計，僅僅未來十年內，中國新的基礎建設投資就高達 7,500 億美元。撤銷最惠國待遇也會造成進口商品價格高漲，而增加美國消費者 5 億多美元的採購費用。斷絕與中國的正常貿易關係，將使保護美國智慧財產權、擴大美國紡織與電信產品進入中國市場等雙邊協定所帶來的進展受阻。最重要的也許是，這麼做會威脅到中國加入世貿組織的談判，進而使美國喪失主導中國加入廿一世紀全球經濟體系的機會。

第五，中美商務關係受到的破壞，會波及我國要求中國改進人權的努力。由於中國外銷產品中一半是來自非國營公司，撤銷最惠國待遇將削弱中國社會中最進步的因素。它也可能造成緊張氣氛，讓中國領導人更不願意採行我們向來鼓勵有加的行動：釋放政治異議人士，准許外國人探訪獄囚，與達賴喇嘛(Dalai Lama)就加強西藏自治進行公開對話等。再者，美國的貿易與投資對於把自由企業及獨立思考散布至整個中國素來幫助極大。我們兩國的機構目前正進行許多教育、文化與宗教交流。中國離自由國家之列雖然仍有相當距離，但今天已遠比廿年前開放許多，部分原因就是它與西方世界的經濟和文化關係。若是取消最惠國待遇，許多長期促使中國社會更開放的這類機會都會消失。中國服務協調組織，一個由超過 100 個對中國傳教的基督教團體組成的機構，有同樣的關切。許多中國異議份子也有同感，包括在獄中關了 14 年，去秋為躲過再次被捕而逃至美國的王希哲。他曾寫道：『要達到長遠且有效影響中國的目標，唯有儘可能的與中國維持最廣泛的接觸，而使中國得以進一步成為世界家庭的一員，並且接受放諸四海皆準的行為規範。』

第六，一如我前面說過，取消對中華人民共和國的最惠國待遇，對香港的自由市場經濟會造成嚴重打擊，對台灣的經濟也會造成傷害。台灣在中華人民共和國的投資總額介於 200 到 300 億美元之間，其中出口業佔了大部分。同樣地，香港公司也在中國欣欣向榮的南方地區，擁有、融資或供應數以千計的外銷工廠或為其提供服務。此外，香港也因每年經由該地轉運的數十億美元中美商品而受惠良多。根據香港政府的估計，撤銷最惠國待遇可能使香港的貿易減少高達 300 億美元，喪失 85,000 個工作機會，並且使香港經濟成長減緩一半。在香港回歸中國主權的關鍵時期，美國千萬不能動搖香港的基礎。這也是為何香港各黨各派的領導人都支持續惠中國。港督彭定康最近給我的信函中提到，『唯有無條件續惠中國，否則都將是嚴重的誤導。』民主運動領袖李柱銘也表示：『美國若關心香港主權移交，最該做的就是確保香港不會發生任何戲劇性改變，以此向香港社會保證。（香港）民主黨向來強力支持美國無條件續惠中國。』

總之，解除正常的貿易關係，將嚴重削弱美國影響中國發展的能力，且反而會進一步將中國推向孤立、懷疑與充滿敵意。」[48]

從 1996 年美國政府的公開談話中，可以看到「一個安全、穩定、開放、繁榮的中國是符合美國利益」經常出現在美國總統的言論中，而美國如何持續地促使中共在演變過程中爲整個亞太地區或世界發揮正面的功能，答案非常清楚，就是持續冷戰期間，特別是 1982 年以後發展與中共建設性關係的「交往政策」，較之冷戰期間及冷戰後略有不同的是，柯林頓第二任的中國政策已是「全面深化交往」。

## 二、「建設性戰略夥伴關係」的建立：台海危機的第一項產物

1997 年 10 月 26 日至 11 月 3 日，江澤民前往美國進行首次國事訪問。江澤民該次訪美的最大收獲是與中共與美方決定致力於建立一個「建設性的戰略夥伴關係」(Relations of Constructive Strategic Partnership)，雙方同意領導人定期訪問及政府部長級官員互訪。事實上，雙方建立戰略夥伴關係曾有角力的過程。在美中建立建設性戰略夥伴關係之前，中共

[48] Secretary of State Madeleine K. Albright, Statement before the Senate Finance Committee "China MFN" Washington, D.C., June 10, 1997. Available from http://secretary.state.gov/www/statements/970610.html

僅與俄羅斯、法國兩國建立戰略夥伴關係。錢其琛解釋，中共與俄羅斯間的戰略夥伴關係，是因爲雙方有許多有利的合作條件。同時，兩國間又有漫長的邊界，這些方面都需要合作。中俄間的戰略夥伴關係，不針對任何第三國。中共和法國在國際事務上則有很多共同的認識，中共認爲未來將是一個多極的世界，世界將向多極化發展。中法兩國在這個問題上有共同點，因此建立一種戰略夥伴關係。

中共和美國是世界上兩個重要國家。美國作爲當今世界最大的先進國家，中共作爲最大的發展中國家，在亞太地區的和平與穩定，以及經濟繁榮中有待於中美之間進行合作。錢其琛披露，在該問題上，美方曾建議兩國建立戰略夥伴關係，但中方則提出建立建設性戰略夥伴關係，美方也接受了這個意見。之所以如此，意思是向戰略夥伴關係方向努力，並不等於結盟和好朋友，而是爲一個目標而合作。

美國希望和中國建立「戰略夥伴關係」的構想，起源於美國總統柯林頓。美國國務卿歐布萊特曾在德國漢諾威市透過錢其琛，轉交一封柯林頓總統致江澤民的信，柯林頓在信中表示，美國希望和北京建立「戰略夥伴關係」。中南海最初對於美方所提的「戰略性夥伴關係」並無積極反應，反而向美方建議，雙方應建立友好的「建設性夥伴關係」。柯林頓政府對於如何描繪美中的關係，曾做過一番深思。美國拒絕「建設性」一詞不僅是帶有陳舊的背景（雷根政府曾用該詞描繪美國與南非的關係），也是因爲如果將該詞視爲一個目標，無非意味目前的關係並無建設性。

1995 年秋天美中高峰會，柯林頓政府內部曾辯論是否採用「夥伴」關係，但最終並未達成結論。1996 年，當柯林頓訪問坎培拉時，他首次使用「夥伴」來描繪美國與中共的關係。[49]然而，同月 21 日，克里斯多福訪問中共期間，他向上海復旦大學學生發表演講的題目原訂爲「美國與中國：爲廿一世紀建立夥伴關係」，國務院的先遣人員原已在復旦大學掛起中英文演講題目的巨大橫幅，克氏在演講前急電先遣人員將題目改爲「美國與中國：爲新世紀建立一個合作的新時代」(The United States and China: Building a New Era of Cooperation for a New Century)。[50]克氏認爲，「夥伴關係」只能用於美國和日本、英國、德國的關係，美中之間還達不到「夥伴關係」。[51]

後來，經過溝通後，北京向美方表示，願意朝雙方建立戰略性夥伴關係的目標邁進。[52]有了該項共識後，雙方在用語上決定融合兩方的意見。在 1997 年 10 月 27 日的《聯合聲

---

[49] The White House, Office of the Press Secretary, November 20, 1996 Press Conference of the President and Prime Minister Howard of Australia, Parliament House, Canberra, Australia.

[50] U.S. Department of State, Office of the Spokesman, Address by U.S. Secretary of State Warren Christopher, "The United States and China: Building a New Era of Cooperation for a New Century," Fudan University, Shanghai, China, November 21, 1996.

[51] Warren Christopher, *In the Stream of History* (Stanford University Press, 1998), p.514.

[52] 《明報》，1997 年 10 月 31 日。

明》中，確定了雙方的意願：

「兩國元首決定，中美兩國通過增進合作，對付國際上的挑戰，促進世紀和平與發展，共同致力於建立中美建設性的戰略夥伴關係。為實現這一目標，雙方同意，從長遠的觀點出發，在中美三個聯合公報的原則基礎上處理兩國關係」。（請見附錄）

在上述聲明中，中共與美國同意建立「建設性的戰略夥伴關係」外，中共特別將維繫兩國戰略夥伴關係的前提，指明是美國要遵守三個聯合公報。此舉等於是將「台灣問題」拉高到中共與美國關係的最核心地位。

此外，雙方並同意「兩國元首定期訪問對方首都」；「在北京和華府之間建立元首間的通信聯絡」，即設置所謂的熱線；「兩國內閣和次內閣級官員定期互訪，就政治、軍事、安全和軍控問題進行磋商」；簽訂《海洋軍事諮商協議》(Military Maritime Consulation Agreement, MMCA)，建立兩軍「海上軍事安全磋商機制」，有助於雙方海空力量避免發生意外事故、誤解或錯誤判斷：促進朝鮮半島四方會談；加強雙邊經貿關係；進行核能合作；同意促使「全面禁止核試條約」早日生效；同意執行「禁止化學武器公約」；防止核武擴散問題等達成共識。

「建設性的戰略夥伴關係」與軍事上的「同盟」關係的本質意義不同。前者是一種以「交往」爲內涵的合作安全關係。它與以「結合」爲本質的軍事同盟有很大的差別。首先、軍事同盟是以共同的敵國或敵對的軍事集團爲安全合作的基礎；但是，安全合作則是不針對第三方，合作的基礎是共同面臨的潛在危險，該危險可能是來自於外部，但也可能是合作者彼此間的問題，並不涉及第三方。其次、軍事同盟主要的戰略目標是嚇阻敵人或贏得軍事衝突；但是，合作安全則是爲避免衝突的發生。第三、軍事同盟主要是依靠軍事力量來實現戰略目標，如聯合軍事演習、軍事支援、共同從事戰爭等；但是，合作安全則多仰賴對話、增強軍事透明度、建立彼此的互信、採預防性外交等非軍事手段。第四、軍事同盟以彼此所簽定的條約來保證成員國的合作；但安全與合作則是依靠成員國間彼此的不斷協商來達成合作，或簽定非軍事性的合作協定、聲明。

在美國與中共以《聯合聲明》建立雙方的「戰略夥伴關係」到底其性質爲何？美國國務院東亞事務助理國務卿謝淑麗(Susan Shirk)記者會時將其定義爲：「實際上是指外交政策上的共同合作，而無意於軍事上的結盟。因此，『戰略』一詞其實是外交政策意涵上的戰略，而非軍事意涵上的戰略」。[53]美國在台協會主席卜睿哲(Richard Bush)、亞太政策中心副主任卜道維(David Brown，國務院台灣科前科長)及美國駐北京前任大使李潔明(James Lilley)均作同樣表示，認爲「夥伴

[53] 〈謝淑麗釋戰略：是外交非軍事意涵〉，《聯合報》，民國 86 年 11 月 9 日，第 9 版。

戰略關係」並不具有軍事上的聯盟關係。[54]「戰略夥伴」自然不等於「戰略聯盟」，兩者的涵義相差甚遠。但是如果就《聯合聲明》所達成的共識而言，中共與美國雙方的合作還包括軍事安全磋商機制方面，可知中共與美國彼此的戰略夥伴關係將是個會隨著時間或未來彼此關係的親疏遠近而發展，它並不是一個固定的概念，在現階段是以「以定期式的高層定期互訪、協商方式爲主，建立共同目標、加強合作」，不會有軍事上的聯盟關係。但是在未來，軍事間的互動合作可能會隨著彼此關係的友好而日趨密切。從這個角度來看，「戰略夥伴關係」本身就是一個創造出來的非固定性概念，用一般的話說，應該可以說是彼此間的「全面深化交往關係」。

1998 年 6 月 25 日至 7 月 3 日，美國總統柯林頓率一個連同隨行人員及新聞記者在內的近千人龐大訪問團赴中國大陸訪問，重要決策官員均在側，顯示對此行的重視。此爲繼 1989 年六四天安門事件後美國總統首度走訪北京進行國事訪問，也是美國在 1997 年與中共達成建立「建設性戰略夥伴關係」後首次由總統率團親赴大陸。象徵著美國與中共的關係已邁向一新的階段。「建設性的戰略夥伴」已開始運作。雙

---

[54] 卜睿哲在台北的記者會中表示，中美戰略性夥伴關係並無軍事結盟之意，所以“strategic”譯為「策略」而非「戰略」；卜道維則認為「戰略夥伴」只是柯林頓政府用盡心思想出來的一個取代「全面交往」政策的名詞，實際的政策並沒有改變；李潔明認為「戰略夥伴」只是聽起來很好聽，並無特殊的內涵新義，沒有使用 strategic alliance，即表示彼此不是「戰略聯盟」關係。劉其筠，〈中美戰略夥伴眞無軍事意義？〉，《聯合報》，民國 86 年 11 月 9 日，第 9 版。

方在國際情勢、台灣議題、亞洲金融危機、全球經濟穩定、雙邊經貿、軍事交往合作等方面全盤交換了意見。在這次重要的訪問中，除了雙方發表《中美關於「生物武器公約」議定書的聯合聲明》、《中美關於殺傷人員地雷問題的聯合聲明》、《中美關於南亞問題的聯合聲明》的三個聲明外，最足以作爲雙方「建設性戰略夥伴關係」的具體成果就是同意將各自的戰略核武互不瞄準對方。

## 第三節　美國與兩岸三角框架的再明確：「三不政策」的確定

### 一、「三不政策」的醞釀：回應台灣的「務實外交」

中共眼中，代表台灣「走出去」最經典之作的李登輝總統訪美與台灣積極尋求加入聯合國兩件事，是台灣追求「兩個中國」或「一中一台」的暖身活動。美國同意李登輝總統訪美的確給予中共很大的刺激，雖然美國行政部門在國會的壓力下被迫同意李總統赴康乃爾大學演講，但也立即在各項發言中嚴正地表達美國不適宜支持台灣加入聯合國。這些發言自然有相當地意圖是說給中共聽的。但是中共可能是基於美國行政部門曾在李總統訪美事上有食言的紀錄，更可能的是中共希望將美國在三個公報後對兩岸關係的立場，重新再以清晰的文字確定下來，讓這些文字更有其規範性的「正當性」(legitimacy)，而不僅是經由解釋公報後所得的文字。中共希望在這些文字中加上原本不在三個公報內的一些重要立場，即美國不支持「一中一台」、「兩個中國」、「台灣獨立」以及台灣加入聯合國。

美國的國務院原本即是對李登輝總統訪美有不同意見，在被迫同意後，急欲修補與中共的關係。1995 年 8 月 1 日，克里斯多福與錢其琛在汶萊會晤，雙方同意派遣副部長級儘快舉行會談，討論有關問題，打開僵局，方使雙方緊張關係緩和下來。

隨後，美國派了國務次卿塔諾夫(Peter Tarnoff)到北京，自 8 月 25 日至 27 日，他與中共外長錢其琛與副外長李肇星等展開爲期三天的會談。雙方會談中，中共主要提出「台灣問題」，要求美國：（一）保證今後不容許台灣政府高層人員訪美事件再度發生，承諾不再邀請李登輝先生訪美；（二）恪守三個公報原則，只能與台灣保持非官方關係；（三）在軍售問題上，應依《八一七公報》原則，在數量與性能上不再提高，不能超越《八一七公報》所規劃的限制範圍。[55]

對中共的要求，美方只強調對台灣高層人員訪問美國，將會在私人和非官方的前題下採取個案的方式處理。在軍售問題上，美方強調仍將依照《台灣關係法》的規定，提供必

---

[55] 《大陸情勢週報》，第 1196 期，民國 84 年 10 月 11 日，第 22 頁。

要的防禦性武器給予台灣。同時表示，美國已公開表明不支持「台灣獨立」，不支持台灣加入聯合國。重申美國對台灣的立場。[56]

這是李登輝總統訪美後的中美雙方首次官方接觸。美國國務院化解中共不滿的意願非常強烈。美國的立場非常清楚，即李登輝先生訪美不屬於三公報的範疇，但對於三公報的原則並沒有甚麼異議。雙方談判結果達成幾點協議：（一）同意開始積極籌備舉行柯江高峰會談；（二）同意雙方一系列分歧的問題於 9 月份在紐約繼續舉行會談；（三）中共對美國準備派尚慕杰(James Sasser)出任美國駐北京大使及中共駐美國大使李道豫返美復職問題，允予考慮。[57]由會談的結果可看出，雖然雙方對中共人權問題、進行核子試爆問題、舉行飛彈演習問題、對巴基斯坦、伊朗等軍售問題仍有歧見，但對於「台灣問題」似乎已化解了相當的爭議。

接下來，中美雙方的互動又開始。中共以應邀參加美國國防部舉辦的第二次世界大戰結束五十週年紀念為名，派了廣東軍區司令員李希林於 8 月 29 日去美國進行訪問活動。美國也由柯林頓總統夫人希拉蕊(Hillary Rodham Clinton)於 9 月 4 日前往北京，參加第四屆世界婦女大會(Fourth World Conference on Women)，[58]表現了美國對中共的善意回應與友

[56] 同上文。

[57] 同上文，第 23 頁。

[58] http://www.un.org/womenwatch/confer/index.html

好表示。美國前總統布希亦於 9 月 8 日抵達北京，出席第十四屆世界糧食會議，會見了江澤民與李鵬。10 月 15 日，美國商業部長布朗抵北京，參加第九屆「中美經濟聯合會議」。距離李登輝總統訪美後不到三個月，中共與美國雙方的關係又開始密切的交往了。

江澤民於 10 月 21 日抵紐約出席聯合國五十週年紀念，23 日在出席「美中協會」等六個團體所舉行的聯合午宴會上，以〈走向新世紀的中國與中美關係〉爲題發表演說，強調影響中共與美國關係「最重要、最敏感的問題是台灣問題」，指稱：「構成中美關係基礎的三個聯合公報的核心，就是台灣問題。美方明確承認只有一個中國，台灣是中國的一部分；明確承認中華人民共和國政府是中國唯一的合法政府，在此範圍內，美國人民將同台灣人民保持文化、商務和其他非官方的關係；美方聲明不尋求執行一項長期向台灣出售武器的政策，承諾逐步減少售台武器直至中止。」又說：「最近柯林頓總統和美國政府多次表示奉行一個中國的政策，遵守中美三個公報，只同台灣發展非官方關係，反對『兩個中國』、『一中一台』、反對台灣獨立、反對台灣加入聯合國。我們重視這些承諾。我們還注意到，美國政府表示對台灣領導人今後訪美要加以嚴格限制。我們希望美國政府能夠嚴格按照中美三個聯合公報來處理台灣問題」。[59]

---

59　《大陸情勢週報》，第 1198 期，民國 84 年 11 月 1 日，第 28 頁。

江澤民自述強調美國反對「兩個中國」、「一中一台」、台灣獨立與台灣進入聯合國的談話，並未得到柯林頓的正面回應，但也未作否認。但是，已經很明顯的，在李登輝總統訪問美國後，中共已將「台灣問題」的解決寄望於美國。在追求統一方面，中共自然不需要美國的支持，但在防止台獨方面，中共卻需要以華府牽制台北。這正是李登輝總統訪美後，中共對台政策的最大明顯改變。日後中共即將要求美國不斷公開表態，而且希望層級愈來愈高，或儘可能納入第四公報作爲中共對美政策的重要目標。

10 月 24 日柯江舉行會談。此乃柯江的第三次會談。第一次是 1993 年 11 月 20 日在美國西雅圖(Seattle)，第二次是 1994 年 11 月 15 日在印尼茂物(Boger)。在這次兩個小時的正式會談中，雙方都表達自己的立場。中共認爲，中美三個聯合公報仍是中美關係的基礎。只要三個公報得以遵守，中美關係就會順利發展；反之，就遭受挫折。美國則表達了無意與中共對抗或圍堵的立場，柯林頓認爲，「一個強大、穩定、繁榮、開放的中國符合美國的利益。對中國孤立、對抗、圍堵都不是選擇，同中國進行建設性的接觸才是唯一的選擇。美國要與中國發展建設性的夥伴關係。美國將作出努力，早日解決中國加入世界貿易組織的問題。」同時重申對三個公報的承諾。[60]

---

[60] The White House, Office of the Press Secretary, Press Briefing by Assistant Secretary of State for East Asian and Pacific Affairs Winston

## 二、「三不政策」的確立：台海危機的第二項產物

1996 年 3 月台海危機之後，美國從兩個方面緩和台海緊張情勢。首先是 3 月 11 日，當時的美國國家安全副顧問柏格（Sandy Berger）和國務次卿塔諾夫在紐約一家大飯店約見台北來的國家安全會議秘書長丁懋時。他們要台灣方面爲台獨降溫，因爲美國對台灣的軍事支持不會等同空白支票，毫無限度。另外，就是美國政府一再向中共保證，美國遵守一個中國原則。[61]而中共的要求則是美國應明確的表達「三不政策」。

1996 年 7 月 6 日，美國國家安全顧問雷克訪問北京時，與中共國務院外辦室主任劉華秋雙方會談情形，依據新華社報導，中共方面重申：「台灣問題是中美關係中十分敏感和重要的問題，希望美方在行動上切實遵守中、美三個聯合公報的原則」。美國方面重申：「美國將繼續奉行『一個中國』政策，堅持美、中三個公報的原則；美國不支持台灣獨立，不支持台灣加入聯合國」。[62]

1996 年 11 月 19 日，美國國務卿克里斯多福訪問北京，

---

Lord and Director of Asian Affairs Robert Suettinger, The Warwick Hotel, York, New York, October 24, 1995.

[61] Barton Gellman, "U.S. and China Nearly Came To Blows in '96: Tension Over Taiwan Prompted Repair of Ties," *Washington Post*, June 21, 1998, p.A1.

[62] 《大陸情勢週報》，第 1232 期，民國 85 年 7 月 17 日，第 2-3 頁。

爲其任內的第二次，也是任內的最後一次訪問。20 日，他與中共外長錢其琛的會談中，錢其琛再表示：「希望美方嚴格遵守中、美聯合公報的各項原則，不與台灣進行任何具有官方性質的往來，不支持台灣加入聯合國，減少並停止向台灣出售武器和軍事裝備」。克里斯多福表示：「美國將繼續奉行『一個中國』的政策，遵守美、中三個聯合公報，不支持製造『兩個中國』、『一中一台』的企圖，不支持台灣獨立，不支持台灣加入聯合國和任何由主權國家參加的國際組織」。同時表示將積極推動中共加入世界貿易組織。並稱，「柯林頓總統在第二個任期的四年內決心致力於發展更加牢固的美、中關係」。[63]

1997 年 1 月 22 日，美國國防部長柯恩(William Cohen)在參議院軍事委員會的任命聽證會上表示，「柯林頓總統去年派遣兩艘航空母艦到台灣附近海面，不僅是對中國，並對所有區域內的友邦傳達一項強有力的訊息，表示美國信守維持地區和平與穩定的承諾。美國堅持『一個中國』政策，但美國也主張台海兩岸必須以和平的方式解決」。[64]

爾後所謂的「三不政策」雖然前兩個（不支持台獨；不支持「兩個中國」、「一中一台」）源於三個公報的引申，但也從「無意追求」到了「不支持」，美國所使用文字的語

---

[63]《大陸情勢週報》，第 1250 期，民國 85 年 12 月 4 日，第 12 至 13 頁。

[64]《大陸情勢週報》，第 1255 期，民國 86 年 2 月 5 日，第 24 至 25 頁。

氣已有加重，而第三個「不」——不支持台灣加入聯合國，確是在中共的要求、美國欲改善與中共關係的前提下讓步。依據美國國會通過的《台灣關係法》第 4 款第 d 條「本法不得解釋爲支持將台灣自任何國際財務機構或國際組織會籍排除之基礎」，克里斯多福的說法已有違反《台灣關係法》之嫌。但是這一切似乎都顯得並不重要。在中共的邏輯下，准許台灣加入具有主權國家性質的國際組織，就是等於支持台獨、兩個中國或一中一台。回顧自 1994 年起，美國在各種場合已明白表示，美國也從公開表示不支持台灣加入聯合國，到不支持台灣加入以國家爲單位的國際組織，不得不說，美國的中國政策有了明顯的改變了。只是台灣似乎並未認真察覺，仍積極推動參與聯合國。

1997 年 2 月 24 日，美國當時甫上任未久的國務卿歐布萊特，在就任後首次北京之行的記者會中公開表示：「我相信，在今天會議的基礎上，在美國與中國之間正在蓬勃發展的戰略性對話，將會持續下去」。然後她提及當天與北京進行了有關六項議題的對話，而其中的第六項就是台灣議題。[65]這是美國首度表露，台灣問題是華府與北京進行戰略性對話的基礎。兩個月後的 4 月 3 日，中共外長錢其琛公開向中共人大台灣代表團說：「已使美國正視中國在台灣問題上的

---

[65] Secretary of State Madeleine K. Albright, Press Conference, China World Hotel, Beijing, People's Republic of China, February 24, 1997. http://secretary.state.gov/www/statements/970224.html

要求」。再兩個月，6 月 24 日，歐布萊特動身前往香港參加回歸儀式前，在舊金山「國協俱樂部」(Commonwealth Club)的演說中表示,「美國將就台灣問題與北京進行戰略性對話」。[66]自此「台灣問題」對中共與美國而言，既是對話的基礎，也是對話的重要內容。同年 7 月 26 日，錢其琛在東協區域論壇與歐布萊特舉行的共同記者會上，已公開對美國的一個中國政策「表示滿意」。[67]自歐布萊特 2 月的發言，至錢其琛 7 月的「表示滿意」，前後僅有 5 個月的時間，在中共的眼中，美國未來對「台灣問題」的基本立場，已感到滿意。1997 年 10 月的《聯合聲明》將此基本共識納入公報中。

1997 年 10 月底的柯江會談中，中共希望將所謂的三不政策——不支持台獨、不支持一中一台、兩個中國、不支持台灣加入聯合國正式納入書面文字，美國則表示在會談中不簽署任何文件。中共所希望的「第四個公報」的目的爰告落空。會談後，雙方發表的《聯合聲明》稱：

「中方強調，台灣問題是中美關係中最重要、最敏感的核心問題。恪守中美三個聯合公報原則，妥善處理台灣

[66] Secretary of State Madeleine K. Albright, Address and Question & Answer Session before The Commonwealth Club, San Francisco Hilton Hotel, San Francisco, California, June 24, 1997. http://secretary.state.gov/www/statements/970624.html

[67] Secretary of State Madeleine K. Albright and Chinese Foreign Minister Qian Qichen, Press briefing, Sunway Lagoon Hotel, Kuala Lumpur, Malaysia, July 26, 1997. http://secretary.state.gov/www/statements/970726.html

問題是中美關係健康、穩定發展的關鍵。美方重申，美國堅持一個中國的政策，遵守中美三個聯合公報的原則」。（請見附錄）

中共在其表述中重申了要求恪守三個聯合公報的原則，但是相對而言，美國的表達則是過於言簡意賅，顯得過於簡要，少了對《台灣關係法》的提及，也沒有美國向來堅持的「台海問題要以和平方式解決」字句。後來柯林頓在記者會中，主動表示了「台灣問題必須由兩岸中國人以和平方式去解決」的立場，算是彌補了這個「缺憾」。柯林頓並順帶表示，希望「台海兩岸儘速恢復對話並擴大交流」。同時，在回答問題上，柯林頓也很清楚地點出《台灣關係法》是美國的法律，美國政府應該遵守，這等於是再次向中共公開表達不同意中共要求停止對台軍售的要求。[68]

美國國務院發言人魯賓在柯江會談後表示，中共外交部長錢其琛對外所稱美國政府曾對北京表示「反對『兩個中國』和『一中一台』」的說法，顯然是言過其實。根據魯賓所作的說明，美國政府從未使用過「反對」這樣的字眼，正確的說法是，美國「不支持」兩個中國及一中一台的政策。錢其琛在記者會中顯然對於美國立場作了曲解，以更加符合北京的利益。在被問及美國在台灣問題，尤其是台灣獨立問題上，

[68] The White House, Office of the Press Secretary, October 29, 1997, Press Conference by President Clinton and Presidenr Jiang Zemin, Old Executive Office Building, 3:30 P.M. EST.

到底對北京作了何種保證時回答說：「我們確曾表明，我們遵守『一個中國』政策，我們不支持『一中一台』政策，我們不支持『兩個中國』政策，我們不支持『台灣獨立』，以及我們不支持台灣加入需要以國家爲入會資格的機構。我們的確曾對中國方面說得非常清楚。」[69]

魯賓的發言，等於明確地以公開的方式宣示美國的三不政策，其間如果還有甚麼差別，就是，這還不是從美國總統的口中公開說出，或者它不是以一種公報的方式明白地寫出。

1998 年 6 月 27 日，美國總統柯林頓在北京與中共國家主席江澤民舉行正式的會談。在有關「台灣問題」上，江澤民重申了北京的一貫立場，強調：「台灣問題是中美關係中最重要、最敏感的核心議題。我們希望美方能恪遵三個聯合公報和中美聯合聲明的原則及有關的承諾，以促進中美關係的良性發展」。妥善處理台灣問題是中美關係健康、穩定發展的關鍵」。柯林頓總統並未在聯合記者會上提出台灣最擔心的「三不政策」議題。但是據白宮國家安全顧問柏格會後在新聞簡報中轉述，柯江上午的會談中，「柯林頓總統重述我們的基本政策，那繼續是我們建立在三個公報上的政策的核心。我們不支持台灣獨立或一中一台，不支持台灣加入入會資格爲國家的國際組織」。[70]

---

69 《中國時報》，民國 86 年 11 月 2 日。（網路取得）

70 The White House, Office of the Press Secretary, June 27, 1998, Press Briefing by Mike Mccurry, National Security Advisor Sandy Berger, and National Economic Advisor Gene Sperling, Shangri-la Hotel Beijing,

柯林頓在記者會上再次重申了「一個中國」的政策，並表達對兩岸展開會談的期待。他說：「我對江主席再次重申長期以來的一個中國政策，並且鼓勵江主席持續進行對兩岸最近才重新恢復的會談」，並強調「這是一條和平最好的道路」。[71]

1998 年 6 月 30 日，美國總統柯林頓終於在上海公開了由「一個中國」所衍生的「三不政策」——不支持台灣獨立、不支持「一中一台與兩個中國」、不支持台灣參加以國家為主體的國際組織。這是美國總統首次在公開場合中，表示美國的「三不政策」。他說：

> 「我有機會重申我們的對台政策，即我們不支持台灣獨立或兩個中國、一中一台，而且我們也不相信台灣在任何成員以國家名義為入會條件的國際組織取得會籍，我們的政策是一貫的」。[72]

---

People's Republic of China. Available from http://www.whitehouse.gov/WH/New/China/briefinges.html

[71] The White House, Office of the Press Secretary, June 27, 1998, Press Availability by President Clinton and President Jiang Western Hall of the Great Hall of the People, Beijing, People's Republic of China, 12:05 P.M. Available from http://www. whitehouse.gov/WH/New/China/speeches.html

[72] Remarks by the President and the First Lady in Discussion on Shaping China for the 21st Century, Shanghai Library, Shanghai, People's Republic of China, June 30, 1998. Available from http://www.whitehouse.gov/WH/New/China/speeches.html

在「三不」的談話後，柯林頓總統再接著強調和平解決問題的重要，以及鼓勵兩岸進行對話。他說：「我們一貫的政策是，問題必須循和平途徑解決。我國的法律對此有明文規定，而且我國也一再鼓勵台海兩岸進行對話。我認為，如果有足夠的耐性而且腳踏實地去做，這件事會有具體的成果」。

從 1993 年中華民國積極尋求加入聯合國、1995 年的李登輝總統訪美及 1996 年 3 月的台海危機，美中台三角關係再一次地在「一個中國」框架內，重新詮釋。較之以往多的規範是，從「無意追求」到「不支持」台灣獨立、一中一台、兩個中國，再添加「不支持台灣參加以國家為主體的國際組織」的共識，形成了未來三角關係中的新「正當性」限制。「台灣問題」也成了中共與美國間戰略夥伴關係能否維繫的前提或關鍵；另外，美國等於在督促台灣趕快開展與中共的對話，而不多考慮中共所開的條件能否為台灣人民接受。台灣在這次的三角互動中很明顯的是個最大的輸家。相對於中共與美國間的「夥伴」關係，台灣對美國倒是愈來愈像個「夥計」關係，或政治學上所稱的「雇主－侍從關係」(patron-client relationship)。美國雖然會保護他的侍從，但更在意的是，它的侍從是不可以做一個美國與中共夥伴間的「麻煩製造者」。

# 第四章
# 政策的互動及影響：互利與制約

美國與中共是廿世紀末全世界舉足輕重的國家，一是自由世界的唯一強權，另一是碩果僅存而又充滿動力的社會主義大國；一是繼續維持強盛國力至廿一世紀的大國，另一是可能將在廿一世紀崛起的強權。雙方的政治制度與意識形態南轅北轍，但在許多攸關亞太與全球安全的事務上，兩國之間以合作代替對抗，以和解取代敵意的建設性關係，則有助於建構廿一世紀的國際新秩序。北京在亞洲金融風暴、印度與巴基斯坦核武競賽中的表現，似乎皆使美國政府感受到中共對亞太地區所發揮的正面影響力，而美國亦迫切需要中共在防止核武擴散、打擊販毒和穩定朝鮮半島、南亞局勢的合作。美國與中共之間有著太多的國際重要議題。

此外，作爲國際間唯一超級強權的美國而言，中國大陸對美國的意義不僅在於政治及安全方面，大陸潛在的廣大市場也是美國在雙方關係中希望得自中國大陸的利益。美國擴大在中國大陸的經濟參與，最終目的可能仍爲和平演變，不離政治目的；若僅視美國企業對中國大陸市場的態度，即可瞭解美國的中國大陸政策，主軸之一仍是經濟利益。[1]

在華府的眾多政策團體，對於美國應該利用其影響力以協助北京遵循國際規範，並且應加快中共在政治、經濟及安全體系的改變以相容於美國的利益，係爲各方所認可的共識。然而，美國如何達到上述目標，則意見不一。美國政府對中

[1] 例如美商波音公司對中共取得最惠國待遇的支持立場，See Boeing in China, http://www.boeing.com/companyoffices/aboutus/Boechina97.html

共採取交往的政策，然國會針對行政部門的交往政策持續進行批評，要求白宮對中共採取更堅定與制裁取向的途徑。事實上，華府與北京的「建設性戰略夥伴關係」方開始構築，雙方雖在一些問題上達成諒解和共識，但仍存在既有且未來可能產生的齟齬存在，因此，該等議題將成爲影響夥伴關係建構的重要因素。

1997 年 10 月，雖然美中雙方正式建立「建設性戰略夥伴關係」，然雙方實質關係的進展並不能僅以形式上的戰略關係觀察。廿一世紀初期華府與北京戰略夥伴關係的緊密程度尚須檢驗內、外影響因素。雙方關係之內部因素，包括：主權議題、人權議題、經貿議題及安全議題。

日本、俄羅斯、歐盟等區域性的強權雖然無法挑戰美國的全球超強領導地位，但是他們在美國與中共雙邊的政策互動中，仍會毫不保留地追求他們自己的國家利益，並尋求增加自己的籌碼。它們與中共的互動關係會否對美國的中國政策產生制約，還是會配合美國的政策對中共產生制約，本章將討論。

## 第一節　主權議題：中共絕不讓步的議題

1949 年中共在大陸執政後，其政策績效受到廣泛的質疑。就民權主義審視之，幾乎並無可取之處；就民生主義而言，中國大陸經濟情形遲至 1979 年後方有較佳的轉變。但是如果自民族主義視之，中共似乎沒有造成任何較大的錯誤。歷經列強所施加百年的不平等條約，以及中國陷入內戰的痛苦經驗，中共將民族主義建構成政權合法性的基礎，尤其是在民權與民生方面不能滿足人民需要時，民族主義反而成爲共黨政權合法的唯一工具。1950 年代的兩次台海危機，中共皆是不惜以民族主義爲名挑起戰端。1969 年，中共與蘇聯的珍寶島衝突事件也是基於領土主權不容侵犯。[2]1974 年，中越爆發海戰，中共取得西沙群島(Paracel Islands)。在在顯示中共對主權問題的堅持。

## 一、台灣議題

「台灣議題」以及其在美中台三角關係中的互動情形，一直是學術界關切的課題。[3]中共認爲，「台灣問題」始終是

---

[2] Steven M. Goldstein, "Nationalism and Internationalism: Sino-Soviet Relations," in Thomas W. Robinson and David Shambaugh eds., *Chinese Foreign Policy: Theory and Practice* (New York: Oxford University Press, 1994), pp.224-265.

[3] 近年探討台灣的相關文獻，請參考：Ian Buruman, "Taiwan's New Nationalists," *Foreign Affairs*, v.75, (July-August 1996), pp.77-91; Ralph N. Clough, *Island China* (Cambridge, MA: Harvard University Press, 1978); Ralph N. Clough, *Reaching Across the Taiwan Strait* (Boulder, CO: Westview Press, 1993); Thomas B. Gold, *State and Society in the Taiwan Miracle* (Armonk, NY: M.E. Sharpe, Inc., 1986); David E. Kaplan, *Fires of the Dragon: Politics, Murder, and the Kuomintang* (New York: Antheneum. 1992); Nicholas Kristof, "A Dictatorship That Grew Up,"

北京與華府關係之最大障礙。1971 年，季辛吉親赴北京以促雙方關係和解，他在釣魚台賓館雙方首日會談中的開場白，清楚陳述何志立(John H. Holdridge)所擬的講稿，即美國「並不尋求兩個中國、一中一台和台灣獨立」的政策，周恩來聞之後表示，我們現在可以開始會談。[4]該狀充分顯示有關台灣的議題是中共與美國發展的最重要關鍵之一。由於該議題牽

*New York Times Magazine*. February 16, 1992; Denis Fred Simon and Michael Ying-mao Kau, *Taiwan: Beyond the Economic Miracle* (White Plains, New York: M.E. Sharpe, 1992); Robert G. Sutter and William Johnson eds., *Taiwan in World Affairs* (Boulder, CO: Westview Press, 1994); Nancy B. Tucker, *Taiwan, Hong Kong, and the United States* (New York: Twayne, 1994); CRS Report 95-727. *China Policy: Managing - PRC-Taiwan Relations After President Lee's Visit to the U.S.*, by Robert Sutter; CRS Report 95-750. *China's Sinister View of Policy: Origins, Implications and Options*, by Robert Sutter; CRS Report 96-498. *China-U.S.-Taiwan Economic Relations*, by Wayne Morrison and William Cooper; CRS Report 92-614. *East Asia: Disputed Islands and Offshore Claims -- Issues for Policy*, by Robert Sutter; CRS Report 92-583. *Japan-Taiwan Economic Relations: Implications for the United States* , by Dick Nanto; CRS Report 96-78. *Taiwan: Crisis in the Strait and Taiwan Domestic Politics -- The View from Taipei*, by Robert Sutter; CRS Report 96-251. *Taiwan's Economy in Transition*, by Raymond Ahearn; CRS Report 95-968. *Taiwan-Mainland China Relations: Status, Prospects, Interests and Options*, by Robert Sutter; CRS Report 96-943. *Taiwan: Political/Economic Developments and Implications for U.S. Policy*, by Raymond Ahearn and Robert Sutter; CRS Report 96-246. *Taiwan: Texts of the Taiwan Relations Act and the China Communiques* by Kerry Dumbaugh; CRS General Distribution Memorandum, *Taiwan-Mainland China Relations: Status and Outlook*, by Robert Sutter. July 17, 1996.

4 John H. Holdridge, *Crossing the Divide: An Insider's Account of the Normalization of U.S.-China Relations* (New York: Rowman & Littlefield Publishers, 1997), p.46.

涉到中共所認定的主權問題，因而深刻影響美國往後的中國政策。

《上海公報》、《建交公報》及《八一七公報》之中，「台灣問題」一直是美中雙方關係重要的課題，中共不僅是絕對堅持，而且是節節逼進。中共對「一個中國」原則的排他性解釋愈來愈寬，台灣方面的解釋與活動空間則是愈來愈窄。

1993 年，中共針對台灣尋求加入聯合國而以多國文字發布的《台灣問題與中國的統一》白皮書，再度將其對台灣的主權問題正式的搬上國際舞台。該白皮書第一段係以國際法論述中共作爲一個主權國家，其維護國家統一與領土完整的國際法立場：

> 「維護國家統一和領土完整，是每個主權國家的神聖權利，也是國際法的基本原則。聯合國憲章明確規定：聯合國和它的成員國不得侵害任何會員國或國家之領土完整或政治獨立，不得干涉在本質上屬於任何國家國內管轄的事件。聯合國《關於各國依聯合國憲章建立友好關係及合作之國際法原則之宣言》指出：凡以局部或全部破壞國家統一及領土完整或政治獨立為目的之企圖，都是不符合聯合國憲章精神的」。

在白皮書第二段中，中共以強烈感性的文字描述台灣、主權與民族主義三者間不可分割與關聯性，彰顯台灣議題是牽涉到中國人民族情感的問題，因而無法有討價還價餘地：

> 「中國近代史是一部被侵略、被窄割、被凌辱的歷史，也是中國人民為爭取民族獨立，維護國家主權、領土完整和民族尊嚴而英勇奮鬥的歷史。台灣問題的產生與發展，都與這段歷史有著緊密的聯繫。由於種種原因，台灣迄今尚處於與大陸分離的狀態。這種狀態一天不結束，中華民族所蒙受的創傷就一天不能癒合，中國人民為維護國家統一和領土完整的鬥爭也一天不會結束。」[5]

1997 年，美國與中共建立《建設性戰略夥伴關係》，雙方的《聯合聲明》顯示，「台灣問題」已成爲實現這個目標的基礎。美國已將「一個中國」的解釋引申到「不支持一中一台、兩個中國」、「不支持台灣獨立」、「不支持台灣加入以國家爲會員的國際組織」的「三不政策」。

自 1979 年始，美國對台灣的保護已不再是來自於雙方的同盟關係，而是依據美國國會單方面訂定的《台灣關係法》。美國的政策認爲，任何以非和平手段，包括抵制或禁運，以決定台灣未來的作法，即構成對西太平洋地區和平與安全的威脅，並會導致美國的嚴重關切，向台灣提供防禦性武器，並維持美國的能力，以對抗任何訴諸武力或其他形式可能危

---

[5] 中華人民共和國，國務院台灣事務辦公室、國務院新聞辦公室，《台灣問題與中國的統一》，1993 年 8 月，北京。http://www.china.org.cn/indexC.html

害台灣人民安全或社會經濟體系的脅迫。此亦必然使美國將長期遭受中共對美國干預台灣事務的指責。

然而，美方強調，台灣的安全最終並非取決於美國與台灣的關係，亦非取決於美國與中共解放軍進行交往是否成功，而是取決於海峽兩岸的建設性關係。美國的立場是台灣問題應當由海峽兩岸的中國人共同解決。美方認識到，美國無力片面保證可將台海和平穩定的解決方案強加於兩岸政府。如果要實現持久和平，台灣和中共終究須爲處理雙方關係尋求一套共同的綱領。雙方必須共同積極的尋求以和平手段處理分歧。美方認爲，如此方爲對台灣安全的唯一持久保證。該法亦是保證東亞持久和平與穩定的必要因素。[6]

台灣與美國國會關係良好，亦是影響美中台關係的重要因素之一。相對於美國行政部門的態度，美國國會在台灣議題上是比較傾向於支持台灣的立場。自 1996 年起，美國國會多次通過決議，要求中共放棄對台灣使用武力威脅，詳見**表 4-1**。

一項值得台灣注意可能的轉變，即 1998 年 6 月底柯林頓在中國大陸進行國事訪問時，在北京大學回答該校學生問題時說：「當美國與中國達成一個協議時，我們同時也達成以和平方式統一中國的協議。我們也鼓勵海峽兩岸對話以達

[6] Statement by Dr. Kurt Campbell, Deputy Assistant Secretary of Defense for Asian and Pacific Affairs before the House International Relations Committee, May 20, 1998. Available from: http://ait.org.tw/ait/BG/TF/bg9812e.htm

## 表 4-1　美國立法部門通過之友台法案 (1996-1998 年)

| 日期 | 法案 | 主要內容 |
|---|---|---|
| 1996.03.12 | 眾議院通過《1995 年外交振興法》 | 1.《台灣關係法》軍售條款優於《八一七公報》條文<br>2.支持台灣加入世貿組織 |
| 1996.03.14 | 眾院外交委員會通過《台海安全議案》 | 1.美國在台灣遭遇中國攻打時，協助台灣；<br>2.強調不會支持「一中一台」或「兩個中國」。 |
| 1997.11.07 | 眾院通過《美台反導彈防禦合作法案》 | 責成國防部提出報告，說明如何協助台灣發展戰區導彈防禦系統，抵禦中共導彈威脅 |
| 1998.06.10 | 6 月 9 日，眾院以 411 對 0 票通過 270 號共同決議案 | 促請柯林頓 6 月下旬訪中時，要求北京承諾放棄對台用武或進行武力威脅 |
| 1998.07.12 | 7 月 10 日，參院以 92 對 0 票通過 107 號及 30 號共同決議案 | 1.促請柯林頓要求中共宣示放棄對台用武，繼續提供台灣防禦性武器；<br>2.協助台灣加入國際貨幣基金會及其他經濟組織 |
| 1998.07.20 | 眾院通過 301 號共同決議案 | 1.確認「台灣關係法」有關對台灣的承諾，促請柯林頓要求中共放棄武力攻台<br>2.支持台灣加入國際機構 |
| 1998.09.20 | 參眾兩院通過號《1990 財政年度國防授權法案》 | 1.該法案條款中，包含有要求將台灣納入戰區導彈防禦系統<br>2.繼續出售武器給台灣 |
| 1998.10.09 | 眾議院以 418 票比 0 票，通過支持台灣參與世界衛生組織的共同決議案 | 主張美國政府「應該促成世界衛生組織作某種努力，使台灣以符合此一機構要求的方式獲得有意義的參與」。 |

資料來源：作者自行整理。

成此一目標」。[7]雖然事後美方一再強調，和平統一僅是順著問者之說法回答。然據記者的消息指稱，該言事實上是美國與中共方面事先協議好的作法。[8]如該表述果係有意之語，不啻傳達出美國的兩岸政策未來有重大改變跡象之可能。一是美國自以往之「和平解決」台灣前途問題，可能轉變至「和平統一」。其次，美國以往對台海兩岸對話的期待皆屬以「降低緊張」爲主要目標的期許，未來是否會將「對話」與「統一」加以連結，自然亦是值得注意。

柯林頓訪問中國大陸前，1998 年 5 月 7 日，國會眾院亞太小組的聽證會上，代表行政部門的國務院亞太助卿陸士達在回答亞太小組主席畢魯特(Doug Bereuter)的提問時，就明白表示，美國在台海的承諾就是「和平統一」。據國會記錄所載，他的用詞是，「在與中國政府的高層會議時，我們每次都提出這個問題(和平統一)。而一如史洛肯布(Walter Slocombe)助理部長方在他的證詞中所指，我想當我們感覺穩定受到威脅時，一如我們在 1996 年 3 月，亦會以派出兩個航空母艦戰鬥群的方式，展示我們對於和平統一原則的承諾。」[9]

---

[7] The White House, Office of the Press Secretary, June 29, 1998, Remarks by the President to Students and Community of Beijing University, Beijing University, Beijing, People's Republic of China.

[8] 孫揚明，〈硬說美政策未變，恐係安慰話語〉，《聯合報》，民國 87 年 7 月 13 日，第 13 版。另孫揚明親告作者，在柯林頓訪問中國大陸前已有中共極具份量人士向渠透露，中共與美國已有共識，柯林頓將在訪問中共期間，以不正式方式表達美國此一看法。

[9] House International relations Committee, Asia and the Pacific Subcommittee, Hearing Regarding Security Issue in Asia, Witness:

1998 年 5 月 12 日，美國亞太事務助理國務卿陸士達亦曾在美國企業研究所的一個講演中，用「和平統一」來表述美國對台政策。[10]此外，他在回答《聯合報》特派員的問題時再度確定，他的確曾於 5 月 7 日在國會中用「和平統一」的字眼，使用該一語彙並非失言所致；然後再回到往昔的說法。他說，「我當時僅說和平統一——你知道，我們在這議題上一向是和平解決，而我們表達我們的決定，即我們要看到和平的解決……。那不是——你知道，（美國）並沒有引介最終的狀態，那是由雙方決定的。」[11]自「和平解決」至「和平統一」傾斜，也許並非美國無意的失言。雖然美國政府仍強調「和平解決」是解決兩岸主權爭議的基礎條件，但是「和平統一」的用辭逐漸在公開場合出現，已令台灣方面感到憂慮。[12]

面對兩岸主權爭議的立場上，美國國內一派人士希望終結模糊政策，將問題歸咎於台灣的轉變，認為美國必須清楚如果要維護其長程利益，就必須維持和中共的良好關係，華府應該闡明該項利益，並表示不會支持台獨；[13]另一派人士

---

Stanley Roth, Walter Slocombe, J. W. Prueher.

[10] Lecture by Stanley Roth, Assistant Secretary of State for East Asia and Pacific Affairs to the American Enterprise Institute U.S. Policy Towards China, American Enterprise Institute, Washington, DC., May 12, 1998.

[11] 孫揚明，〈美國對華政策：從和平解決到和平統一〉《聯合報》，民國 87 年 10 月 13 日，第 13 版。

[12] 同上註。

[13] Joseph S. Nye, Jr., "A Taiwan Deal," *Washington Post*, March 8, 1998, p.c7,see also Chas W. Freeman, Jr., "Preventing War in the Taiwan

則認爲，美國不應採取選邊站的策略，勿操之過急，應將兩岸和平解決爭議作爲美國的中心目標，堅持不居間仲裁或斡旋的模糊政策，並不設定統一是最後的必然結果，如此作法將可使兩岸的主權問題在未來自然解決[14]。

美國與台灣和中共的關係似乎是美國外交政策上最爲複雜和重要的挑戰。儘管廿世紀末全球和區域環境與制訂實施三公報和台灣關係法時迥然不同，然美方認爲，三公報和台灣關係法仍是美國對華政策適當的法律架構，並將是指導美國政策的最佳綱領。總之，美國勢將維持「一個中國」政策之承諾，因爲該政策不僅提供中國人自行以和平方式解決台灣問題的基礎，亦爲美中持續進行戰略性對話的基本前提。[15]

自北京的立場而言，香港與澳門相繼回歸後，台灣勢必成爲主要的關注對象。台灣議題除受兩岸內部改善影響外，深受國際因素的影響。美國雖再三表明支持和平解決台灣問題，並認爲任何企圖以非和平手段或威脅穩定的行動解決該問題，即爲違反美國的安全利益。然和平解決係一手段，無涉目的取向，換言之，如果其他情形不變（台灣持續維持現狀、中國大陸內部穩定且經濟持續發展、兩岸各自堅持立場，

---

Strait," Foreign Affairs, vol. 77, no.4, July-August 1998, p.6-11.

[14] Nancy Bernkopf Tucker, "China-Taiwan：US Debates and Policy Choices," *Survival*, vol. 40, n.4 (Winter 1989-1999), pp.150-167.

[15] Peter Tarnoff, Undersecretary of State for Political Affairs, "Building a New Consensus on China," February 20, 1997.

互不退讓），中共綜合國力倘得以提升至相當程度時，則可能是美中再次角力的轉捩點。

## 二、西藏議題

1980 年代末期，西藏成爲美中關係間的循環性議題。許多因素致使西藏成爲美國感到高度關切的焦點，包括：達賴喇嘛與藏人團體從事國際政治活動、西藏地區人權紀錄不佳的報導、中共持續在西藏進行社會與政治控制及美國政策制定者之間，對於採取何種中國政策的爭議所導致對西藏政策的連帶影響。事實上有報導指出，1960 年代初期，美國中央情報局每年提供西藏流亡運動 170 萬美元，並支付達賴喇嘛每年 18 萬美元的補助。此外，中情局支助的項目尚包括：尼泊爾(Nepal)的西藏游擊隊；美國科羅拉多(Colorado)州一處訓練基地；紐約和日內瓦的「西藏流亡之家」(Tibet Houses)；康乃爾大學西藏人員的教育費用，以及偵察隊的物品供應等。迄至 1968 年，美國方結束在本土的訓練計畫，並將所有援助西藏流亡運動之經費限制在每年 120 萬美元。1970 初，尼克森訪問中國大陸，美國方停止對西藏流亡運動的資助。[16]

因此，美國對西藏問題的觀點，兼具冷戰時期的思維與新情勢的思考。就美國官方的政策而言，雖然美國對一些歷史問題與中共持不同的立場，但美國政府一貫承認西藏爲中

[16] *International Herald Tribune*, Sept. 16, 1998, p.4.

國的一部分。自 1979 年美國與中共建交後，美國政府歷任共和黨與民主黨政府傾向與中共交往政策。因此，歷任美國政府遭遇中共領導人對西藏問題勢必採取強硬立場之下，儘量降低可能產生的衝突，西藏的政治地位問題成爲雙方關係的敏感問題。

> 「美國認為(consider)西藏自治區是中華人民共和國的一部分。該項長期的政策與所有國際社會的觀點一致，包括所有中國的鄰邦：沒有任何國家承認西藏是主權國家。美國接受中國在西藏的主權。美國要求中國尊重西藏獨特的宗教、語言和文化傳統，以及西藏人的人權。美國鼓勵中國和達賴喇嘛展開無條件的對話，以解決以往的歧見。」[17]

然而，美國國會長期且不時表達堅定支持達賴喇嘛，而且該等國會議員持續對白宮施壓要求其保護西藏文化和給予西藏在美國法律中更高的地位，該情勢遭致中共強烈的反對。尤有進者，國會中亦有視西藏爲獨立國家之議員。1995 年 5 月 17 日，參議院外交委員會通過一項外交法案，其中有一項針對西藏的聲明指出，西藏自 1951 年以來，一直是「被佔領

---

[17] U.S. Department of State, Bureau of East Asian and Pacific Affairs, Testimony by Jeffery Bader, Deputy Assistant Secretary for East Asian and Pacific Affairs, Before the Senate Foreign Relations Committee, Washington, DC, May 13, 1997. Available from: http://www.state.gov/www/policy_remarks/970513. bader.html

的國家」(an occupied country)。[18]此外，1997 年 12 月 22 日，國際法學家委員會(International Commission of Jurists)公布「西藏：人權和法治」(Tibet: Human Rights and Rule of Law)報告，其中指出西藏自 1950 年被佔領後，西藏人便一直生活在異族征服下(people under alien subjugation)。[19]因而要求中共接受在聯合國的監督下，西藏舉行公民投票以決定西藏未來的前途。

無論如何，在美國國會的壓力下，美國行政部門皆做出部分妥協。舉例而言，布希與柯林頓皆在華府會見達賴喇嘛。1991 年 4 月 15 日，布希總統首度會晤達賴喇嘛，表達美方對西藏人權的關注。美方自知其敏感性，因而選在布希的官邸爲見面的場所。隨後，中共副外長劉華秋召見駐美大使李潔明(James Lilley)，抗議美國對中國內政的粗暴干涉。1993 年 4 月 27 日，柯林頓首度在副總統高爾辦公室以「中途加入」模式會晤達賴，並表示將促進恢復北京與達賴間的對話，迫中共撤銷對西藏人權的虐待；1994 年 4 月 28 日，柯林頓再度會晤達賴，表示西藏人權是美國考慮延長最惠國待遇的要件之一；1995 年 9 月 13 日，柯林頓第三度與達賴會晤，表示美國將續促中共與達賴會談；1997 年 4 月 23 日，柯林頓

---

18 《自由時報》，民國 84 年 5 月 19 日，第 2 版；《聯合報》，民國 84 年 5 月 19 日，第 2 版。另見 http://thomas.loc.gov/cgi-bin/query/D?c104:6:./temp/~c104XKnLi1::

19 "Jurists Call for Referendum on Status of Tibet," 22 December 1997, http://wwwlaw.murdoch.edu.au/icjwa/press4.htm; *International Herald Tribune*, December 23, 1997, p.6.

四度與達賴會晤，再次論及西藏人權與促談，並論及將在高峰會中提及西藏問題。1998 年 11 月 10 日，柯林頓在白宮五度會晤達賴。雖然布希與柯林頓與達賴的會見形式皆保持低調和非正式形式，但無疑皆使中共領導人難堪。

另一方面，美國國會希望在外交關係授權法中嵌入一位西藏特使，其地位相當於大使層級，以促進達賴喇嘛與北京的良好關係，並能促使中共回應達賴喇嘛的對話要求。1994 年 10 月 17 日，參議院外交委員會主席派爾（Claiborrne Pell）提案，要求設置西藏事務特使。1995 年 5 月 9 日，眾議院國際關係委員會通過 1996 至 1997 會計年度外交關係授權法案中，明列一項有關西藏事務的約束性條款，要求修正國務院基本授權法，促使國務院任命一位西藏特使。根據該法案之 2302 條款規定，西藏特使由總統任命，具有大使級身分，並獲授權參與美國有關西藏政策與方案的制定，推動達賴喇嘛與美國政府間良好關係，以及定期巡迴訪問西藏與西藏難民營。1997 年 5 月 6 日，眾議院國際關係委員會通過外交政策改革法案，即 1998 至 1999 會計年度援外法案。其中提出國務院應任命一位駐西藏特使。雖然美國行政官員反對該項具有主權性質的「特使」條款，但仍採取較爲折衷的形式。1997 年 7 月 29 日，歐布萊特告訴國會領袖，他將指派一位新的負責人以督導美國對西藏的政策。10 月 31 日，國務院發布聲明報告，歐布萊特國務卿提名克萊格(Gregory B. Craig)爲國務院中西藏事務的協調專員(Special Coordinator)，爲降低其敏感性，該協調專員爲兼任性質，克萊格主職爲國務院政策計畫研究室主任。克萊格在眾議院國際關係委員會聽證會中作證時表示，無論達賴對西藏歷史地位的觀點如何，他承認堅持西藏獨立是不切實際的。[20]

美中對西藏主權問題主要來自於立法部門，形成的雙方互動循環模式即爲中共針對美國的行動做出回應。1992 年 9 月，中共發表《西藏的主權歸屬與人權狀況》白皮書強調，十三世紀中葉，西藏正式歸入中國元朝版圖。自此之後，儘管中國歷經了幾代王朝興替，多次更換過中央政權，但西藏一直處於中央政權的管轄之下。[21]此外，中共列舉「達賴集團」的四大罪證，包括：「公開鼓吹西藏是獨立國家」、「成立流亡政府」、「重新組建叛亂武裝」、「造謠毀謗，策動騷亂」，以論證達賴的言行不足以置信。該白皮書表示，西藏獨立不容討論。[22]

近年來，美國在西藏主權問題似已逐年減少力度，僅要求中共和達賴談判，達成妥協。1997 年，美中高峰會後聯合記者會，柯林頓對西藏問題闡述該國政策：

> 「美國政府的態度很明確，在西藏問題、達賴喇嘛的問題上，美國沒有任何政治目的。我們只是希望調停雙方，

---

[20] 《自立早報》，民國 86 年 11 月 8 日，第 8 版。

[21] 中華人民共和國，國務院新聞辦公室，《西藏的主權歸屬與人權狀況》，1992 年 9 月，北京。http://www.china.org.cn/WhitePaper/TibetC.html

[22] 同上註。

在承諾不將西藏由中國分離出去和保存西藏宗教自由和文化的的基礎上，雙方恢復建設性對話。」（請見附錄）

江澤民與柯林頓會談後，就在記者會上提出向達賴「敞開」談判大門的兩大先決條件：承認西藏是中國一部分，同時也承認台灣是中國一個省。達賴隨即宣布取消原定 1998 年秋的第二次訪台計畫，西藏流亡政府也聲明放棄獨立要求，準備與北京無條件談判。1998 年 11 月 10 日，達賴在華府記者會中重述，他不尋求西藏獨立，他的行動亦不尋求與中華人民共和國分離。[23]

實際上，雙方談判觸礁的數個難題，如西藏範圍有多大，達賴能否回到西藏長駐等，迄今仍是難題。但雙方面對未來，都開始自不同的角度審視。達賴的回應以及關於「有意義自治」的表述，有可能敲開北京的談判之門。美國學者格登斯坦(M. C. Goldstein)建議，西藏原則上保持目前「西藏自治區」的架構、逐步提升藏族幹部的比例、加強藏語文教學、放寬對喇嘛寺廟的管制、減少外來漢人流動人口與藏人競爭。總之，在政教方離的原則下，先求妥協。因此，他建議達賴首先公開接受北京對西藏的領土主權，最終能達成「一個西藏化的西藏」和「西藏成爲中國一部分」彼此相容，避免無謂

[23] Laura Myers, "Dalai Lama Meets With Clintons," *Associated Press*, Tuesday, November 10, 1998; 4:14 p.m. EST. Available from http://search.Washingtonpost.com/wp-srv/WAPO/19981110/V000234-111098-idx.html

的流血衝突。[24]

達賴擔心的是時間的壓迫，錯過與北京和解的機會，他可能永遠回不了西藏，而流亡海外的新一代藏人，在他身後不是鋌而走險訴諸暴力，[25]即可能群龍無首各奔東西。達賴自 1973 年始，逐漸放棄要求西藏獨立的口號，改為僅要求「真實的自治」(genuine self-rule)，並且亦不贊成使用暴力。北京擔心的則是達賴在西方的影響力進一步擴展，擔心藏獨與台獨、疆獨合流，擔心西藏長期不穩會消耗愈來愈龐大的國家資源。

如果雙方的擔心仍不足以令他們直接面對，並下決心解決該等難題，則柯林頓的推動無疑是一大動力。美國在全球爭端地區發揮重要的調解作用，柯林頓對解決西藏問題亦躍躍欲試，到訪北京時就當面向江澤民呼籲恢復與達賴對談。柯林頓自認他說的是主人「不愛聽的話」；若在過去，北京確有可能「斷然拒絕美國干涉內政」，但江澤民不僅未排斥柯林頓的「干涉」，似乎還對達賴表現出某種期待。

除台灣與西藏議題外，美國亦對香港抱持關注。1997 年 7 月 1 日香港主權正式回歸中國，中共以國際所認可的中國的合法代表身分接收。美國雖然曾在 1992 年制定《香港政策法》(Hong Kong Act, P.L.102-283)。該法聲明，國會支持維持

---

[24] Melvyn C. Goldstein, "The Dalai Lama's Dilemma," *Foreign Affairs*, vol.77, no.2 (January/February 1998), pp.83-97.

[25] John Zubrzycki, "Patience of Tibetans Wears Thin," *Christian Science Monitor*, May 4, 1998, pp.1,7.

香港立法局自由和公平的選舉。但是美國未來在香港問題上所能發揮的空間有限，美國即使要有所表態，也將是從人權的角度思考，而非主權的批判，此與台灣議題是絕對不同的。台灣現在最關注的就是，未來的美國政府倘公開對香港「一國兩制」的肯定，此時容易被視爲美國將兩岸關係的暗示。

由於美國承認西藏與香港爲中國的一部分，因此，雙方爭議的焦點主要在於美國因關注西藏的人權以及香港民主制度的維持所採取的行動，在中共眼中，該等行爲往往構成干涉中國內政的必要條件。因而美國與中共在主權問題上，仍以台灣問題爲主。西藏與香港問題可能受到立法部門引發衝突的機會較大。1997 年，美國「三不政策」的基本原則確定後，對中共主權方面的要求，美國應已給予充分的滿足。雙方亦在該基礎下開展了「建設性的戰略夥伴關係」。1998 年，經由柯林頓總統的口頭表述，廿世紀末美國與中共在中國主權議題上的爭議性也就愈來愈少了。未來「兩岸對話」會否從「和平解決」的聯結轉爲「和平統一」是值得注意的。

此外，台灣、西藏與香港問題在美中關係中有相當關聯性。換言之，台海兩岸之間缺乏的是誠意和互信。如果西藏問題獲解決，將會對台灣產生若干壓力。達賴提出的「有意義自治」，以及香港、澳門實施的「一國兩制」，卻會使「一個中國」的涵義變得更加多元化，更加壓迫台灣地區面對多變的現實。

# 第二節 人權議題：不影響實質的重要議題

美國與中共對人權觀念的不同，確實對美國理想主義的外交政策制定者造成衝擊，然該因素獨自成爲影響美中關係的時機並不多，尼克森與卡特可以忽略人權問題而發展與中共的關係，柯林頓亦可將人權與最惠國待遇脫鉤，在在顯示美國行政部門的全盤戰略考量與立法部門的單一議題考量之分歧。總之，人權因素總是與主權（內政）問題相連結時，方成爲美國與中共關係的重要問題。純粹的人權議題似乎並未在兩國關係的發展中，扮演較爲重要的角色。簡言之，人權議題在美國與中共的友好關係中，往往是一個充分條件，而非是個必要條件。對雙方關係正常化中人權議題的探討，可鑑往該議題之重要性程度；對彼此人權觀點差異之探究，可對未來該議題的可能重要性及其影響性，獲得較全盤的認知。

## 一、人權議題的發展

### (一)人權問題並非美中建交的基本因素

北京與華府間的人權爭議，是一個雙方在建交初期所隱藏的問題，迄至 1980 年代中期才爆發。[26]1969 至 1970 年間，亦即北京與華府解凍之初，中國大陸正歷經文化大革命的高峰，數十萬的中國人在該期間喪失性命，數以千萬的人遭受迫害。[27]然而，該等事件並未改變尼克森政府尋求與北京改善關係的企圖，尼克森甚至告訴中共領導人，人權並非美國對中共政策的考慮因素。當時尼克森告訴毛澤東，「一個國家的國內政治哲學並不重要，重要的是一國對世界其他國家和我們的政策爲何。」。[28]據說，尼克森在天安門事件後到中國大陸探訪鄧小平時，鄧小平即對他說：「你們美國人既然對人權這麼有興趣，爲什麼你在 1972 年來訪時，正值我被剝奪掉所有的自由，你卻不在毛主席面前說任何話呢？」。[29]該言反映出美國欲與中共修好時，戰略因素勝過一切，而且顯示美國本身有時亦採雙重標準的情形。

毛澤東身後之初，中國大陸雖開啓有限的政治解放與改革，然以西方觀點而言，其對基本人權仍然有廣泛性的侵犯。但即使提倡以人權爲外交政策基礎的卡特總統，[30]他在與中

---

[26] Harding, *A Fragile Relationship: The United States and China Since 1972*, p.198.

[27] 張悅雄，〈中共如何從摧殘人權〉，《人權論文選輯》（臺北，中國人權協會編印，民國 75 年），第 246 至 250 頁。

[28] Richard Nixon, *RN: The Memoirs of Richard Nixon* (New York: Grosset and Dunlap, 1978), p.562.

[29] 黎安友（Andrew Nathan），〈美國人權政策面臨挑戰〉，《中國時報》，民國 80 年 1 月 31 日，第 9 版。

[30] Jimmy Carter, "U.S. Responsibilities toward Peace and Human Rights," Speech by Jimmy Cater before the World Jewish Congress in Barry M.

共的關係上卻並不強調人權。1979 年 1 月，卡特與鄧小平會晤前，曾宣稱將對鄧小平提出人權問題，但結果則是接受鄧小平的說詞，即不管中國的人權紀錄如何，中國大陸的人權情況已經逐步改善。[31]

1970 年代末和 1980 年代初，由於美國維持與中共的戰略聯盟關係，因而美國將中共視爲制衡蘇聯擴張的力量。同時，人權的考慮也就在該戰略的考量下，置之於次位，尤其是當時中國大陸的政治氣候也似乎有「風調」的跡象。然而，1980 年代中期，由於中國大陸有更多人的權利可以違反或保護；由於中國大陸的對外開放，人權情況無法隱藏；由於中國大陸的人權情況是當時國際社會 160 多個國家最少瞭解的成員之一；並且因爲公開辯論中國大陸人權的改善等種種原因，而吸引更多目光來注視中共的人權情況。[32]

西方人權觀念形諸於文字者，可以遠溯及美國的獨立宣言：「我們認爲這些真理是不說自明的。所有的人生而平等；他們由其創造者賦予若干不可剝奪的權利，其中有生命、自由以及追求幸福。爲了取得這些權利，人類才在他們之間建立政府，而政府的正當權力是從被治者的同意中產生出來

Rubin and Elizabeth P. Spiro ed. *Human Rights and U.S. Foreign Policy* (Boulder: Westview Press, 1979), pp.236-237.

[31] Jimmy Cater, *Keeping Faith: Memoirs of a President* (New York: Bantam Books,1982), pp.203,207.

[32] Harding, *A Fragile Relationship: The United States and China Since 1972*, pp.200-201.

的。」[33]該革命性的觀念受到歐洲，甚至全世界的回響。事實上，美國的革命衝擊到法國，鼓舞法國的革命。法國大革命的口號，自由、平等和博愛擴大了美國人對人類自由的渴望。此後，爲了對這些原則和人權概念的保障，美國人接受《權利法案》(the Bill of Rights)作爲新憲法的一部分。[34]

經過一百多年後，美國總統威爾遜(Woodrow Wilson)對自決的觀念，成爲國際聯盟憲章中的精髓，而人權觀念也逐漸成爲國際化觀念。然而，第二次世界大戰時，人權觀念重新被認識：個人有權利作爲一個人類所應有的尊嚴，以回應希特勒(Adolf Hitler)的獨裁主義。美國總統羅斯福對於如何界定自由世界的目標有一番熟慮，他最後宣布「四項自由」：即言論自由、宗教自由、免於恐懼與匱乏的自由。羅斯福認爲該四種自由是所有人類共同的基本權利。該等觀念被國際社會所接受，並且併入聯合國憲章之中。經過再確定和擴大後，該等觀念具體成爲 1948 年 12 月 10 日所通過的《普遍人權宣言》(the Universal Declaration of Human Rights)。[35]

然而，中共所崇奉的乃是馬克思主義(Marxism)的集體主義人權觀。該人權觀認爲，人權是個人權利和集體權利的統

---

[33] http://lcweb.loc.gov/exhibits/declara/declara1.html

[34] 全文請見：http://pacific.discover.net/~dansyr/billright.html

[35] John F. Copper, Franz Michael, and Yuan-li Wu, Westview Special Studies on East Asia: *Human Rights in Post-Mao China* (Boulder: Westview Press, 1985), pp.1-2. 《普遍人權宣言》參見：http://www.un.org/Overview/ rights.html

一體，將集體人權從人權中分離出，無論在理論上亦或是實踐上，皆屬片面。馬克思主義所說的集體人權內含個人人權；集體人權不僅包括經濟、社會、文化的權利，而且也包括民族、國家和社會的發展權利。[36]1986 年 12 月，第四十一屆聯合國大會通過的《發展權利宣言》(Declaration on the Right to Development)，闡述了發展權作爲一項基本人權和現代國際法原則的基本內容。[37]《發展權利宣言》的通過象徵發展中國家與西方國家不同人權觀念的白熱化。

而毛澤東的人權觀則是以馬克思主義人性理論爲依據，用唯物史觀審視人權。他認爲人權就是作爲特定社會成員的人所享有的基本權利，是人身和其他各項民主權利的總和。而人權的表現則是多方面的，除了表現爲廣大勞動人民的生存權、民主權、文化教育權以外，尚表現在各民族之間尤其是漢族和各少數民族之間的民族平等和民族自決、民族自治上。然而，一切人權都有其前提條件，毛澤東認爲，人的生存權是首要人權，若生存權得不到保障，其他一切人權便無從談起。而民族的獨立和國家的主權是獲得生存權的根本條件，在此基礎上，才能談得上人民的生命安全和吃飯穿衣問

[36] 鮑宗豪、姚儉建、何云峰，〈論人權的價値觀問題〉，《上海社會科學院學術季刊》，1993 年第 2 期，第 69 頁。

[37] Declaration on the Right to Development, Adopted by General Assembly resolution 41/128 of 4 December 1986. http://www.unhchr.ch/html/menu3/b/ 74.htm

題。[38]由此而衍生出北京認為，要讓十二億人吃飽穿暖不是件簡單的事情，如果連基本的生存權都不能維護，就更談不上其他的人權。[39]

北京的觀點，不離中共是一個發展中國家，發展中國家的人口佔世界人口的五分之四。將已開發國家的人權觀強加於發展中國家是不公正的，中共絕對不會接受美國的人權觀。對發展中國家而言，談到人權首先是生存權和發展權。人權是作為一個人首先要能生存下去才能談得上的權利。

### (二)天安門事件後的人權議題

自 1989 年天安門廣場鎮壓民運後，中共的人權狀況就成為兩國持續爭議的焦點。中共鎮壓北京民運後，華府公開指責中共以武力鎮壓手無寸鐵的學生，並要求西方國家一起對中共實行制裁，宣布停止對中共高技術出口，停止軍事合作，[40]中止高層交往，[41]延遲考慮向中共提供的貸款，讓方勵之、李淑嫻到美國駐北京大使館避難，[42]並要求中共釋放被捕的民運人士。

中共對美國與西方國家的制裁，視之為干涉內政之舉，除嚴守主權立場外，亦作出戰術上的讓步。此外，波斯灣戰

---

38 唐能賦、陳阿江，〈毛澤東的人性論與人權觀〉，《西南師範大學學報》（哲學社會科學版），1993 年第 4 期，第 20 至 23 頁。

39 蔡瑋，〈克里斯多福的大陸之行：美國人權外交的困境〉，《美歐月刊》，第 9 卷第 5 期（民國 83 年 5 月），第 10 頁。

40 《中國時報》，民國 78 年 6 月 6 日，第 10 版。

41 《中國時報》，民國 78 年 6 月 22 日，第 1 版。

42 《中國時報》，民國 78 年 6 月 8 日，第 1 版。

爭的發生促使美國對中共的姿態轉變。美國如何不使中共在美國塑造冷戰後全球新秩序下成爲負面角色的認知，無疑成爲中共在六四後的轉捩時機。中共認爲，中美在人權問題上的分歧，可以在平等的基礎上進行討論，增進相互了解，而不應當施加壓力。[43]1990 年 12 月，美國負責人權事務的助理國務卿希夫特(Richard Schifter)訪問大陸，交付中共一百五十名政治犯名單，要求中共提供其下落並全部釋放，[44]開啓所謂的「人權對話」。事實上，該類對話對中共人權的進展有限，中共所提供的政治犯資料也有限。不過，美國與中共畢竟開啓了「制度化」的「人權對話」。

1991 年 1 月與 2 月間，中共開始審判「暴亂份子」。美國參議院民主黨領袖密契爾(George Mitchell)、共和黨領袖杜爾(Robert Dole)、參議院外交委員會主席派爾以及國會人權委員會主席蘭托斯等先後會見了方勵之，向中共施加壓力。五十名國會議員聯名寫信給美國總統布希，要他譴責中共審判民運人士，呼籲釋放政治犯和遵守世界人權宣言。1991 年 3 月，民主黨眾議員羅倫(J. Roy Rowland)率領的美國國會議員代表團訪問大陸時，要求對所有民運人士進行大赦，並且提交了要求釋放者的名單。同年 3 月，美國國務院主管亞太事務的助理國務卿索羅門(Richard Soloman)訪問大陸時，並進

43 李鵬在 1994 年 3 月 12 日於中南海紫光閣會見克里斯多福的談話，《人民日報》，1994 年 3 月 13 日。

44 《明報》，1990 年 12 月 19 日，第 6 版。

行「人權對話」也提出了釋放政治犯的名單，並要求對所有從事非暴力活動的人實行大赦。[45]

1990 至 1992 年，在布希的堅持下，美國對中共在人權問題上的反應並不激烈，沒有將最惠國待遇作爲制裁的工具，而只採取一些不影響中共與美國實質關係的作爲。1993 年柯林頓總統曾經一度將此兩者掛鉤，但是只經過一年，到 1994 年就脫鉤了。1994 年，國務院助理國務卿史塔(John Shattuck)訪問北京並與魏京生會晤，此舉激怒中共官員，魏京生隨後被逮捕。中共政府突然終止本即已幾乎不存在的「人權對話」作爲報復。

1997 年 10 月，美國與中共《聯合聲明》九個籃子中，有關人權的部分，美中兩國皆認爲《世界人權宣言》及其他國際人權文書在促進人權方面發揮積極作用，並重申雙方均致力於促進和保護人權和基本自由。此外，儘管兩國未能解決在人權問題上的分歧，但雙方同意依據平等和相互尊重的精神，藉由政府和非政府級別的對話討論該問題。兩國同意就非政府人權論壇的結構和作用進行討論。（請見附錄）

1998 年 6 月，柯林頓與江澤民在北京高峰會記者會上，爲天安門事件公開辯論。柯林頓說，「我相信，美國人民相信，使用武力並造成生命的喪失是錯誤的。」他又說，「我相信，美國人民相信，言論、結社和宗教自由是聯合國憲章

---

[45] 《星島日報》，1991 年 3 月 13 日，第 5 版。

的組成部分，人們不管在何地皆應有此權利，並應受到他們的政府保護。」江澤民回應，在天安門使用武力是為了維持國家秩序。事實上，柯林頓訪問中國大陸的人權使命，就是要恢復 1994 年中斷的「人權對話」。[46]

在未來，基於美國與中共基本體制的差異，人權將仍是兩國間的重要議題。美國在政治的一些宣示上，仍會毫不保留地表達美國的立場與關切，也會作適當的堅持，只是畢竟人權議題本身實質重要性的位階不如它所代表的政治性意義的位階來得高。美國應該仍然不會將其作決定中國政策的關鍵因素。

## 二、西藏人權與宗教自由的問題

有關西藏的人權問題方面，在文化大革命時，有些人只因藏有達賴喇嘛的照片、宗教書籍或繪畫便被逮捕。近年外國記者的報導，西藏的中國領導階層對宗教已採取較開放的政策。國際特赦組織所獲資訊顯示，被逮捕的人似乎大都是基於政治原因。不過，西藏的宗教感情通常與渴望獨立息息相關。那些提倡達賴喇嘛重返西藏的人，認為他是一個宗教領袖，同時也是一個政治領袖。

1987 年 10 月 1 日，西藏首府拉薩發生動亂。10 月 6 日，

[46] Human Rights Watch, U.S.-China Policy: Statement by Mike Jendrzejczyk before the House Subcommittee on International Operations and Human Rights, June 26, 1998. Available from http://www.hrw.org/hrw/campaigns/china-98/testim.htm

美國參議院通過「西藏問題修正案」；[47]12 月 3 日，美國參眾兩院通過「中華人民共和國在西藏侵犯人權的修正案」。[48]1989 年 3 月 5 日，西藏發生武裝叛亂，中共平息後隨即宣布戒嚴。3 月 16 日，美國參議院通過決議，譴責中國在西藏使用武力，要求中國尊重國際上公認的人權；5 月，美國眾議員羅斯、吉爾曼又向眾議院外交事務委員會提出西藏問題的提案，要求美國總統成立西藏委員會，專門掌管西藏的活動，要求派遣聯合國小組監視西藏的局勢。[49]

1991 年 3 月，30 名美國參議員致函李鵬，就一名西藏政治犯的被判刑，表達強烈的不滿。3 月 21 日，參議院密契爾等 12 名參議員聯名提出「共同決議案」敦促美國總統告知中共，繼續「踐踏人權」和「拘禁政治犯」對延長貿易最惠國待遇不利，要求中共公布政治犯和宗教犯的名單，停止侵犯人權。從 3 月開始，美國之音使用了藏語廣播，對西藏傳達訊息。4 月 16 日，布希打破歷任美國總統避免接見達賴喇嘛的慣例，在白宮會見了達賴，並表示對西藏的進一步關注。[50]18 日，美國參議院通過了一項支持「西藏自由和人權」的

---

[47] 夏林根、于喜元主編，《中美關係辭典》（大連，大連出版社，1992 年），第 158 頁。

[48] Harding, *A Fragile Relationship: The United States and China Since 1972*, pp.203-204.

[49] 季鴻生，《中美關係五十年》（上海，百家出版社，1993 年），第 215 頁。

[50] *Washington Post*, April 17, 1991, p.A3.

決議。[51]

1992 年 9 月，中共發表《西藏的主權歸屬與人權狀況》白皮書，一方面表明西藏歸屬中國的正當性，另一方面分節闡述西藏的人權狀況。

1995 年，由於班禪喇嘛圓寂，引發北京與達賴對班禪轉世靈童認定的爭議，達賴支持的靈童遭北京軟禁，導致美國的關切。1995 年 12 月 14 日，參議院通過一項決議案，要求柯林頓政府對中共施壓，促使北京支持達賴喇嘛挑選的新班禪人選格洪區吉義瑪(Gehhun Choekyi Nyima)，並保障他的安全。

1997 年 8 月 9 日，美國參議員沃爾夫(Frank Wolf)以旅遊簽證至西藏進行訪問。他回美國後召開記者會指控，西藏人權遭致中共「踐踏般的壓抑」(boot-heel subjugation)，西藏人民渴望西方國家能對他們伸出援手。他認爲，西藏毫無自由可言，人民遭到中共殘暴的鎮壓，政治犯在獄中被嚴刑拷打，而中共更有計畫毫不留情的企圖消滅西藏文化。[52]

美國國務院 1997 年人權報告中，關於西藏部分描述：「中國當局迫害西藏人權的情況依然嚴重，凌虐、濫捕，未經審判即予監禁，以及因和平表達政治信念而遭長期監禁的情形十分普遍。」報告強調，「中國當局對藏人的長期高壓

---

51 李鴻生，《中美關係五十年》，第 215 頁。

52 *International Herald Tribune*, August 23, 1997, p.6.

統治，有可能摧毀西藏獨特的文化、語言和宗教傳統。」[53] 針對美國的年度人權報告，中共立即有所回應。1998 年 2 月 24 日，中共國務院新聞室公布《西藏自治區人權事業的新進展》白皮書，介紹西藏 1992 年後的人權狀況，強調民族區域自治制度的貫徹實施，進一步保障了西藏人民的政治權利。尤其是，西藏自治區人大常委會主任和自治區主席均由藏族公民擔任。[54]

在宗教自由方面，1949 年中華人民共和國成立後，中共政府邀請教會領袖排除他們教會的「外國帝國主義」影響。在隨後的幾年間，中共向中國大陸的教會施加壓力，要他們斷絕與外國教會的聯繫。隨之成立的中國天主教愛國會(The Chinese Patriotic Catholic Association)是獨立於梵蒂岡，而教士和主教都被迫加入這個教會。官方的中國天主教會雖然與梵蒂岡斷絕關係而不承認教宗的權力，然而有些教士卻反對這些改變。未經中共批准的宗教活動，不論是基督教和天主教領導人亦或信眾，都會遭到拘留、關禁或軟禁的命運。[55]

美國國會中有相當多的議員認爲，中國大陸無信仰自由、迫害教徒、不允許教徒與外國自由交往、不允許外國宗

[53] U.S. Department of State, China Country Report on Human Rights Practices for 1997, Released by the Bureau of Democracy, Human Rights, and Labor, January 30, 1998. Available from http://www.state.gov/www/global/human_ rights/1997_hrp_report/chiona.htm

[54] 中華人民共和國，國務院新聞室《西藏自治區人權事業的新進展》，1998 年 2 月，北京。

[55] 《中國國際特赦協會簡報》，第 4 頁。

教組織到中國大陸傳教，並將此一概視爲侵犯人權。1990 年 12 月，美國負責人權事務的助理國務卿希夫特(Richard Schifter)訪問大陸時，專門與「中國國務院宗教事務局」討論宗教信仰自由問題。1991 年 3 月，美國國會議員沃爾夫(Smith Wolf)訪問北京時，又向中共提交了「被關押的神職人員名單」。同年 4 月 23 日，美國國會中國問題工作小組主席裴洛西提交的議案中，要求「終止在中華人民共和國和西藏的宗教迫害，釋放由於表示自己的宗教信仰而被拘補留、監禁或軟禁的各種宗教團體領導人和成員」。[56]

就法律面的觀點而言，中共認爲宗教信仰自由是迄今至將來相當長時期內人類社會的個人私事，是有史以來統治階級的一項比較開明的政策，也是近代以來世界大多數國家以憲法和法律加以規定和保護的一項公民的基本權利。因此，中共中央把宗教自由確定爲共產黨在社會主義時期的基本政策，而「中華人民共和國憲法」亦規定宗教信仰自由是公民的基本權利之一。[57]

然而，在給予宗教信仰自由的同時，北京對它的外延也做了若干的限制。而其中的一項乃是「宗教團體和宗教事務不受外國勢力的支配」，這就是中共得以清除了教會中所謂的帝國主義勢力，以使天主教、基督教由帝國主義侵略的工

---

[56] 李鴻生，《中美關係五十年》，第 216 頁。

[57] 王懷安、林准、顧安、孫琬鍾主編，《中華人民共和國法律全書》（吉林，吉林人民出版社，1988 年），第 7 頁。

具變爲中國教徒自己辦理的事務。1994 年 1 月 31 日，北京頒布了「中華人民共和國境內外國人宗教活動管理規定」。該規定共二十條，其中的第四條指出，「宗教場所不受境外組織和個人支配」，似乎中共在傳言中的北京與梵蒂岡建交之際，[58]重申了其不會容忍教廷指派大陸籍樞機主教，以及大陸天主教會接受教廷管理。[59]而中共於同年 2 月 10 日即引用「宗教活動管理條例」逮捕了七名外籍基督徒，[60]藉以彰顯其立場。

中共以爲其制定「規定」與「條例」的目的在於三方面：其一，保障國境內外國人的宗教信仰權利和正常的宗教活動；其二，保障宗教方面的國際友好交往和文化學術交流活動；其三，維護中國社會的公共利益。[61]在北京看來，作爲一種歷史現象，宗教在社會主義社會中無疑將長期存在。因此，如何使宗教與大陸社會相協調、相適應，便成爲中共當局以及大陸宗教人士所關切的問題。江澤民在中共全國統戰工作會議上強調：貫徹黨的宗教信仰自由政策，依法加強對宗教事務的管理，目的都是要引導宗教與社會相適應。而中共全國政協副主席、中國佛教協會會長趙樸初認爲，全面、正確地貫徹執行宗教信仰自由政策，真正做到政治上團結合作，

---

58 《聯合報》，民國 83 年 2 月 6 日，第 10 版。

59 《人民日報》，1994 年 4 月 2 日，第 1 版。

60 《人民日報》，1994 年 4 月 3 日，第 4 版。

61 中共國務院宗教事務局負責人答記者問，保持宗教政策長期性穩定性，見《人民日報》，1994 年 4 月 3 日，第 3 版。

信仰上相互尊重，乃是實現宗教與社會主義社會相適應的基礎和前提。另一方面，宗教信徒要愛國守法，積極為社會主義兩個文明建設服務。[62]

1997 年 10 月，中共發表《中國的宗教信仰自由狀況》白皮書。該白皮書闡明中共對宗教信仰的保障，但仍強調「中國政府認為，宗教信仰是公民個人的私事，……宗教要與其所處的社會相適應，這是宗教存在與發展的普遍規律。中國人民正在建設有中國特色的社會主義現代化國家，中國政府倡導宗教要與之相適應。」充分反映出中共對宗教自主性要求的規範是，中共要求「中國的宗教事業由中國各宗教團體、教職人員和信教群眾來辦，中國的宗教事務和宗教團體不受外國勢力支配。」[63]

根據 1997 年 10 月柯江高峰會的討論結果，中國政府邀請三位美國宗教領袖訪問大陸。1998 年 2 月 8 日，他們展開三週的大陸之行，並分別研究大陸各自的宗教情形。他們分別是：美國全國福音教派協會(National Association of Evangelicals)主席奧格(Don Argue)；紐澤西州羅馬天主教紐瓦克教區(Archbishop of the Roman Catholic Diocese of Newark, New Jersey)大主教麥克卡瑞克(Theodore E. McCarrick)；以及美國良知基金會(Appeal of Conscience Foundation)主席史奈德

[62] 中共全國宗教團體領導人在海南省三亞市就宗教與社會主義社會相適應的問題進行的研討。見《人民日報》，1994 年 2 月 6 日，第 3 版。

[63] 中華人民共和國，國務院新聞辦公室，《中國的宗教信仰自由狀況》，1998 年 2 月，北京。

(Rabbi Arthur Schneier)。

1998 年 3 月 19 日，奧格等三位牧師發表他們中國之行的報告，他們認爲在中國宗教的信仰者呈現快速的成長，並且中國在過去二十年中對宗教的政策亦有進步。他們也發現，在中國仍有許多人將宗教視爲對中國社會穩定的「潛在性的威脅」，致中國政府仍控制大部分（非全部）的宗教活動。美國第 105 屆國會亦考慮數項鼓勵中國宗教自由的議案，包括第 967 號決議案(H.R.967)和第 2431 號決議案(H.R.2431)。[64]

## 三、人權議題將回歸到政治理念的爭議

其實，雙方人權議題爭論的戰場也延伸至國際組織。由國際組織上中共代表的談話，可以歸納出北京對人權的確實態度。聯合國人權委員會曾接連著在第四十七、四十八與四十九屆會議中，一些西方國家提出有關中國人權狀況的決議草案，但都無疾而終。1994 年的第五〇屆聯合國人權委員會中，西方國家再次提出「中國人權狀況」決議草案，但是中共代表團團長金永健提出動議，要求不對該案採取行動。動議得到發展中國家的支持，以 20 票贊成、16 票反對、17 票棄權獲得通過。[65]

---

[64] Kerry Dumbaugh, "China-U.S. Relations," *CRS Issue Brief*, updated May 28, 1998. Available from: http://www.fas.org/man/crs/crs-china.htm

[65] 《人民日報》，1994 年 3 月 11 日，第 6 版。

北京代表王光亞說，一些國家和非政府組織不顧事實，藉所謂「中國人權問題」大作文章，其目的在於向中國施加政治壓力，干擾中國的穩定和發展，迫使中國人民改變自己所選擇的符合中國國情的發展道路。[66]參與聯合國人權委員會第五〇屆會議的中國代表張義山也說，中國人在歷史上曾被殖民主義者稱為東亞病夫，而現在中國人的平均壽命已從舊中國的三十五歲提高到七十二歲。[67]

就美國而言，六四事件後中共的人權狀況呈現複雜的圖像，包括倒退和些微的進步，複雜的情形亦提供中國政策辯論的充足材料。美國國務院 1997 年人權報告顯示，雖然對大陸人權作出仍有嚴重問題的結論，但較之前幾年的報告，美國對中共人權問題抱持樂觀的看法。[68]該報告中，中共人權的負面方面，包括：

> 「……拷問和虐待囚犯，強迫認罪，以及隨意的逮捕和長時間禁止與外部接觸的監禁。在許多監獄中囚犯的情況仍十分惡劣。中國政府對言論、新聞、集會結社、宗教等自由及隱私權和工作權……仍進行嚴厲的限制。嚴重的人權侵犯也存在少數民族地區，包括西藏和新疆，

---

66 《人民日報》，1994 年 3 月 9 日，第 6 版。

67 《人民日報》，1994 年 2 月 24 日，第 6 版。

68 U.S. Department of State, China Country Report on Human Rights Practices for 1997, Released by the Bureau of Democracy, Human Rights, and Labor, January 30, 1998. Available from http://www.state.gov/www/global /human_rights/1997_hrp_report/chiona.htm

兩處仍緊密的控制宗教和其他基本自由。」

儘管仍有負面的人權狀況，該報告似乎提及更多中國人權的正面發展記錄。中共已簽署兩項主要的人權協定——《聯合國經濟、社會暨文化權公約》（U.N. Covenant on Economic, Social and Culture Rights, 1997 年 10 月 27 日簽署）與《國際公民和政治權公約》（International Covenant on Civil and Political Rights, 1998 年 3 月 12 日簽署），並已有聯合國觀察任意拘留工作團(U.N. Working Group on Arbitrary Detentions)訪問大陸。中共也已經允許在農村地區舉辦「地區性的競選」，並且完成立法促使政治和司法的過程更具透明，以及掌握執法官員能更謹慎的採取行動。如 1994 年的報告，中共公民得因政府機構的瀆職造成的損害，而對其提出控訴。

美國的行政部門一直都未認真地看待中共的人權問題。即使在 1989 年天安門事件後，布希總統仍舊堅持不將最惠國待遇與人權問題掛鉤。1993 年柯林頓總統上台後，將最惠國待遇與人權問題掛鉤，但也只持續了一年，到 1994 年即將兩者脫鉤。美國只是將人權問題作爲一些與美國沒有切身關係的問題聯在一起「思考」。例如 1993 年 7 月到 9 月間，美國國會和歐洲議會分別通過決議，要求國際奧林匹克總會不要選擇北京作爲舉辦 2000 年夏季奧運的競賽地點，其理由就在於中共對人權的不重視。9 月，中共在最後一刻釋放魏京生，但已無法挽救舉辦奧運的遊說努力。1994 年 2 月，國務院助理國務卿史塔訪問北京並與魏京生會晤，此舉激怒中共官員，魏京生隨後被逮捕。中共政府突然終止幾乎不存在的「人權對話」作爲報復。1997 年 7 月，美國副總統高爾訪問中國大陸，代表波音公司與中共總理李鵬簽署一項總值 6,850 萬美元的合約，雙方避談人權和香港問題。1997 年 10 月，中共國家主席江澤民訪問華府，雖然人權議題在行前廣為討論，但最後江澤民仍是在沒有任何人權條件的前提下成行，可算是美國的一項讓步。在 1997 年的柯林頓與江澤民的高峰會談後至 1998 年美中高峰會之間，中共簽署了《聯合國經濟、社會和文化權利公約》與《國際公民和政治權利公約》等兩項有關人權的國際公約，美國也放棄了在聯合國重提譴責中國大陸人權的提案。1998 年 10 月 5 日，中共常駐聯合國代表秦華孫正式簽署《公民權利和政治權利國際公約》。簽署《公民權利和政治權利國際公約》，並不意味中國的人權狀況立即改善，公約與現實間還有很大一段距離。無論如何，北京總算跨出重要的一步。

柯林頓在國會中有相當大的壓力，主要是人權議題，1997 年江澤民與柯林頓的聯合聲明中也提到了雙方在人權議題上有重大分歧。美國與中共之間的人權議題主要是理念不一致，美國方面認爲人權是「可討論」，但是中共則認爲人權「事涉主權」。從雙方有關人權問題的互動可知，兩國在人權上的爭議從來沒有真正影響到彼此的實質關係進展，在未來，特別是邁向廿一世紀之際，美國會將重點不再狹義地放在對人權此一單一的議題作討論，而是將其視爲兩國政治理念的基本差異所致。美國因而會將寄望中共單一處理人權議題的思維擴及到對希望中共整個政治體制與價值觀能「和平演變」。

在具體的作法上，可以看出美國對處理中國大陸人權議題的方式上已有了很大的改變，從 1994 年柯林頓總統決定將最惠國待遇與人權議題脫鉤起，已經可以看到其軌跡改變的蛛絲馬跡，到 1997 年美國開啓與中共建立「建設性戰略夥伴關係」起，美國的政策已經非常清楚明朗，美國已不再用簡單、直接的方式來對中共進行人權對話，也不再以制裁或遏制的方式促使中共改變人權政策，而是用全面的深化接觸來促使中國大陸在雙方「建設性」的關係下改變。當中共「和平演變」後，人權議題自可迎刃而解。

## 第三節　經貿議題：利益均霑的議題

依據中共統計，至 1997 年底美國商人到大陸的投資項目達 24,666 個，協議美商投資金額爲 406 億美元，實際利用美資 175 億美元。1997 年美國與中共雙邊貿易額達 490 億美元，是 1979 年兩國建交時的 20 倍。1998 年美國是僅次於日本的中共第二大貿易夥伴，中國大陸則是美國的第四大貿易夥伴。[69]自 1997 年 7 月起的亞洲金融風暴，日本受創日大，日圓貶值，對外投資緊縮。中共轉而將吸引外資主要目標放在美國與歐盟。

經貿相關議題已成為美中關係持續緊張來源。就美國而言，中共對美國智慧財產權沒有成效的保護、中共缺乏透明的貿易規範及高關稅皆是造成兩國辯論的因素。此外，1997 年的高峰會中，柯江同意在許多領域中進行合作，包括環境與能源議題。尤有進者，美國同意根據 1985 年美中核子合作法出售核電設備給中共。

## 一、貿易不平衡問題

中國大陸是全世界經濟發展最快速的經濟體之一。自 1980 年代後每年實質國內生產毛額成長皆呈高增長率（見表 **4-2**），預測迄至 2010 年倘若每年的平均成長率為 8%，將意味中國大陸將在十年內國內生產總值將升高兩倍。中共快速的經濟發展，配合經濟和貿易的改革導致中國大陸進出口皆快速的增加。美國商務部將中國大陸（包括台灣與香港）視為十個「新興大市場」(Big Emerging Market)之首，提供未來美國銷售產品與服務的潛在市場。中國市場的主要部門，包括：能源、運輸、航空、資訊技術、冶金及廠房更新等，[70]1998

---

69 《大陸情勢週報》，第 1290 期，民國 87 年 7 月 1 日，第 27 頁。

70 "China-Big Emerging Sectors," Available from http://www.stat-usa.gov/bems/ bemschi/chibes.html

**表 4-2　中國大陸實質生產毛額增長率**

| 1980-89 平均值 | 1990 | 1991 | 1992 | 1993 | 1994 | 1995 | 1996 | 1997 |
|---|---|---|---|---|---|---|---|---|
| 9.5% | 3.8% | 9.2% | 14.2% | 13.5% | 12.6% | 10.5% | 9.7% | 8.8% |

資料來源：*World Economic Outlook*, International Monetary Fund, Washington, DC, May 1998, p.153.

年柯林頓訪問大陸後，環境技術市場勢將開啓美國產品進入大陸的另一部門。

雖然美國覬覦中國大陸廣大的市場，但又不滿意中國大陸的市場狀況。美國對中共施壓，希望中共在貿易體制上能作出重大改革，以促進美國的產品與服務進入中國大陸市場。1992 年 10 月，兩國簽署一項《市場准入協定》，中共保證在廣泛的產品項目上降低關稅，並且將市場更透明化。美國貿易代表署認為，中共已經完成數項貿易改革，但尚未達成所有協定的承諾。

就經濟角度而言，中共需要美國提供科技及資金；而美國則需要中國大陸龐大的市場，雙方經貿合作是互利的。然而，根據美國方面的統計數字顯示，1991 年與 1996 年之間，美國銷往中國大陸的出口增加 90.5%，美國自中共的進口則增加 171.4%。美國對中共的貿易逆差亦急遽升高，由 1987 年的 28 億美元至 1997 年的近 500 億美元，（見表 **4-3**）致使中共成為僅次於日本的第二大赤字貿易夥件。長期的貿易

表 4-3　美國與中共貿易數額（單位：百萬美元）

| 年度 | 1991 | 1992 | 1993 | 1994 | 1995 | 1996 | 1997 |
|---|---|---|---|---|---|---|---|
| 出口 | 6,278 | 7,418 | 8,763 | 9,282 | 11,754 | 11,993 | 12,862 |
| 進口 | 18,969 | 25,728 | 31,540 | 38,787 | 45,543 | 51,513 | 62,558 |
| 貿易平衡 | -12,691 | -18,309 | -22,777 | -29,505 | -33,790 | -39,520 | -49,695 |

資料來源：U.S. Total Exports to Individual Countries, 1991-97；U.S. Total Imports from Individual Countries, 1991-97; U.S. Total Trade Balances with Individual Countries, 1991-97; Available from: http://www.ita.doc.gov/industry/otea/usfth/ tabcon.html

不平衡有礙美資對大陸的投資，令投資者望而生畏，涉及中國貿易問題已影響美國的政策辯論。美國認爲，中共有必要進一步開放國內的市場，尤其在於服務性行業、金融業方面，進一步消除貿易上的不平衡，在積極的角度看來，亦肯定有助於中共加入世界貿易組織。事實上，以中共當前的經改及開放政策，中國大陸經濟已不斷融入世界經濟體系之中，中國大陸已無法脫離世界的貿易體系。

1993 年 3 月，中共發布《關於中美貿易平衡問題》白皮書，中共認爲以原產地統計對美輸出，難以反映中美貿易平衡狀況；白皮書根據《中美商貿聯委會貿易和投資工作組貿易統計小組工作報告》認爲，美方對中共貿易逆差的統計，至少在以下數項高估：「第一，美方的進口統計，因忽視轉口和轉口增加值而高估了從中國的進口。第二，美方的出口統計，因忽視轉口而低估了對中國的出口。第三，美國確定貨物原產地所採用的方法，導致雙方統計上的差異。」[71]

中共認為，美方統計的所謂對中共巨額貿易逆差，其原因是多方面的。既有統計技術方法上的缺陷，亦有美國對中共政策方面的因素。「多年來，美國對中國採取歧視性出口管制政策。這是制約美國對中國出口，影響雙邊貿易平衡的主要障礙。」[72]

對於解決雙方貿易失衡問題，中共當局思考邏輯與美國完全不同。中共認為，解決雙方貿易赤字，最好的方法就是讓中共向美國採購中共需要的東西——高科技產品和設備。在美國政府因天安門事件對中共進行貿易制裁後，中國大陸取得美國技術的確受到了一定的限制，同時也使得美國企業在對大陸投資上處處受到掣肘，而使歐洲企業趁此機會搶進大陸市場。

1997 年爆發的東亞金融危機，亦影響到美中貿易關係。負責國際貿易事務的美國商務部次長的亞倫指出，由於亞洲市場衰退，大陸出口商把焦點轉到美國，導致 1998 年美國對中共貿易逆差將暴增 20%，達到 600 億美元，大陸也因此成為僅次於日本的第二大對美貿易順差國。

---

[71] 中華人民共和國，國務院新聞辦公室，《關於中美貿易平衡問題》，1997 年 3 月，北京。

[72] 同上註。

## 二、從「最惠國待遇」到「一般貿易關係」

自 1990 年始，美國國會主張將最惠國待遇與人權問題掛鉤，導致每年最惠國的延續成為檢測美中關係的重要指標。1993 年，柯林頓將兩者掛鉤一年，至 1994 即脫鉤。1998 年，美國總統柯林頓主張給予中共永久最惠國待遇，雖然並未獲得國會支持，但是在他訪問中國大陸後，將與中共的貿易關係易名為「一般貿易關係」(normal trading relations)。1998 年 7 月，眾議院以 264 票對 166 票通過續予中共「一般貿易關係」。基本上，最惠國待遇改為一般貿易待遇意謂該問題已逐漸式微。

回顧 1990 年以來，美國行政部門與國會對給予中共最惠國待遇問題所進行的角力，可以得知美國對中國政策的分裂情形。**表 4-4** 即是雙方的互動。

審視歷年關於最惠國待遇的問題，美國國會總是扮演與行政部門抗衡的角色。[73]然而，由於國會是合議制機關，因此有必要對同樣持反對無條件給予中共最惠國待遇者，分辨其立場與理由之相異。該等參眾議員的看法亦代表美國人民對中共角色的認定是何等不同。國會中，主張對中共採取「對抗」或「遏制」者，基本上可約略可分為「反共」、「人權」、「經濟保守」等幾種派別。

[73] 蔡瑋，〈美國政府對中共最惠國待遇案所持立場〉，《問題與研究》，第 34 卷第 5 期（民國 84 年 5 月），第 41 至 52 頁。

## 表 4-4　美國行政與立法部門對給予中共最惠國待遇之互動

| 行政部門 | 立法部門 |
|---|---|
| 1990 年 5 月 24 日，布希宣布續延中共最惠國待遇 | 眾議員裴洛西所提議的法案(編號 HJ Res 647)，眾議員皮斯(Don Pease)所提出的法案(編號 HR 4939)，參議員密契爾的提案(編號 S2836)<br>裴洛西所提取消中共最惠國待遇提案，以 247 票對 174 票獲得通過，但是未達到推翻總統所需的絕對的多數；皮斯提案以 384 票對 30 票的多數獲得通過，達到考驗總統否決的多數 |
| 1991 年 5 月 15 日，布希於美國陣亡將士紀念日在耶魯大學發表演說時，正式宣布將給予中共最惠國待遇。1992 年 3 月 2 日，布希否決國會的法案 | 眾議院在 7 月 10 日以 313 票對 112 票通過裴洛西法案；參議院亦以 55 票對 44 票通過米契爾法案。參眾兩院的決議經協調會商爲國會法案後，11 月眾議院以 409 票對 21 票通過之。1992 年 2 月 25 日參議院以 59 票對 39 票通過之<br>3 月 11 日眾院以 357 票對 61 票推翻布希的否決；3 月 18 日，參院以 60 票對 38 票，未能達到推翻總統否決所需的三分之二的多數 |
| 1992 年 6 月 2 日，布希總統宣布續延中共最惠國待遇一年。9 月 28 日，布希總統否決國會法案 | 1992 年 7 月 21 日，眾議院以 339 票對 62 票壓倒性的通過皮斯－裴洛西法案(編號 HR 5318)；9 月 14 日，參議院也以口頭表決(voice vote)的方式通過相同的提案。9 月 30 日，眾議院以 345 票對 74 票推翻總統的否決。10 月 1 日，參議院以 59 票贊成，40 票反對，未能推翻總統的否決 |
| 1993 年 5 月 28 日，柯林頓總統以行政命令宣布續延中共最惠國待遇至 1994 年 7 月 3 日，但對 1994 至 1995 年度是否續惠中共，則視中共是否符合行政命令中所列出的條件而定。該行政命令列出七項條件。第一和第二項條件是強制性的，其一爲中共能否實質推展美國 1974 年貿易法第 401 條關於自由移民的規定；其二爲中共是否遵守 1992 年和美國簽訂有關囚工產品問題的協議。 | 1993 年 4 月 22 日，參議院民主黨領袖密契爾與眾議院議員裴洛西分別提出有條件延長中國最惠國待遇的議案<br>6 月 8 日，共和黨籍議員索羅門(Gerald B. H. Solomon)議員提案取消中共最惠國待遇。該案於 1993 年 6 月 30 日，由眾議院歲出歲入委員會(Ways and Means Committee)以 35 票對 2 票通過<br>7 月 20 日，眾議院以 318 票對 105 票否決了該案 |

## (續)表 4-4　美國行政與立法部門對給予中共最惠國待遇之互動

| | |
|---|---|
| 中共必須滿足該兩項條件，否則無法獲得最惠國待遇。對其餘五項條件，美國僅要求中共達成「全面與顯著的進展」(overall significant progress)。五項條件分別為：採取步驟遵守世界人權宣言(Universal Declaration of Human Rights)；釋放以和平方式表達政治與宗教信仰而遭囚禁或扣押（包括在民主牆及天安門運動中被捕）的中國公民，並且提供這些人士的相關資料；保證犯人的人道待遇（例如允許國際人道及人權組織探視人犯）；保護西藏特有的宗教與文化遺產；允許國際電台與電視台向中國大陸播放節目。該命令規定，一年之後（即 1994 年 6 月 3 日之前），國務卿決定是否向總統推薦續予中共最惠國待遇 | |
| 1994 年 5 月 26 日，柯林頓宣布續延中共最惠國待遇一年，並將人權與最惠國待遇脫鉤。他指出，中共遵守了行政命令中兩項強制性的條件，足以續獲最惠國待遇；對於其他五項人權條件，中共雖有若干進步，但是並未達到「全面與重大進展」的要求；惟取消中共的最惠國待遇，既不符合兩國雙邊互利的關係，亦無助於促進人權的進展 | 1994 年 6 月 16 日，參議院民主黨領袖密契爾、眾議院民主黨領袖蓋哈特(Richard A. Gephardt)、民主黨黨鞭伯尼歐(David E. Bonior)眾議員和裴洛西眾議員共同提出一項「密契爾—裴洛西案」(編號 HR 4590)<br>6 月 29 日，索羅門眾議員在眾院歲入委員會所提的反對柯林頓給予中共最惠國待遇的聯合決議案(編號 H J Res 373)以 31 票對 6 票獲得通過<br><br>8 月 9 日，眾議院針對續予中共最惠國待遇的不同意見議案進行一連串的投票。首先眾議院以壓倒性的 356 票對 75 票否決企圖取消中共所有產品最惠國待遇的共同決議案；眾議院對密契爾－裴洛西案(HR 4590) 進行表決前，外交委員會主席韓莫頓(Lee H. Hamilton)提出修正案，主張支持柯林頓的決定，將最惠國待遇與人權脫鉤。表決結果，該修正案以 280 票對 152 票獲得通過。裴洛西最後以 158 票對 270 票遭到否決 |

(續)表 4-4 美國行政與立法部門對給予中共最惠國待遇之互動

| | |
|---|---|
| 1995 年 6 月 22 日，柯林頓宣布續延中國最惠國待遇一年 | 1995 年 7 月 20 日，眾議院提出 H.J.Res.96 議案，希望終止中共最惠國待遇。該議案以 321 票對 107 票並未通過，取而代之的是以 460 票對 10 票通過最惠國相關法案 H.R.2058。<br>參議院並未考慮類似的行動 |
| 1996 年 5 月 20 日，柯林頓宣布續予中國最惠國待遇一年 | 6 月 6 日 S.J.Res.56 與 6 月 12 日 H.J.Res.182 議案分別被提出<br>6 月 27 日，眾議院以 141 票對 286 票否決 H.J.Res.182<br>眾議院以 411 票對 8 票通過 H.Res.461 要求 |
| 1997 年 5 月 19 日，柯林頓宣布將中共最惠國待遇貿易地位延長一年 | 1997 年 5 月，參議員亞伯拉漢(Spencer Abraham)提出中國制裁與人權促進法案<br>6 月 24 日，眾議院以 173 票對 259 票否決 H.J.Res.79 決議案<br>7 月，眾議院以 259 票對 173 票支持中國最惠國待遇 |
| 1998 年 6 月 3 日，柯林頓宣布續予中國駐會國待遇一年。並將雙方貿易關係改爲「一般貿易關係」 | 6 月 4 日，眾議院索羅門提出 H.R.121 議案<br>7 月 18 日，參議院以 71 票對 28 票支持柯林頓決定；7 月 23 日，眾議院以 264 票對 166 票支持柯林頓的決定。 |

資料來源：作者自行整理

「反共派」的核心是共和黨的右翼，其意識形態是堅決反對共產主義。他們可以算是冷戰時期「冷戰自由派」的延續，他們從根本上反對中共這個共產政權。代表人物，包括了長期堅定支持台灣的參議員赫姆斯(Jesse Helms)，以及在阿拉斯加州迎接李登輝總統的穆考斯基(Frank H. Murkowski)，還有眾議院的伍伏(Frank Wolf)、史密斯(Christopher H. Smith)和索羅門(Gerald Solomon)。

「人權派」則主要是一些民主黨人士。特別在 1989 年天安門事件後，一直要求美國政府對中共施壓，改善人權。

這一派的代表人物有甘迺迪(Edward M. Kennedy)、塞蒙(Paul Simon)和眾議員藍托斯(Tom Lantos)和裴洛西(Nancy Pelosi) 等人。

「經濟保守派」則是指那些對中國大陸經濟成長保持謹慎，尤其是擔心會影響到美國貿易出超的議員。他們主張取消對中國大陸最惠國待遇，以減少大陸對美國的出口，降低與中國大陸的赤字。

這三種觀念分別代表著意識形態的保守主義、人權思想的自由主義及經濟思想的民族主義，原本是應該不相容的，但是在面對中共時，卻能以不同的訴求結合在一起，這也正反映了「遏制中國」缺少理論性的中心思想。

另一方面，美國國會也有主張與中國大陸保持密切關係者，其中的「貿易自由派」的議員基本上來自於選區內有產品出口至中國大陸的地區，主要是農業、農機與機械製造業，代表人物包括參議員鮑可士(Max Baucus)、眾議員布魯特(Peter I. Blute)等。另外「戰略派」則是指那些從美國利益考慮與中共關係者。例如參議員納恩（曾任參議院軍事國際關係委員會主席）和眾議員密爾頓(曾任眾議院國際關係委員會主席)。他們認為在冷戰後中共仍有其戰略價值，美國應繼續與中共保持友好關係，為了美國的戰略利益，美國可以在人權與貿易問題上做出讓步。

第三類是屬於「黨派類」，他們對於美國的中國政策並沒有直接興趣，他們的立場是以黨派之爭爲基礎。如果其所屬政黨主政白宮，他們就支持，否則就反對。這可以自 1992 至 1994 年間看得最爲明顯，在布希執政時，一些民主黨議員反對給予中共最惠國待遇，但是在柯林頓執政時卻不提反對意見。同樣的，一些共和黨議員反對柯林頓的中國政策，也只是政黨立場的表述，爲柯林頓找些麻煩。

其實，最惠國待遇不是外援。該地位並非特別優惠給中共。幾乎有一百個國家藉由諸如北美自由貿易協定和普遍化優惠(Generalized System of Preference)享有對美貿易的特別貿易地位。最惠國待遇是除了少數國家（古巴、北韓、阿富汗、寮國、越南、塞爾維亞）外，美國給予所有國家的一般貿易地位。即使面對美國的制裁，伊朗、利比亞、敘利亞皆享有最惠國待遇。最惠國待遇其實可以視爲是美國國際貿易的基礎。

美國對中共的最惠國待遇問題迄至 1998 年應該可告一段落。[74]迎接雙方經貿關係的議題將是兩國間「一般貿易關係」中的貿易糾紛以及未來在加入世界貿易組織與加入後的一些爭議。回顧有關「最惠國待遇問題」的歷史。美國從未真正考慮取消，總停留在喊話與陷入白宮與國會，或國會黨

---

[74] Naotaka Matsukata, “End the Annual MFN Circus: A New Framework for U.S.-China Economic Relations,” *Policy Briefing*, July 1998. Available from: http://www.dlcppi.org/texts/trade/circus.htm

派間的爭執，顯示出最惠國待遇問題在利益均霑的思維下是不易成爲有效的對外政策工具。無論如何，一般貿易關係是美國對中共交往的基礎部分。[75]

### 三、智慧財產權保護

智慧財產權所產生的問題是中共如何在與西方交往中融入西方所規範的商業體系。[76]19 世紀下半葉，隨著資本主義的市場形成，各國在智慧財產權問題上經常發生衝突。1883 年一些工業化國家締結《保護工業產權巴黎公約》，1886 年簽署《保護文學藝術作品伯恩公約》（中國大陸將伯恩譯爲伯尼爾）。1893 年分別管理上述兩公約的國際局合併，形成了後來的「保護智慧財產權聯合國際局」。1967 年在瑞典斯德哥爾摩與會的各國對上述兩條約進行修訂，締結了《建立世界智慧財產權組織公約》，1970 年該公約生效，原「保護智慧財產權聯合國際局」的全部職能轉給「世界智慧財產權組織」(The World Intellectual Property Organization)。1974 年該組織成爲聯合國內的一個專門機構。

1979 年，中國大陸實施改革開放政策後，與世界經貿接

---

[75] Testimony of Ambassador Charlene Barshefsky, U.S. Trade Representative, Renewal of Normal Trade Relations with China, Senate Committee on Finance, July 9, 1998.

[76] 「智慧財產權」(Intellectual Property)在中國大陸譯為「知識產權」，在香港譯為「智力產權」。一般包括版權、專利權、商標權、禁止不正當競爭權。

軌的同時，中共也必須對國際性的智慧財產權問題作出具體的保護。1982 年 8 月 23 日，中共人大通過《商標法》，象徵中共開始建立現代智慧財產權法律制度的起點。1984 年 3 月 12 日，通過《專利法》，1985 年 4 月 12 日，通過《民法通則》，首次在中共的民事基本法中明確地將智慧財產權作爲公民與法人的民事權利，該法也首次明確表明公民與法人享有著作權。1990 年 9 月 7 日，通過《著作權法》。1993 年 9 月 2 日，通過《反不正當競爭法》。

在參加國際公約方面，1980 年 3 月，中共向「世界智慧財產權組織」提出加入申請，6 月 3 日獲准加入。1984 年 12 月 19 日，中共向「世界智慧財產權組織」遞交《保護工業產權巴黎公約》(The Paris Convention for the Protection of Industrial Property)的加入書，1985 年 3 月 19 日，獲准加入該公約。1989 年 7 月 4 日，中共向「世界智慧財產權組織」遞交《商標國際註冊馬德里協定》的加入書，10 月獲准加入。1992 年 7 月，中共分別向「世界智慧財產權組織」及「聯合國教科文組織」遞交《保護文學和藝術作品伯恩公約》（簡稱《伯恩公約》（the Berne Convention），中共將其譯爲《伯尼爾公約》）和《世界版權公約》的加入書，同年 10 月成爲該兩公約的成員國。1993 年 4 月 30 日，中共成爲《保護錄音製品製作者防止未經許可複製其錄音製品公約》（簡稱《錄音製品公約》成員國。1994 年 1 月 1 日，中共成爲《專利合作條約》的成員國。

從上述中共有關智慧財產權的立法與加入國際公約來看，不論其執行的成效如何，中共已充分地接受有關的國際制約，在這一方面應該算是西方世界的一大收獲。

美國對於智慧財產權保護的關注由來已久，由於美國與中共在經濟發展的水準不同，彼此對智慧財產權的適用範圍與時限認知也不同，在法律方面的規範也有別。在 1989 年天安門事件前，即已存在於兩國間的問題。1979 年，兩國建交後的雙方的首次貿易協定中，即提出該項問題。雷根政府時期，與中國大陸有生意往來的美國商人則大肆抨擊中共對智慧財產權保護的不力。然而，在當時正常和友好的雙邊關係氣氛下，對智慧財產權的保護，則是被視為「其中之一的普通困擾」問題。[77]在天安門事件後，美國國會對此問題強調了它的特殊與重要性。在冷戰後雙方處於「更正常」的氣氛下，布希政府被期待對此問題做一突破，或至少有所進展。

美國與中共間的第一次有關智慧財產權的爭議是在 1991 年，4 月份美國宣布依據「特別 301 條款」，中共成為美國保護智慧財產權方面存在問題的「優先國家」(Priority List)，並自 5 月底起對中共進行半年的調查。爾後雙方進行談判，談判並不順利，在 11 月 26 日即將達成共識簽字時，美國宣布將對價值 15 億美元的 106 種中國大陸輸美商品加徵 100%

---

[77] Jerome A. Cohen: "Legal Framework for Investment," in *U.S. China Trade: Problems and Prospects*, Eugene K. Lawson, ed. (New York: Praeger Publishers, 1988), p.124.

關稅，中共立刻採取報復措施，對美方向中國大陸出口價值 12 億美元的商品徵收懲罰性關稅。在避免貿易大戰對彼此均無利的認知下，雙方再度談判，至 1992 年 1 月 17 日，雙方相互讓步，簽署《中美關於保護智慧財產權諒解備忘錄》，[78]中共同意在專利法的保護範圍、期限及保護商業秘密方面讓步，同意在十八個月以內加入《伯恩公約》和《日內瓦標音文字公約》（the Geneva Phonogames Convention），以及在未來的兩年採取一些必要的步驟來制定新的法律與規則，以擴大對於智慧財產權的適用範圍。顯著的進步可以由三點看出：第一，首次擴大著作權對外國有關軟體、書籍、影片、錄音帶和其他主要的作品所有人之保護。第二，撤消對於製藥和化學產品商標的禁止。第三，保護不同形式的公平競爭，包括對於貿易秘密的保護。在諒解備忘錄之下，電腦程式在中國大陸被歸類爲「文字作品」並不課以任何強制的正規手續，加以五〇年的保護，就如同在《伯恩公約》的規定。而美國承諾自簽字日起中止對中共的「特別 301 條款」調查，不再視中共爲「優先國家」。

當兩國對於智慧財產權的討論成爲主要議題時，象徵著外國西方的市場經濟體系進入中國大陸。這一次美國與中共有關智慧財產權的衝突結果也反應了兩個事實：一是美國與中共雙方都不願意承擔貿易大戰的風險；二是中國大陸承認

---

[78] 朱成虎主編，《中美關係的發展變化及其趨勢》（南京：江蘇人民出版社，1998），第 275 至 276 頁。

在智慧財產權的保護仍舊不足，中共也沒有任何力抵擋美國的壓力，終究在法律上作了些規範，以及儘速參與國際公約。

美國與中共第二次有關智慧財產權的衝突在 1994 年 2 月。美國再以中共保護智慧財產權不力為由，向中共發出報復威脅。12 月 31 日美方再稱，如果中國大陸在 1995 年 2 月 4 日前不改善，美國將進行貿易報復，並公布報復清單，主要是針對從中國大陸進口的電子產品、玩具、發電機、手錶等價值 28 億美元產品徵收 100%關稅。中共立刻公布反報復清單，主要是針對遊樂器、錄音機、CD、煙酒等商品加徵 100%關稅，並暫停進口美國的影視產品；暫停與美國音像製品協會、商業軟體聯盟等機構的合作關係；暫停受理美國音像製品公司在中國大陸設立分支機構或辦事處的申請；暫停受理美國化學、藥品製造商提出的申請。中共方面所列的反報復清單對美方可能造成的損失遠超過美方開出的 28 億美元，雙方的貿易戰又是一觸即發。在經歷 12 個月的九回合談判後，1995 年 3 月 11 日，美國與中共正式簽署一協議，在最後一刻避免了一場迫在眉睫的貿易大戰。

第三次的重大衝突是從 1995 年底又開始。11 月美國貿易副代表白茜芙在參議院外交委員會作證時表示，中國大陸並未認真執行智慧財產權保護協議。由於中國大陸的盜版行為，致使美國 1995 年損失 8.66 億美元。1996 年初，美國貿易代表坎特表示要對中共實施 10 億餘美元的制裁，4 月 30 日，中共再被美國列入 301 條款的「優先名單」，而且是該年度的唯一一列入「優先名單」的國家。5 月 13 至 14 日，美國與中共相關談判沒有結果，15 日美國宣布對中共的貿易制裁，公布價值高達 30 億美元的報復清單。6 月 14 日起，雙方再度開始談判。在談判中，雙方就四個關鍵問題進行討論：關閉盜版 CD 廠問題；延長特別執法問題；海關加強邊境執法問題；美國進入中國大陸市場問題。這次談判可稱順利，在 6 月 17 日雙方即達成協議，美國承諾將中共從 301 條款的「優先名單」去除，取消原本要採取的報復措施。中共方面也取消對美國的報復措施，並承諾對智慧財產權的保護。[79]

總結三次美國與中共間因智慧財產權保護所引發的貿易衝突或可能大戰，都在雙方的節制下化險爲夷。畢竟兩國的經貿其間的利益不只是包括兩國本身，也牽涉到台灣、香港，或影響到其他亞太地區的經濟發展，貿易戰對彼此及亞太地區都非屬有利。未來兩國間在智慧財產權的方面應該仍會有歧異，但如果雙方的政治關係良好，智慧財產權的衝突應該並不容易造成雙方的貿易戰。

最後，在中國大陸與美國的貿易問題上，最引起注意的莫過於加入世界貿易組織的問題。1997 年 10 月柯江高峰會中，雙方討論經濟議題。柯江同意對中共加入世貿議題上進行密集談判。中共自 1986 年即尋求加入國際貿易協定，當時

[79] 朱成虎主編，《中美關係的發展變化及其趨勢》，第 277 至 279 頁。

北京開啓加入關貿總協的談判。中共認爲，本身已經完成實質的經濟改革，因而有充分的資格加入世貿組織。舉例而言，1997年9月12日召開的15屆黨代表大會中共宣布調降關稅，由平均 23%降至 17%，並提出全面改造國營企業的計畫。然而，美國堅持中國所做的並不充足，在中國加入世貿之前進一步的改革是必要的。

中共一直認爲美國是其加入世界貿易組織的主要障礙，大陸本身在加入的條件上已取得很大的進展，應該給中國大陸一定的時間以適應加入的條件，但過渡期不應太長。中共將加入世界貿易組織排至優先地位。美國的立場是中共在加入世貿組織前必須對其貿易體制進行實質的改革，然中共認爲，大陸應被視爲開發中國家，因而應有完成改革的緩衝期。不過可以預期的，中共未來加入世界貿易組織自然不成問題，廿一世紀的美國與中共的經貿關係將是在世界貿易組織結構下運作，中共的加入也將代表中共完全溶入西方的經貿體制規範，這對未來美國與中共兩國的發展絕對是屬於正面的。

## 第四節　安全議題：美國在意的實質議題

美國與中共安全議題主要表現在兩國軍事關係，由於軍事關係有其本身的特性與發展規律，因此，美中軍事關係具有特殊性。雙方軍事關係面對許多問題與合作的領域。基於美國逐漸形成的反擴散戰略，致使美國增強與中共進行安全對話的動機。美國反擴散戰略主要來自於兩項因素的結合：其一為波斯灣戰爭時，與伊拉克對抗經驗所產生的軍事需要；其二為美國國防「全盤檢討」(Bottom Up Review)導致該國對傳統武力結構的重新定向。因此，除兩國獨特的軍事關係外，另一項廿一世紀持續討論的焦點，將是反擴散問題。

## 一、國際安全合作與軍事交流

美國與中共的安全問題與全球的穩定具有相當密切的關係，它涉及兩個意識形態不同國家間的競爭與合作，亦牽涉全球的安全與穩定。

就美國的立場而言，中共的軍事力量雖不足以左右世界，但是其軍事能力已有足夠影響世局的安定。根據美國中央情報局 1996 年的一份報告顯示，中共與俄羅斯、北韓、德國列名為大規模毀滅性武器的主要供應國。該報告除推測在未來，中共和俄羅斯將持續作為主要的供應國外，在報告中亦針對中共部分有所評述：

>「1996 年下半年，中國是最主要的大規模毀滅性武器相關產品和技術的供應國。中國人提供眾多種類的援助至伊朗和巴基斯坦的彈道飛彈計畫。中國也是巴基斯坦獲得核子相關裝備與技術的主要來源。伊朗亦自中國獲得

化學武器的生產設備和技術的相關援助。」[80]

根據美國國防部 1997 年 11 月所出版的《擴散：威脅與回應》報告指出，中共的國家目標包括國家的全面現代化。中共的戰略構成部分則是發展充足的現代化軍事力量，以有效在區域發揮影響力、嚇阻敵人、確保外交事務上的獨立自主、保障經濟資源與海洋國土及維護領土主權的完整。作爲達到該戰略的手段，中共擁有核子與化學武器的製造能力，並亦擁有各類彈道飛彈投射能力，見**表 4-5**。在可見的未來，中共將持續現代化其軍事能力。[81]

中共在自述其國防安全政策時，則是強調其防衛的國防政策，並爲經濟建設服務，而不會侵略他國。在 1998 年 7 月 27 日中共公布的《中國的國防》白皮書（簡稱《國防白皮書》）在論及中共的國防政策時稱：

「中國的發展需要一個長期和國際和平環境，特別是良好的週邊環境。中國始終不渝地奉行獨立自主的和平外交政策，不同任何大國或國家集團結盟……，中國將來即使強大了，也絕不走上對外擴張的道路。……中國國防政策主要內容：（一）抵抗侵略，保衛國家主權、統一和領土完整與安全。（二）國防建設與經濟建設協調

[80] Director of Central Intelligence, *The Acquisition of Technology Relating to Weapons of Mass Destruction and Advanced Conventions/ Munitions July-December 1996.*

[81] U.S. Department of Defense, *Proliferation: Threat and Response 1997.*

## 表 4-5　中共核生化武器與飛彈計畫

| | |
|---|---|
| 核子武器 | 1994 年首次核試，1996 年完成一系列測試後中止核試<br>裝置超過 100 顆彈道飛彈彈頭<br>持續對燃料的儲存<br>1992 年加入《核非擴散條約》，1996 年簽署《全面禁試條約 |
| 化學武器 | 已生產並能使用不同的投射方式發射<br>批准《化學武器公約》 |
| 生物武器 | 擁有生物戰爭計畫所需的基礎建設<br>1984 年中共加入《生物和毒氣公約》，但似乎仍有攻擊性生物戰爭計畫 |
| 彈道飛彈 | 已生產，能使用不同的陸基和海基發射彈道飛彈<br>1995 和 1996 年曾對台灣附近發射飛彈<br>從事現代化的計畫<br>保證遵守《飛彈技術管制體制》 |
| 其他可利用的投射方式 | 能以陸、海、空發射巡弋飛彈，大多數爲反艦<br>飛機（戰鬥機、炸彈、直升機）<br>地面系統（大砲、火箭發射、迫擊砲） |

資料來源：Department of Defense, Office of the Secretary of Defense, *Proliferation: Threat and Response, 1997*. Available from: www.defenselink.mil/ pubs/prolif97

發展，堅持以經濟建設為中心。（三）貫徹積極防禦的軍事戰略方針。（四）走有中國特色的精兵之路。維持世界和平，反對侵略擴張」。[82]

---

[82] 中華人民共和國，國務院新聞辦公室，《中國的國防》，1998 年 7 月，北京。 http://www.china.org.cn/indexC.html

中共在維持國際安全合作方面，一方面建立與周邊國家的信任措施，包括：1994 年，中共與俄羅斯簽署《關於預防危險軍事活動的協定》。1996 年 4 月，中共與俄羅斯、哈薩克、吉爾吉斯、塔吉克等五國簽署《關於在邊境地區加強軍事領域信任協定》。1996 年 11 月，中共與印度簽署《關於在邊境實際控制線地區軍事領域建立信任措施的協定》。1998 年 1 月，中共與美國簽署《關於建立加強海上軍事安全磋商機制的協定》。1998 年 6 月，中共與美國共同宣布，不再將各自控制下的戰略核武器瞄準對方。此外，中共與美國與俄羅斯建立了國家元首間直通保密電話的聯繫。上述作爲顯示，積極與週邊國家建立安全合作，是中共在 1990 年代中期以後的重要政策，其目的就是在爲中共的經濟發展創造有利的和平環境。與美國安全合作關係的建立應該也是這個戰略下的必然結果。

在另一方面，中共也開始積極參與聯合國的維持和平行動，已先後向「聯合國中東停戰監督組織」(UNTSO)、「聯合國伊拉克－科威特觀察團」(UNIKOM)、「聯合國柬埔寨臨時權力機構」(UNTAC)、「聯合國西撒哈拉公民投票特派團」(MINURSO)、「聯合國莫桑比克行動」(ONUMOZ)和「聯合國利比里亞觀察團」(SZOML)等六項聯合國維持和平行動，派出軍事觀察員 32 批 437 人次。[83]中共積極參與聯合國的共

---

[83] 同上註。

同行動，也是以強化在聯合國中的影響力爲主要思考，不應被視爲是中共對美國聯合國政策的配合。

美國亟於與中共改善雙方的軍事關係，是基於 1996 年 3 月間的台海危機，特別是對高雄、基隆近海發射 M 族飛彈，美國及時派遣兩個航艦戰鬥群進入台海近域，造成台海劍拔弩張，隨時有觸發熱戰的可能。危機過後，美國積極與中共改善關係，其中最重要的部分就是改善雙方的軍事關係。1998 年 6 月底柯林頓在訪問中國大陸時與江澤民就一系列問題達成共識。雙方同意向建立「建設性的戰略夥伴關係」邁進。基此精神，雙方決定互不將各自控制下的戰略核武器瞄準對方，如此雙方可獲得三方面利益：增加了雙方面的安全、增加相互間的信任、推進兩國全面性關係的實質化和機制化。兩國也簽定了《關於南亞問題的聯合聲明》。聲明中，雙方同意在安理會五個常任理事國和安理會內其他國家繼續密切合作，以防止南亞核武及導彈競賽的升級，以加強國際防核擴散的努力，促進印巴和解，並且通過和平方式解決兩國的分歧。該聲明得到國際社會的高度評價，國際社會普遍認爲，這有助於南亞地區的和平與穩定。

在美國與中共的軍事交流方面，美國邀請中共派員觀察年度太平洋軍事演習(RIMPAC)。自 1997 年秋天，美國與中共建立「建設性的戰略夥伴關係」後，雙方每隔兩個月就有一個高級軍事訪問團來訪或出訪。[84]1998 年 1 月 19 日，美國與中共國防部長在北京正式簽署《關於建立加強海上軍事安全磋商機制協定》。根據雙方在香港接收前達成的協議，美國軍艦和飛行器在香港接受後，仍可以到香港停靠和修整。據 1997 年 7 月到 1998 年 5 月底，美方已有軍艦 36 批 50 艘，飛機 62 架次，共 22500 多人次到港修整和補給。[85]

奈伊以助理國防部長之身分，即強調與中共軍事交往的基礎，他的發言可以視為是美國與中共維持國際安全合作以及從事軍事交流政策的總結。他說：

「在世界轉型過程中，安全對話與軍事交流非常重要。中國在太平洋的力量和存在尚在培育過程中，美國因而能夠影響其進程。此係美國為何選擇交往而非圍堵的原因；

美國在亞太的盟邦支持廣泛的交往政策，包括安全方面的關切；

冷戰後的國際環境中，美國試圖在太平洋促進透明度與相互信任，而非軍備競賽，當然需要中國的合作；

中國在許多區域衝突問題乃至今後某些全球問題上處於

---

[84] 例如，1997 年 12 月美國太平洋總部司令普里鄂上將，1998 年 1 月美國國防部長柯恩，5 月美國空軍參謀長瑞安上將等先後訪問中國大陸。1998 年 3 月間，中共總後勤部部長王克訪美。

[85] 《大陸情勢週報》，中國國民黨大陸研究工作會，第 1291 期，民國 87 年 7 月 15 日，第 20 頁。

關鍵地位，中國的支持和合作對美國建立有效的軍控和不擴散體制，至關重要；

中國的軍事和安全菁英在內部政治轉型過程中扮演關鍵作用，軍隊在當代中國保有權力與影響力，並對美國關切的問題具有發言權。對話促使美國能夠有效管窺和遇見中國政治體制，並與一強有力的實體保持聯繫；

美國應當避免和防止軍事事故和危險的誤判。美國在太平洋的利益意謂美國很可能在未來與中國軍隊在同一區域運作；

中國應當被鼓勵加入區域和多邊安全體制，此將有利於美國的安全目標。美國能夠主導將中國引入該等集體體制美國應當避免和防止軍事事故和危險的誤判。美國在太平洋的利益意謂美國很可能在未來與中國軍隊在同一區域運作；

中國應當被鼓勵加入區域和多邊安全體制，此將有利於美國的安全目標。美國能夠主導將中國引入該等集體體制與框架內，以增進相互理解、信任和最大的穩定。」[86]

總之，美中軍事關係是兩國關係中極其重要的組成部分，然由於歷史及其他諸多因素，致使美中兩軍之間甚多隔

[86] 劉勁松，〈中美軍事關係的歷史演變和前景〉，《香港大公報》，1997年12月15日，第C12頁。

閡。美國企圖將兩軍交往納入全面交往之一部分，並且藉由軍事設備的透明化，展現美國軍事力量的強盛，不啻希望一方面避免雙方因誤判發生衝突，另一方面則展示武力進行「軟威懾」。

## 二、飛彈擴散問題

1990 年代初期，中共轉移 M-11 彈道飛彈至巴基斯坦成爲媒體關注的焦點。1991 年 4 月，《華爾街日報》(Wall Street Journal)報導中共出售飛彈至巴基斯坦，使該議題逐漸浮出台面。[87]其後，《華盛頓郵報》報導，美國情報單位在巴基斯坦發現數座 M-11 之發射器。[88]由巴基斯坦獲得飛彈生產技術引發另一個問題，即巴國可能將導彈裝置核子彈頭。[89]該事件導致 1991 年 6 月美國對中共施加制裁，影響兩個中共國營企業：中國長城工業公司（中共的衛星發射公司）和中國精密機具進出口公司（該公司製造飛彈）。美國政府拒發輸往中共的衛星、飛彈技術和設備，以及高速電腦的出口執照。1991 年 11 月，國務卿貝克(James Baker)在訪問中國大陸期間，解決該項擴散問題，他得到中共官方對《飛彈技術管制》的承

---

87 "Pakistan Seeks Chinese Missiles, U.S. Believe," *Wall Street Journal*, April 5, 1991, p.A16.

88 R. Jeffrey Smith, "Chinese Missile Launchers Sighted in Pakistan," *Washington Post*, April 6, 1991, p.A17.

89 Jim Mann, "Arms Sales by China Breaks Vow," *Los Angeles Times*, December 4, 1992, p.A1.

諾。因此，1992 年 3 月，美國取消該項制裁。[90]取消制裁後，又有媒體報導中共違反該項承諾，[91]報導指出，根據匿名的情報官員透露，中共經由喀拉蚩(Karachi)港運送大約 24 枚 M-11 飛彈至巴基斯坦。尤有進者，巴國陸軍總司令貝格(Mirza Aslasm Beg)亦承認巴國自中共購得 M-11 飛彈，但否認具有核子彈頭。[92]根據該等證據，1993 年 8 月，美國再度對中共施加制裁，[93]對象包括巴國的國防部以及 11 家違反「飛彈技術管制機制」類別二的中共國防與航太公司。[94]。

該項制裁實施後不久，《華盛頓時報》引述國務院和情報單位資料報導，情報資料明確顯示，中共於 1992 年 11 月出口 M-11 飛彈之關鍵零件至巴國，此舉違反「飛彈技術管制機制」的第一類別。克里斯多福認爲，中共僅違反第二類別的承諾；助卿戴維斯(Lynn Davis)亦爲克里斯多福的決策辯護，他認爲，美國並無證據證明巴國獲得完整的 M-11 飛彈。[95]1994 年 10 月，由於中共保證不會出口射程 300 公里以上的「地對地飛彈」，美國再次取消制裁。美中雙方亦再次重申

---

[90] *Ibid.*, p.CRS-19.

[91] Mann, pp.A1, A18.

[92] "China Sold Pakistan M-11 Missiles: Former Official," *Agency France Press*, December 6, 1992.

[93] Shirley A. Kan, Chinese Proliferation of Weapons of Mass Destruction: Background and Analysis, *Congressional Research Service*, p.CRS-17.

[94] "China and Pakistan: M-11 Missile Sanctions," *U.S. Department of State Dispatch*, August 30, 1993, p.607.

[95] Martin Sieff, "Slap on Wrist for Beijing, Missile Sales Draw Sanction from U. S.," *Washington Times*, August 26, 1993, p.A1.

遵守「飛彈技術管制機制」的規定。[96]

制裁取消後，美國媒體仍不時揭露中共持續移轉 M-11 飛彈至巴國的消息。《華盛頓郵報》即公布衛星監測的照片認爲，巴國自 1992 年 10 月至 1995 年中旬，至少獲得 30 枚以上的 M-11 飛彈。[97]另據報導，巴國哈合爾(Lahore)西部的薩哥達哈(Sargodha)空軍基地是放置 M-11 飛彈之所，巴國在該地建構飛彈和機動發射器的掩蔽物，以及相關的維護設施與房舍。[98]士兵似乎亦接受中共專家的建議，練習發射的基本動作。[99]

1996 年 6 月，《華盛頓郵報》再次報導，美國所有的情報單位皆有高度信心的相信，巴基斯坦已經獲得 M-11 飛彈，而且伊斯蘭馬巴德可能以爲 M-11 發展出核子彈頭。[100]8 月，《華盛頓郵報》又揭露機密的國家情報評估(National Intelligence Estimate)報導，巴基斯坦有能力在 48 小時內完成 M-11 飛彈的發射。而且，巴國建造工廠以製造 M-11 飛彈或該飛彈的主要零件，而該等能力來自中共提供的藍圖和設備。[101]雖然有其他報導證明巴國取得 M-11 飛彈，然國務院皆不

---

[96] Kan, p.CRS-24.

[97] R. Jeffrey Smith and David B. Ottaway, "Spy Photos Suggest China Missile Trade: Pressure for Sanctions Builds Over Evidence Pakistan has M-11s," *Washington Post*, July 3, 1995, p.A1.

[98] *Ibid.*

[99] *Ibid.*

[100] R. Jeffrey Smith, "Report Cites China-Pakistan Missile Links," *Washington Post*, June 18, 1996, p.A19.

[101] R. Jeffrey Smith, "China Linked to Pakistani Missile Plant: Secret

願意證實。[102]

中共亦出售先進的傳統飛彈系統 C-802 反艦巡弋飛彈給伊朗，該飛彈對美國波斯灣的軍力構成威脅。該飛彈能載重 165 公斤而射程達到 120 公里，飛彈的殺傷力在於其能接近海平面飛行。[103]1987 年一枚飛魚(Exocet) 巡弋飛彈曾造成美國航空母艦史塔克(Stark)號 37 人死亡。

1996 年 1 月，美國第五艦隊副司令列德(Scott Redd)首次披露伊朗擁有該飛彈。他認為，C-802 賦予伊朗軍事力量新的火力，亦使美國海軍遭受威脅。[104]除了地基與海基外，伊朗亦可以藉由空中發射 C-802。[105]1996 年 3 月，有報導指出，伊朗擁有大約 40 枚 C-802 飛彈。[106]此後，即無公開資訊關於中共提供 C-802 給伊朗的增加數目。

根據《華盛頓時報》的報導，1995 年年底，美國國防部官員建議一項決策，即中共違反 1992 年高爾—麥肯伊朗伊拉

---

Project Could Renew Sanctions Issue," *Washington Post*, August 25, 1996, p.A1.

[102] Bill Gertz, "Pakistan Deploys Chinese Missiles," *Washington Times*, June 12, 1996, p.A14 and Bill Gertz, "China Nuclear Transfer Exposed: Hill Expected to Urge Sanctions," *Washington Times*, February 5, 1996, p.A1.

[103] Bill Gertz, "Iran Obtains Patrol Boats from China," *Washington Times*, March 27, 1996, p.A12.

[104] Bill Gertz, "Pentagon Began Seeking Sanctions on China Months Ago," *Washington Times*, February 10, 1996, p.A6 and Bill Gertz, "Iran Obtains Patrol Boats from China," *Washington Times*, March 27, 1996, p.A1.

[105] Bill Gertz, "U.S. Commander in Gulf Sees Increased Threat from Iran," *Washington Times*, January 29, 1997, p.A3.

[106] Gertz, "Iran Obtains Patrol boats from China," p.A1.

克軍備非擴散法案(the Gore-McCain Iran-Iraq Arms Non proliferation Act)，該法案要求制裁任何移轉先進傳統武器至兩伊的國家。然而，國務院的官員，包括助卿戴維斯皆反對新的制裁，以避免損害與北京的關係。[107]

在參議院的聽證會中，主管非擴散的助卿艾宏(Robert Einhorn)承認該項交易，他說，「中共移轉 C-802 反艦巡弋飛彈給伊朗是毋庸置疑的。」[108]他進一步闡述，「該飛彈增進中共在其他波斯灣國家的海洋利益，它們冒險從事交易，然而它們對美軍在該地區的行動構成威脅。」[109]

1997 年 3 月所出版的《全球海洋挑戰》(Worldwide Maritime Challenges)報告中，海軍情報局評估伊朗獲得 C-802 飛彈和 Houdong 巡邏艦認爲，裝載中製的 C-802 巡弋飛彈，Houdong 艦將對波斯灣的所有船隻構成威脅。[110]該報告強調，除 C-802 飛彈外，伊朗似乎自俄羅斯購得基洛級(Kilo)潛水艇，致使伊朗「有足夠能力威脅在波斯灣中美國的海軍和商船，並可能控制赫姆斯海峽(the Strait of Hormuz)。伊朗繼續從事傳統和大規模毀滅性武器的取得，將導致海灣的不穩

---

107 Gertz, "Pentagon Began Seeking Sanctions on China Months Ago," p.A6.

108 U.S. Congress, Senate Governmental Affairs Subcommittee on International Security, Proliferation, and Federal Services, Hearing on April 10, 1997, p.14.

109 *Ibid.*, p.21.

110 Office of Naval Intelligence Publication, " Worldwide Maritime Challenges 1997," March 1997, p.21.

定。」[111]

除了關注伊朗的新飛彈外，艾宏也爲政府反制裁的立場辯護，他認爲，中共並未違反高爾麥肯法案。[112]然而，李潔明在聽證會中則指陳中共出售飛彈的行逕違反美國的法律。[113]他強調，伊朗擁有 C-802 飛彈造成美國艦隊明顯和現存的危險。[114]

1997 年江澤民訪問美國之前，媒體報導引述錢其琛對歐布萊特保證北京將停止對伊朗出售巡弋飛彈。[115]1997 年 10 月 18 日，國務院發言人魯賓(James Rubin)說，歐布萊特國務卿與中共外長會晤中，表達美國十分關心中共出售傳統武器和巡弋飛彈給伊朗。[116]

除巡弋飛彈外，亦有報導指出中共移轉飛彈技術至伊朗。1995 年 6 月 23 日，《紐約時報》引述中央情報局的報告指出，中共交付數十或數百飛彈導引系統和自動化機器工

---

[111] *Ibid.*

[112] U.S. Congress, Senate Governmental Affairs Subcommittee on International Security, Proliferation, and Federal Services, Hearing on April 10, 1997, p.9.

[113] *Ibid.*, p.25.

[114] *Ibid.*, p.24.

[115] Steven Erlanger, "U.S. Says Chinese Will Syop Sending Missiles To Iran: Nuclear Aid May End Too," *New York Times*, October 18, 1997, p.A1 and Laura Myers, "China promises to halt missile sales to Iran, U.S. official says," Associated Press, October 18, 1997.

[116] Myers, "China promises to halt missile sales to Iran, U.S. official says," Associated Press, October 18, 1997.

具至伊朗。[117]據聞，該等零件可增加北韓提供飛毛腿(Scud)飛彈的準確度，而且將而且將增進伊朗自製飛彈的能力。軍備管制暨裁軍局主任侯倫(John Holum)認爲，中共對伊朗進行飛彈相關的移轉是一項美國是否採取制裁的實質指標。[118]

1996 年 11 月，《華盛頓時報》揭露中央情報局一份名爲《軍備轉移恐怖主義支持國》的報告指稱，中國精密工程研究所同意出售環動儀、加速測定儀及測試裝置給伊朗國防產業部門，以建立和測試飛彈導引系統。[119]對於《紐約時報》等報導，美國國務院發言人伯恩斯回應，美國密切注視該類指控，但並不能判明中共是否違反承諾或美國法律。[120]然而，1997 年 6 月，歐布萊特致眾議員索羅門(Gerald Solomon)的信中，重申行政部門仍對中共轉移飛彈相關技術的報導，進行謹慎的檢討，但是否將對技術轉移進行制裁，則仍在未定之天。

1997 年 6 月 17 日，《華盛頓時報》再度揭露國防部的機密情報報告，該報告指稱，由於伊朗獲得中共的援助，正發展新型短程彈道飛彈。[121]此外，中央情報局長在給國會一

---

[117] Elaine Sciolino, New York Times News Service, "China Targeted on Missile Exports," *International Herald Tribune*, June 23, 1995, p.1.

[118] *Ibid.*

[119] Bill Gertz, "China Sold Iran Missile Technology," *Washington Times*, November 21, 1996, p.A14 and Willis Witter, "U. S.: No Proof of Chinese Violations," *Washington Times*, November 23, 1996, p.A1.

[120] Bill Gertz, "China Sold Iran Missile Technology," *Washington Times*, November 21, 1996, p.A14.

[121] "China Joins Forces with Iran on Short-range Missile," *Washington Times*,

份不具機密的報告中顯示，美國情報部門逐漸取得共識，即中共對伊朗和巴基斯坦彈道飛彈提供種類繁多的援助。[122]

雖然中共提供飛彈或技術的消息不斷出現，然而由於美國政府並無提供確切證據，且中共在形式上不斷與美國步調一致，致使雙方在飛彈擴散議題之爭議可能逐漸降低。然而，中共飛彈擴散的作爲亦爲其籌碼，該項籌碼可能與美國對台軍售或對中共高科技進口管制議題掛鉤，因此，美國仍得將中共拉進國際飛彈管制的建制內，方可能較徹底解決該議題。

## 三、化武、生武與核武擴散問題

1993 年 1 月 13 日，130 個國家在巴黎簽署《禁止化學武器公約》，中共當時並未簽署；3 月 29 日，中共始成爲簽署國。該公約禁止發展、製造、擁有、囤積、保留及直接或間接轉讓化學武器，禁止使用或準備使用化學武器，亦禁止協助或教唆任何人參與公約禁止的活動。公約容許執行例行或突擊檢查，以確保公約內容獲得遵守。該公約規定，凡正式簽署國均可提出進行突擊檢查。檢查行動會由國際技術秘書處執行，檢查員會將檢查報告遞交行政委員會審閱。

1993 年 7 月 23 日，美國駐北京使館官員約見中共外交部國際司官員，宣稱，美方獲得確切情報，中共貨輪「銀河

June 17, 1997, p.A3.

122 Director of Central Intelligence Report to Congress, "The Acquisition of Technology Relating to Weapons of Mass Destruction and Advanced Conventional Munitions," June 1997, p.5.

號」於 7 月 15 日自大連出發，裝載製造化學武器前體硫二甘醇和亞硫酰氯，[123]並正駛往伊朗的阿巴斯港。美國政府要求中共立即採取措施，制止該出口行為，否則，美國就要依據國內法對中共制裁。自 8 月 1 日開始，兩艘美國軍艦即跟蹤銀河號，美軍飛機亦在銀河號上空進行偵察、拍照。3 日，銀河號被迫暫停前進。7 日，中共官方首次披露銀河號糾紛，指摘美國多番干擾貨輪靠岸，導致貨輪被迫在公海漂泊，中共外交部對美國提出強烈抗議。13 日，美國威脅要將銀河號事件併入 1994 年審議是否延續予中共最惠國待遇的考慮因素之一。北京外交部部長助理秦華孫指責美國的情報「連基本情況都沒有搞清楚」，並表示中方曾提出卸貨後由第三方檢查的建議，但遭美國拒絕。14 日，克里斯多福聲言正找尋可行的機會登輪檢查。16 日，銀河號自伊朗水域駛入波斯灣安曼灣。17 日，美中雙方討論由中立第三方上船檢查。24 日，銀河號駛往沙烏地阿拉伯，中共外交部國際司副司長沙祖康代表中共受檢船隻。26 日，中共接受美方以沙烏地阿拉伯顧問身分參與檢查。30 日，檢查行動展開。9 月 2 日，船上證明沒有違禁化學品。[124]

1996 年 3 月，《華盛頓郵報》報導，中共的公司提供伊

---

[123] 硫二甘醇係糖漿狀無色透明液體，主要用以製造防腐劑、殺蟲劑、除草劑和棉織物染色劑等。亞硫酰氯是無色或淡黃色液體，大多用於有機合成、染料、農藥和醫藥製造。該兩種化學品可用於軍事目的，例如製成芥子氣等化學戰劑。

[124] 《明報》，1993 年 9 月 5 日，第 A6 版。

朗可以生產化學武器的整廠設備。[125]

1997 年 1 月 24 日，歐布萊特在參議院外交關係委員會指出，中共公司出售伊朗的設備可以擴充伊朗的生物武器計畫。一名美國匿名的情報官員指出，該等設備和疫苗的移轉不僅可以應用於人類的醫藥研究，亦可以作爲生物武器的研究。[126]

根據報導，伊朗是第三世界最大的化學武器儲藏庫。[127]1995 年，中央情報局防擴散中心主任歐樂(Gordon Oehler)在參院作證指出，德黑蘭持續提升和擴大化學武器的製造與使用能力，並且持續投注大量的資金，不啻意味德黑蘭企圖持續擁有化學武器的能力。[128]1996 年，國防部的研究指出，伊朗自 1980 年代初期開始生物武器計畫，迄今已有能力製造許多不同種類的生物武器。[129]

中共於 1993 年簽署《禁止化學武器公約》並於 1997 年 5 月 4 日批准生效，雖美國行政部門鼓勵中共的舉動，但仍在同月對兩家中共的公司一家香港廠商對伊朗援助化學武器

---

[125] R. Jeffrey Smith, "Chinese Firms Supply Iran With Gas Factories," *Washington Post*, March 8, 1996, p.A26.

[126] Bill Gertz, "Albright Concedes Concern Over China-Iran Transfers," *Washington Times*, January 24, 1997, p.A6.

[127] "Don't Forget About Iran," *Wall Street Journal*, September 23, 1996, p.A20.

[128] Smith, "Chinese Firms Supply Iran With Gas Factories," p.A26.

[129] Department of Defense, *Proliferation: Threat and Response*, April 1996, p.16.

計畫而施予制裁。[130]該項制裁是美國首度使用 1991 年通過的《生化武器控制和戰爭消除法》(the Chemical and Biological Weapons Control and Warfare Elimination Act)對中共企業生化武器相關的制裁。

中共與巴基斯坦核子合作的傳聞出現在 1980 年代初期，中共援助巴國的項目，包括：協助建立反應爐、提供 2 萬 5 千噸核分裂裝置的設計及足以製造兩顆核彈的鈾原料。[131]1992 年，中共加入《禁止核子擴散條約》之前，中共結束在巴國查斯馬(Chasma)建造一座價值約 5 億美元的核子反應爐的交易案。《禁止核子擴散條約》規定，禁止出口核子物質至非核武器國家。[132]雖然中共加入了該項條約，但其拒絕參加核子供應者集團(Nuclear Suppliers Group)，該集團成員同意限制出口軍民兩用和特別設計以準備用作核子裝置和設施的材料，唯有在該等國家接受國際原子能總署全面的監督方得為之。

1997 年 9 月，中共宣布將對核子裝置的出口執行一項出口執照系統，並將對軍民兩用核裝置出口法制化。[133]建立核

[130] 兩家中共的公司為：Nanjing Chemical Industries Group 和 Jiangsu Yongli Chemical Engineering and Technology Import/Export Corporation, see Steven Mufson, "U.S. Asserting Iran Link, Bars 2 Chinese Firms," *New York Times*, May 23, 1997, p.A12.

[131] Shirley A. Kan, Chinese Proliferation of Weapons of Mass Destruction: Background and Analysis, *Congressional Research Service*, p.CRS-17.

[132] Treaty on the Non-Proliferation of Nuclear Weapons, Available from http://www.acda.gov/treaties/ npt2.htm

[133] "China implements nuclear export license system," Reuters, September 15,

材料出口管制系統和加入「昌格委員會」(Zangger Committee)是柯林頓政府執行 1985 年美中核合作協定的五項前提之二。[134]北京拒絕加入「核子供應者集團」(Nuclear Supplier Group)，但於 1997 年 10 月 16 日加入「昌格委員會」，成為完全會員。

對於核子和軍民兩用裝備的出口，「昌格委員會」類似於「核子供應者集團」皆採限制的立場。「核子供應者集團」另需要核子設施的接受國都必須在國際原子能總署的監督與保障之下。換言之，中共僅加入「昌格委員會」，因此，其核子客戶不需要接受該全方位的規範。

1992 年，巴國外長康恩(Shahrar Khan)接受《華盛頓郵報》訪問時承認，伊斯蘭馬巴德擁有至少組合一個核子爆炸裝置的零件和知識，此係巴國官員首次公開確定巴國進行核子計畫。[135]美國中央情報局長蓋茨(Robert Gates)在一項聽證會中描述巴國的核子計畫，他說，我們沒有理由相信印度或巴基斯坦擁有組合或裝置完成的核彈。然而，組裝該武器十分迅速，而且兩國皆可藉由戰鬥機投射核武。[136]

美國懷疑中共協助巴國核子計畫由來已久。1996 年初，

---

1997 and Zangger Committee, "Statement by Ambassador Li Changhe of the Chinese Permanent Mission in Vienna," p.4.

[134] Briefing to Senate staff by senior administration officials, October 28, 1997.

[135] R. Jeffrey Smith, "Pakistan Official Affirms Capacity for Nuclear Device; Foreign Minister Vows to Contain Technology," *Washington Post*, February, 1992, p.A18.

[136] *Ibid.*

柯林頓政府評估情報部門的報告指出，中共提供磁環給巴基斯坦，違反《禁止核子擴散條約》。1996 年 2 月 5 日，《華盛頓時報》引述情報指出，中共出售 5,000 枚磁環給巴國位於卡湖塔(Kahuta)的卡恩實驗室(A. Q. Khan Research Laboratory)。[137]

根據行政官員透露，1997 年 10 月美中高峰會議準備期間，北京同意取消與伊朗的鈾燃料轉換設施契約和終止未來銷售核子相關計畫，以交換美國總統執行美中核合作的核可。[138]中共同意做出公開的聲明與私下的書面保證，未來北京不再對伊朗進行核子銷售。[139]然而，當江澤民訪問洛杉磯時，中共國務院發言人沈國放則拒稱中共與伊朗有任何核子合作計畫，並稱對美國保證是毫無必要。[140]

中共在實施禁止核擴散條約的義務方面，其指導原則係絕不提倡、參與或鼓勵核武的擴散，亦不協助其他國家發展核武。中共要求所有潛在接受國必須依循三條件：（一）保證用於和平用途。（二）接受國際原子能總署的監督。（三）無中共允許下，不准交予第三國使用。雖然中共並非「核子

---

[137] R. Jeffrey Smith, "China Aids Pakistan Nuclear Program," *Washington Post*, February 7, 1996, p.A16.

[138] John Pomfrt, "U.S. May Certify China on Curbing Nuclear Exports," *Washington Post*, September 18, 1997, p.A1.

[139] Transcript of White House background press briefing by senior administration officials, October 29, 1997.

[140] Benjamin Kang Lim, "China says it has no nuclear cooperation with Iran," Reuters, November 3, 1997.

供應者集團」之成員，但中共核子出口的審查過程所依循的指導乃是參考該體制下的一般國際慣例與實際作法。中共不向任何非核子國家出口任何可供再處理，生產重水及鈾濃縮的裝備與技術。

核、生、化武器的擴散亦是美國十分關切的全球安全問題。如同飛彈擴散問題，美國亦努力將中共拉進國際建制中。中共在該等反擴散議題上，展現出破壞的能力，但中共是否運用該等能力以破壞「美國主導下的強制和平」，將是考驗美國與中共交往的最終目的，即改變中共的意圖。

## 第五節　外部因素的影響：對中共有限的制約

### 一、日本因素

冷戰期間，日本以美國馬首是瞻，成爲美國在亞洲的最堅定盟友。冷戰結束後，日本與美國面臨的共同軍事威脅消失，原本似乎會弱化的美日同盟關係，於 1995 年和 1996 年發生逆轉，雙方重新建立同盟關係。造成該轉折的原因甚多，然就日本而言，由於其生存所賴的漫長海岸線，以及全球互賴的貿易發展，即使該國的國防支出已居世界第二位，但仍不足自力承擔海域上的全部防衛任務，致使日本仍需要美國的協助。

美日關係在冷戰後期出現過嚴重分歧，主要原因在於經濟面向。日本在 1980 年代是國際矚目的焦點，「日本第一」成為美國商業界的夢魘。至 1980 年代中後期，日本對美貿易順差每年皆高達 500 億美元，1993 年美國對日貿易逆差為 593 億美元，達到 10 多年以來的最高記錄，該年美國全部貿易赤字中，對日本的赤字佔 60%，貿易不平衡的情形成為影響美日關係的核心問題。此外，1980 年代中，日本利用自由貿易的原則，向美國金融、房地產、服務業、娛樂業市場大舉進軍。日商在美國的直接投資，自 1980 年至 1988 年間增長十倍，在美國擁有 2,850 億美元的直接資產和證券資產，控制 3,290 億美元的美國銀行資產，佔美國銀行業的 14%，佔有紐約股市日交易量的 25%，購買了 30%至 40%美國財政部債券。[141]

日本對美國經濟的滲透本已是美國家喻戶曉之事，但許多美國公司倒閉、被日商收購，尤其是日本商人併購美國文化的象徵，即好萊塢影業公司的股份，並揚言要買下全美國的象徵，自由女神像時，美國社會為之譁然，反日情緒高漲，要求制裁日本的呼聲四起。1980 年至 1990 年代，近二十年中，美日兩國間曠日廢時的貿易摩擦、金融紛爭、智慧財產權保護等經濟紛爭成為全球矚目的國際問題，美日摩擦逐漸

[141] 劉小林，〈監友還是對手？——戰後日美結構性摩擦關係問題研究〉，《世界經濟與政治》，1997 年第 2 期。

升高。[142]冷戰後，雙方的衝突更爲升高。尼克森即稱：

> 「隨著蘇聯帝國的崩潰，美日關係的基礎開始削弱，許多美國人主張美國不再為日本的防線出錢，尤其在於，美國出錢實際等於經濟上補貼東京。同時，許多日本人認為，他們已經不再需要美國的安全保障，因此亦不需要在兩國間的經濟競爭中克制自己。冷戰時期，安全的考慮稀釋了經濟競爭。如今，該等限制因素已經減弱，經濟考慮便取代了安全問題。」[143]

除經濟因素外，雙方並非全然平等的軍事同盟關係亦爲摩擦的導火線。雙方關係的轉捩點可以 1995 年爲關鍵，該年年底，日本公眾對該國與美國結盟的不滿，達到最高峰。由於東京的決策者長期受到和平主義和反軍國主義的限制，該思潮在日本輿論中仍佔重要地位。一般而言，日本人對美軍持續駐紮日本國土的不安，甚至遠超過對中共在東亞勢力迅速增長的不安。1995 年，兩國發生兩次重大摩擦：首先是兩國間的汽車貿易談判破裂後，兩造皆訴諸世界貿易組織裁決，最後雙方在權衡利弊得失後，達成一個不解決任何實質問題的妥協方案；其次是駐琉球美軍強暴女童事件，激起全日本的憤怒。11 月，一項民意調查顯示，77%的日本人贊成大量

[142] 有關美日貿易糾紛可參考，洪淑芬，〈美日貿易爭端與日本開放市場〉，《問題與研究》，第 34 卷第 4 期（民國 84 年 4 月），第 28 至 44 頁。

[143] Nixon , Seize the Moment , *op. cit.*, p.151.

減少美軍駐紮。[144]美日聯盟似乎逐漸且無可轉圜的步上瓦解之途。美國駐東京大使孟岱爾形容，當時兩國整體安全關係皆有問題。[145]

然而，日本在安全問題上仍然無法脫離美國，且不願離開美國的保護。即令如冷戰後短暫執政的社會黨總理上任，亦不得不修改其原有反對美日安全體制的政策，而認爲日美關係是日本安全的基石，必須堅持日美安全體制。

柯林頓上台後，積極推動與中共全面交往的同時，也加強與日本的安全合作。一方面，美國希望化解與日本多年的歧異，並期望日本在冷戰後也能發揮亞太或全球性的安全功能；另一方面，則是對中共形成壓力。1994 年 9 月，奈伊擔任負責國際安全事務的助理國防部長，他認爲日本希望確定未來美國對日政策之方向，因而積極主張改變柯林頓政府對日本的安全政策，加強美日安保體制。他認爲，全球的權力平衡已移往亞洲，導致東京的戰略重要性不減反增；美日同盟對美國將中共納入國際體系的政策非常重要；美日兩國對維護公海航行自由及國界不可侵犯的安全承諾，對中共形成「建設性的壓力」，使北京不致將南海及釣魚台附近之海域，劃入其 200 浬專屬經濟區。

奈伊的主張被稱爲「奈伊倡議」(The Nye Initiative)。[146]

---

144 *Washington Post*, Novermber 15, 1995.

145 *New York Daily*, May 25, 1996.

146 Peter Ennis, "The Nye Initiative: Can It Save the U.S.-Japan Alliance?" *Tokyo Business Today*, June 1995, pp.38-41.

在他的努力下，柯林頓授權國防部與日本商議加強雙邊安全關係。商議的結果產生兩份文件，一為美國國防部於 1995 年 2 月公佈的《亞太戰略報告》，另一為 11 月日本公布的《國家防衛計畫大綱》。美方在《亞太戰略報告》中闡述，

> 「沒有其他的雙邊關係比美日關係更為重要。該項關係是美國太平洋安全政策和美國全球戰略目標的基礎。美國與日本的安全關係是美國在亞洲安全政策的制輪楔(linchpin)。美日的安全關係不僅對兩國有利，而且是維持亞洲穩定的重要因素。」[147]

日本於同年 11 月公布的《國家防衛計畫大綱》，全盤接受美國的倡議，而與美國的亞太戰略報告遙相呼應，聲稱美日同盟對日本的安全不可或缺，並將在維持日本週邊地區和平與安全上繼續扮演主要的角色；為了增強美日安保體制的可信性，雙方必須努力促進資訊的交換及政策之協商，加強裝備及科技的廣泛交流等。[148]

《亞太戰略報告》除了宣布美國將在亞太地區維持 10 萬駐軍（包括在日本的 4 萬 7 千名駐軍），而且聲稱美日雙邊關係是「美國在太平洋安全及全球戰略的根本」。表明美

---

[147] *United States Security Strategy for the East Asia-Pacific Region* (Washington, D.C.: Department of Defense, Office of International Security Affairs, February 1995).

[148] National Defense Program Outline in and after FY1996, http://www.mofa.go.jp/region/n-america/us/q&a/ref/6a.html

國在冷戰後，特別是邁向廿一世紀的戰略規劃中，已將美日合作提升到全球的戰略方面，希望日本發揮全球角色的責任。美國並在 1995 年聯合國成立 50 週年之際，推舉日本出任聯合國安全理事會常任理事國。

1996 年 4 月 6 日至 16 日，美國總統柯林頓訪日期間，美日兩國簽署簽署《日本國政府與美利堅合眾國政府關於日本自衛隊與美利堅合眾國軍隊之間相互提供後方支援、物資和勞務的協定》(Agreement Between the Government of Japan and the Government of the United States of America Concerning Reciprocal Provision of Logistic Support, Supplies and Services Between the Self-Defense Forces of Japan and the Armed Forces of the United States of America)。[149]以及柯林頓總統與日本首相橋本龍太郎(Ryutaro Hashimoto)舉行高峰會議後發表的《日美安全保障聯合宣言——面向廿一世紀的同盟》(Japan-U.S. Joint Declaration on Security-Alliance for the 21st Century)。[150]雙方並同意設立專門委員會修改 1978 年制定的《日美防衛合作的指導綱領》，將美國防衛合作的範圍由過去的保衛日本，

---

[149] Statement by the Chief Cabinet Secretary on the Signing of the "Agreement Between the Government of Japan and the Government of the United States of America Concerning Reciprocal Provision of Logistic Support, Supplies and Services Between the Self-Defense Forces of Japan and the Armed Forces of the United States of America," April 15, 1996. Available from: http://www. mofa.go.jp/ju/ security/forces.html

[150] Japan-U.S. Joint Declaration on Security-Alliance for the 21st Century, 17 April 1996. Available from: http://www.mofa.go.jp/ju/security/security.html

擴大到整個遠東地區。1997 年 9 月 23 日，雙方公布新的《防衛合作指導綱領》，取代 1978 年制定的《日美防衛合作的指導綱領》。

由上述的聯合宣言及指導綱領可知，美國與日本新的安全防衛觀點至少有下列幾個重要方面：第一、美國再次向日本確認，美日關係是亞太安全的基石，而緊密的合作又是同盟的核心。在邁向廿一世紀之際以及未來的廿一世紀初期，日本將仍是美國在東亞的最重要安全同盟夥件。第二、美國與日本均同意，鑑於亞太地區仍有緊張局勢和領土糾紛，美國仍有在亞洲及日本駐軍的必要。第三、美日雙方安全合作範圍已從原有的日本擴及到整個遠東地區。第四、在「遠東地區發生不測」時，日本有可能在海上封鎖、船舶護航、公海掃雷、搜集情報、後勤支援等事項上與美國合作。第五、日本自衛隊和美軍將可相互提供勞務和軍用物質，包括武器的備用零件。第六、雙方同意加強對新一代支援戰鬥機、彈道飛彈防衛等軍事裝備共同研究。第七、美國向日本提供中共與俄羅斯兩國核武器等方面的戰略情報。第八，美國減少在琉球美軍基地的 20%，但雙方確認美軍駐日基地的必要性，並將為得到日本人民的理解而努力。

美日安保新關係，象徵著兩國再次將安全問題置於美日關係的首位。對美國而言，美日安保聯盟有助於朝鮮半島的穩定，以及制約中共在東亞的軍事行為。如果美國失去日本，華府在東亞的影響力會遭致削弱。但是在未來一個經貿為主的時代，該聯盟到廿一世紀前期仍將是象徵意義大於實質意義。美日藉著假想敵互相提高自己在亞太中的地位。日本想藉此成爲亞太的政治大國，美國希望經由日本的合作，使得美國在亞太的領導能夠更鞏固。

在地緣政治上，中共與日本都不能忽視到對方的存在。作爲中國的鄰邦，東京與北京有歷史的臍帶纏繞，無論是共同利益或彼此衝突皆無法避免。就一個海島國家而言，理想主義似乎得臣服於現實主義之下。1970 年代初，美國方與中共接觸時，日本即領先與中共建立關係。天安門事件後，日本並未追隨西方當時的「制裁」腳步，兩國間的經貿關係仍是持續增加。

日本常年爲中國大陸的第一大貿易夥伴，相對的，中國大陸則是日本的第二大貿易夥伴。1990 年後，以海部首相訪中爲開端，細川和村山亦先後訪中。1997 年 9 月，橋本龍太郎訪問大陸，就兩國領導人至少每年進行亦次互訪達成共識。橋本強調，日中兩國一衣帶水，自古即往來頻繁。面向新時代，應進一步擴展對話。除正式訪問外，如果能更頻繁而不拘形式就兩國關係促膝交談，必定有益於相互溝通，建立高層間的相互信賴關係。日本的對中政策係以「世界中的日中關係」爲基本框架，亦即向世界開放且爲世界作貢獻的日中關係。換言之，日本政府係自世界局勢和自身外交戰略角度處理日中關係，而中共必須向世界開放，積極參與國際協調行動，成爲國際中的穩定力量，進而是日中關係成爲對世界作出貢獻、新型、有利的雙邊關係。當然，日本政府將不斷賦予世界中的日中關係新的內容，不斷調整對中關係的具體策略。[151]

儘管中日關係獲取進展，然中共擔心東京將經濟力量轉移至政治與軍事力量依然存在，東京在政軍力量的加強，不啻將阻礙或挑戰中共成爲大國的企圖，並亦可能威脅北京的安全。雙邊關係於 1996 年陷入低潮，原因在於北京拒絕對東京關注的核試計畫作出讓步、兩國持續在釣魚台問題上的爭議及中共軍隊在台灣海峽的演習與飛彈試射。此外，中共亦擔心，新一代的日本政治領袖對以往日本帝國的合法性之敏感度遠低於老一輩，因而會尋求在國際上扮演更積極的角色。

中共對日本的目標在於避免東京重新武裝或接受反中共的立場，如果該目標無法完全達成，至少應使日本努力保持中立的姿態。然而，中共對日本的籌碼極少，就北京的觀點而言，美日同盟也許對制約日本有所助益，中共仍將日本的軍國主義復活看成東京企圖擴展在亞太地區活動和影響力。換言之，中共將持續打所謂「歷史牌」。日本與中共的最大問題不在於傳統的經貿問題，而是一些歷史的記憶問題。日本一直不願認真地承認侵華的歷史責任與識悔，是中共無法對日本完全釋懷的根本因素。在安全方面，只有釣魚台問題是雙方爭執的焦點。在「台灣問題」上，日本其實是沒有多

---

151 楊運忠，〈90 年代中後期日本亞太外交基本走勢〉，《日本學刊》，1995 年第 3 期，第 33 至 34 頁。

大主動角色的，他只是緊緊地追隨著美國，日本也充分了解地兩岸關係的複雜，也不願主動地採取某些突破性的政策作爲。

美國或許想藉與日本的安保聯盟來制約中共，日本卻想藉安保聯盟來提升作爲政治大國的地位。但是日本想要真正取得聯合國安全理事會的常任理事國的身分，成爲真正的政治大國，更需要中共的首肯。再則，經貿是日本的根本，日本不會忽略中國大陸的廣大市場，換言之，日本也沒有能力真正地制約中共。1990 年，日本首先喊出「中國威脅論」，但是在得到西方迴響的同時，日本卻仍停留在精神緊張狀態，仍然加速與中共發展經貿關係。在日本獲得美國新的安全保證後，日本的目標其實已經達成。

日本對美國中國政策中的角色應不會盡如美國想法。在美中日三角關係中，地緣政治的考量可能仍會勝過意識形態的結盟，實質的經貿利益還是會超過設定假想敵的安全合作。就日本而言，抓緊美國是心態上不能接受美國在亞洲有比日本更重要的戰略夥伴，1997 年美國與中共建立「建設性的戰略夥伴關係」，以及 1998 年 6 月底柯林頓訪問中國大陸時未訪日本，皆使日本感到不安。對中共而言，雖然對美日的安保聯盟有所批評，但其最重要的關鍵卻仍是有關台灣是否屬於共同防衛部分。中共與美國建立戰略夥伴關係，等於是相對地減弱了日美安全同盟的絕對重要性。台灣的部分關鍵在美國的態度，而非在安保聯盟的文字解釋。對美國而言，美國如果想以有限的軍力，又可維繫在亞太的領導地位，平行與中共及日本發展關係是最爲有利。在與中共維持善意的互動下，美日安保聯盟對日本的制約可能不會小於對中共的制約。

## 二、俄羅斯因素

美國、中共與俄羅斯的三角關係在 1990 年代初期形成。蘇聯解體初期，俄羅斯開始經濟上幾乎全盤西化的政策，外交政策上亦是一面倒向美國，希望與西方結盟並得到大量的經濟援助。1992 至 1993 年可說是美俄關係的蜜月期，當時俄羅斯在外交上幾與美國站在同一立場上。例如，無條件支持美國對利比亞、伊拉克和南斯拉夫進行制裁，支持美國對伊拉克的空襲，在美國壓力下取消向印度出售低溫火箭，發動機協議和 80%的導彈技術合約，其與美國簽署的第二階段裁減攻擊性戰略武器中，滿足了美國的要求，同意全部銷毀 SS-18 洲際彈道導彈，允許美國保持在潛艇發射多彈頭導彈上的優勢。在波羅的海三小國撤軍問題上，也順服美國的壓力。

然而，經過一段外交實踐後，俄羅斯的親西方外交遭致改弦易轍之處境。首先，西方對俄羅斯的經濟援助口惠而實不至。1992 至 1993 年，美國爲首的七大工業集團原承諾提供 670 億美元的援助，但實際援助不到三分之一；西方對原蘇聯的貿易障礙和歧視政策依然存在。其次，以美國專家指導所制定的俄國經改方案「休克療法」全面失敗，致俄羅斯經濟更形惡化，遭致批評西方化並不符合俄國國情。其三，俄羅斯由於配合西方國家立場，致使其在國際事務上扮演次要角色。此外，「北約東擴」問題導致美俄後冷戰時期的短暫蜜月成為過去。

1993 年 4 月，葉爾辛批准《俄羅斯聯邦對外政策構想基本原則》，確立維護俄羅斯民族根本利益和將俄羅斯納入國際社會相映的強國地位的對外政策方針。[152]並揭開新東方政策的序幕，該政策的首要步驟即是優先發展和鞏固與中共的睦鄰友好關係。總之，俄羅斯對外政策的調整核心即為謀求恢復自身的大國地位和作用，其表現在於對北約東擴表示反對意見，並與西方國家拉開距離，儘量在國際事務中，表現出自我的獨立性。

中共在 1989 年天安門事件後，極力鞏固其的對外關係。蘇聯自然是考慮的重要目標，尤其是在西方對中共制裁時，蘇聯是必要的選擇。1990 年 4 月，中共總理李鵬訪問蘇聯時，雙方簽署了經過長時間談判的《兩國政府關於在中蘇邊境地區相互裁減軍事力量和加強信任的指導原則協定》、《關於兩國經濟、科學技術長期合作綱要》等六個文件，使雙方在政治、經濟、科技等方面的合作進一步具體化。[153]1991 年 5

---

[152] 顧關福、田潤鋒，〈演進中的俄羅斯對外政策〉，《現代國際關係》，1994 年第 8 期，第 2 頁。

[153] 石澤，〈論新時期的中俄關係〉，《國際問題研究》，1996 年第 2 期，第 1 頁。

月，江澤民訪蘇，雙方重申將在和平共處五項原則的基礎上進一步發展睦鄰友好關係。雙方表示，在處理相互關係時將尊重對方人民的選擇，各自根據本國國情確定自己的發展道路。兩國外長則簽署了《中蘇國界東段協定》。該協定依據國際慣例確定兩國以江河爲界的地段一律以主航道(thalweg)中心線劃界。《中蘇國界東段協定》的簽訂係在雙方長期談判下取得的成果。[154]長期困擾中蘇兩國關係的東部國界問題的解決，有利的推動了兩國關係的發展。

1991 年 12 月 21 日，俄羅斯隨著蘇聯解體成爲完全獨立的國家。同月 27 日，中共外長錢其琛宣布，中共承認俄羅斯與其他獨立的共和國。[155]同時，中共派遣對外經貿部長李嵐清訪俄，中俄雙方在莫斯科簽署《中俄兩國會談紀要》，兩國正式建立外交關係。中共並宣布支持俄羅斯聯邦政府繼承前蘇聯在聯合國安理會的席位。[156]1992 年 1 月 31 日，在紐約召開的安理會領袖會議期間，與會的中共總理李鵬會見了俄聯邦總統葉爾欽。該次會面係蘇聯解體後，中俄高層領導人的首次會晤。俄方重申將信守前蘇聯與中共簽署的所有條約和義務，雙方均表示願意積極發展關係的願望。[157]3 月 5

---

[154] 同上註。

[155] *New York Times*, Dec. 28, 1996, p.A6; *Washington Post*, Dec. 28, 1996, p.A16.

[156] 〈中俄關係大事記〉（1991 年 12 月-1995 年 12 月），《現代國際關係》，1996 年第 2 期， 第 50 頁。

[157] 石澤，前揭文，第 1 至 8 頁。

日，中俄兩國第一次簽署《政府間經貿協定》，規定相互提供最惠國待遇。[158]同月 16 日，俄羅斯外長科濟列夫(Andrei Kozyrev)訪問北京，雙方互換《中蘇國界東段協定》批准書，雙方因此開始進行勘界立標工作。[159]3 月 21 日至 4 月 16 日，中共和俄羅斯以及幾個中亞國家在北京舉行邊界裁軍和建立信任的談判。[160]在過去數十年中，邊界問題是兩者關係不和與對抗的主要因素之一。這一綿長的邊界線一旦以法律形式予以固定下來，將可保持平靜。易言之，兩者從此可以構築和確保睦鄰、友好關係。正如雙方當局所言，中俄邊界線已成爲兩國聯繫而不是分隔的地帶，也不再是兩國緊張和對抗的根源。此外，俄羅斯東方學專家、科學院院士邱富林( Gennadi Chufrin ) 說，中俄邊界問題的最後解決，對於建構雙方戰略協作夥伴關係有重大意義，因爲到目前爲止，在建立戰略夥伴關係上，雙方僅作出口頭上的意願宣言，並無實質的基礎。兩國領土問題的解決正是這一關係的堅實基礎。1992 年 8 月，

---

[158] *Wall Street Journal*, Mar. 6, 1992, p.A6.

[159] *Washington Post*, Mar. 17, 1992, p.A11; 1991 年 5 月，中蘇在莫斯科簽署「中俄邊界東段協定」。1992 年 2 月 13 日俄羅斯最高蘇維埃批准此協定，同年 2 月 25 日「中國人大常委會」也批准了此一協定。此東段邊界長約 4,300 公里，3,700 公里為河流，按照東段邊界協定的規定，中俄邊界線在通航河流沿主航道中心線劃定，在非通航河流沿河流中心線或主要支流的中心線劃定，並以此確定河流上島嶼的歸屬問題。

[160] "Milestones in Sino-Russian Relations," *Beijing Review*, Vol.39, No.18(Apr. 29-May 5 1996). http://www.ihep.ac.cn/ins/BOOK/bjreview/april/96-18-8.html

中共國防部部長秦基偉首次訪問俄羅斯，建立兩國軍方之間的相互聯繫。[161]此外，中共副總理、全國人大代表團、中共外長以及俄羅斯副總理等其他高層官員互訪亦十分頻繁。

1992 年俄羅斯批准了蘇聯時期所簽訂東段國界協定後，1994 年中共與俄羅斯兩國在西段國界的協定也順利簽訂，並在 1995 年互換了批准書，這使得歷史遺留的中俄國界問題得以基本解決。

1994 年 6 月俄羅斯總統葉爾辛訪問中國大陸與中共共同簽署《中俄聯合聲明》，標示著兩國關係進入「平等信任的、面向廿一世紀的戰略協作夥伴關係」。[162]雙方對「戰略協作夥伴關係」的解釋是「在尋求廣泛的共同利益和密切的合作」，「並不意味著中俄兩國會結盟，兩國關係的發展不針對任何第三國，不會對任何國家造成威脅」。但是很明顯的，如果不是針對美國與日本，中俄兩國間也不需要如此大費周章。在會談期間，雙方還簽署了有關貿易、能源、航天開發和建設通信網等方面「不僅涉及到今天，而且關係到廿一世紀」的十二項文件。

美中俄與美中日三角關係不同，在美中俄三角關係中，

---

[161] 殳祥娣、王鄺久，〈中俄關係的發展與前景〉，《現代國際關係》，1995 年第 10 期，第 11 頁。

[162] 孫國祥，〈北京與莫斯科戰略協作夥伴關係之形成與探析〉，《中國大陸研究》，第 40 卷第 8 期（民國 86 年 8 月），第 62 至 97 頁。戴萬欽，〈對俄羅斯「中國政策」的展望〉，《問題與研究》，第 35 卷第 2 期（民國 85 年 2 月），第 65 至 77 頁。

美國、中共與俄國皆具戰略合作的關係，一種爲避免對抗但又不結盟的關係，致使美中俄三角關係的各國獨立性較之爲高。俄羅斯從冷戰後初期的倒向美國及西方，轉爲獨立於美國及西方。該三角架構中，俄羅斯雖仍爲軍事大國，但是經濟力量過於衰弱，美國與中共的接近無論在心理上或經濟實質利益上都會爲俄羅斯造成壓力。例如，「北約東擴」及 1997 年美國與中共大力發展「建設性戰略夥伴關係」，似乎很容易使俄羅斯產生被忽視與被孤立的心理。

在貿易合作方面，中國大陸是俄羅斯的重要貿易夥伴。但是，俄羅斯在經貿的重要性上畢竟不如美國。中共對美國出口與進口的快速成長，無疑對俄羅斯高度期待的俄中經貿擴大造成負面影響。因此在整個經濟情勢主導的國際關係下，俄羅斯在美中俄三角關係中，所能發揮的影響力有限。

在廿一世紀多元（極）化的世界體系中，自中共的立場而言，俄羅斯可以成爲中共與西方抗衡、減輕西方與美國對中共施壓的有力平衡因素。換言之，由於中共與俄羅斯的交好，可以增加中共與美國交往的籌碼，致使美國在處理美中關係時不得不考慮中俄戰略協作夥伴關係的因素。例如，中俄兩國戰略協作夥伴關係的進展，即引起美國的側目。儘管中俄皆宣稱不會結成聯盟關係，如果中俄關係發展成爲密切的戰略聯盟，將有可能打破亞洲的力量平衡，威脅美國的戰略利益，以致改變世界體系。

美中俄三角關係在經歷了 1950 與 1960 年代的中蘇結盟

對抗美國，至 1970 至 1980 年代的美中合作抑制蘇聯之後。廿一世紀美中俄三角進入新的結構關係，一方面三國均保持著重要的共同利益與合作關係，另一方面也有著彼此間的地緣政治之爭。美國的強勢作爲，致使在整體力量上相對弱於美國的中共與俄羅斯產生戰略合作的需要，雙方「戰略協作夥伴關係」的建立，使得美國將很難利用俄羅斯作爲遏制中共的籌碼。在廿一世紀的初期，可預期到該類相互不結盟的關係將持續維繫，俄羅斯爲因應在歐洲所受的壓力，將更爲需要友善的中共。中共是三角關係中，唯一與其他兩國有戰略合作關係者，未來中共將會以此抗拒或化解美國對中共可能的安全遏制。整體而言，俄羅斯因素在美國的中國政策中能夠發揮的功能有限，反而是中共將會充分地運用俄羅斯這個因素來制約美國的中國政策。

### 三、歐盟因素

傳統上，歐洲國家中的大國皆實踐現實主義的外交政策，在美國與中共建交前，英、法、德等國早已與中共建立了外交關係。歐洲共同體(European Community)亦於 1970 年代中期與中共建立外交關係。但是由於歐洲共同體關注建設內部市場，況且中國大陸本身經貿力量有限，致使歐洲與中共在貿易、投資、經濟技術合作等方面皆遠落後於美國及日本。1989 年天安門事件後，歐洲共同體配合美國採取了制裁措施，導致原本即平淡的歐中關係更形停頓。

德國的統一加速了歐洲的統合。該國統一所牽動的金融需求，亦使歐洲共同體在 1992 年發生了貨幣體系危機。此外，歐洲的經濟不景氣亦迫使歐洲共同體不得不將目光轉向亞洲，重視中國大陸此一新興的潛在巨大市場。1993 年 10 月，德國發表《亞洲外交藍圖》，要求加強與亞洲各國的關係，並在中國大陸、新加坡與韓國分別設立「德國之家」。[163]1993 年 11 月 1 日，歐洲聯盟(European Union)正式成立，歐盟作爲世界格局中的一個重要角色，更不可能忽視亞洲的政治、經濟角色。11 月，德國總理柯爾率先訪問中國大陸，不僅使德中關係加強，亦使得其他歐盟國家相繼效尤。1994 年底，歐盟決定正式取消 1989 年對中共實施的制裁措施，自此開啓了歐盟對中共關係新的篇章。

1994 年 7 月 13 日，歐盟制定《走向亞洲新戰略》(Towards a New Asia Strategy)基本文件。[164]1995 年 7 月 5 日，歐盟執委會通過了《歐洲聯盟關於對中國的長期政策》(A Long-term Policy for EU-China Relations)的報告，此爲歐盟有史以來首次制定的全面性中國政策，亦可將其視爲後冷戰時期雙方關係經過一番調整，邁向廿一世紀的重要文件。該報告表達出歐盟希望加強與中共在政治、經貿上的關係，報告正文的五個部分，分別爲：[165]

---

[163] 張亞中，〈亞歐新關係〉，《美歐季刊》，第 12 卷第 1 期（民國 86 年春季號），第 106 至 108 頁。

[164] COM(94)314: "Towards a new Asia Strategy," 13 July 1994.

[165] COM(1995) 279, 5 July 1995.

第一，在政治關係方面，保持與中共的「建設性交往」，擴大政治對話，加強雙方在解決地區性爭端和在重大國際事務中的合作。歐盟認爲，與中共保持「建設性交往」有利於和平解決諸如朝鮮半島核子工業、南海群島主權歸屬等地區性爭端。歐盟亦將藉由與中共部長級、政府官員級和大使級會談的增加，擴大雙邊對話，尋求在不擴散核武器、裁軍、不擴散化學武器和核武器及常規武器的交易等重大問題上的共識，有利於和平解決全球性安全問題與地區性爭端。

第二，在人權問題方面，歐盟將繼續敦促中共改善人權紀錄，但將改變以往的強硬作法。歐盟認爲，以往採取「經常而強硬的譴責」的作法並未達到預期的效果，因而需要有所調整。未來歐盟將採行以公眾輿論之壓力、與中共進行正式磋商以及具有實際意義之合作等三者相結合的政策。歐盟尚要求成員國在國際組織中，尤其在聯合國人權委員會中協調立場，統一行動，保持歐盟與北京政府就人權問題而建立的專門對話機制。

第三，在經貿關係方面，歐盟支持中共加入世界貿易組織，並要求加強與中共經貿合作的全面發展。工作包括三個重點：與中共進行有關貨幣政策的對話，幫助中共克服經濟轉型的困難；鼓勵中共加入世界貿易組織及其他國際經濟組織；爲試圖進入中國大陸市場的歐洲企業提供便利，提供與中國大陸企業交往所需之諮詢服務與協助。此外，亦求加強智慧財產權保護的對話。

第四，加強雙方合作方面，以促進中國大陸經濟與改革的深化，優先考慮攸關中國大陸經濟發展的合作項目，並提供建構法律的服務。此外，在人員培訓方面，繼續發展歐洲與中國大陸高等院校之間的聯繫，提供技術和職業培訓課程；經濟與社會改革方面，將技術援助的重點置於智慧財產權的實施、產品質量及標準化程度的提高以及鼓勵公共參與等領域；消除貧困方面，爲環保政策的制定和關鍵性部門提供專門性知識和技術；商貿合作方面，在中國大陸建立歐洲商業資訊中心網路，爲雙方公司間的直接接觸創造環境。

第五，樹立歐洲在中國大陸的形象，擴大歐洲在中國大陸的影響。包括成立「中國專家小組」，交流對中國大陸的意見與看法；建立合作籌資機構，對成員國在中國大陸的合作項目提供服務；在大陸大城市成立「歐洲之家」、建立歐盟駐北京商業協會、加強歐盟在中國大陸的資訊戰略，如利用傳媒，加強文化活動，擴大訪問計畫等等。

歐盟的新中國政策，雖然在時間的公布方面，可將之視爲係追隨美國對中共的全面交往政策，但亦可以顯露《歐洲聯盟關於對中國的長期政策》反映歐盟企圖充分開展在中國大陸的政治與經濟影響力，藉以提高與美國及日本的競爭力，擴大歐盟在亞洲的影響。1995 年 12 月 22 日，歐盟決定取消禁止國家元首互訪和軍事往來最後兩項對中共的限制，此舉無疑象徵歐洲與中共的關係將完全回到正常發展的軌道。

1998 年 3 月，歐盟通過《建立與中國全面夥伴關係》

(Building a Comprehensive Partnership with China)的之報告，將歐盟與中國大陸的關係提高至其與美國和日本關係的等級。此外，歐盟亦決定與中共每年舉行高層會晤，將歐中高層對話機制化。[166]總之，歐盟對中共的新政策顯露三項特性：一是歐盟對中共國內形勢與國際地位接納較以往積極正面的態度；二是歐盟在人權、西藏等影響雙方關係的問題上，採取較現實和低調的處理原則；三是在中共加入世貿組織上，歐盟表現更靈活的支持姿態。

1998 年 2 月，歐盟外長會議決定，歐盟無論作爲整體還是單獨成員國，皆不在日內瓦人權會議上支持或連署針對中國人權狀況的議案。

1998 年 6 月 29 日，歐盟外交部長會議通過歐盟執委會在 1998 年 3 月 25 日以〈建立與中國的全面夥伴關係〉爲名的建議，認爲基於中國大陸的持續經濟成長與政治重要性的提升，歐盟應採取積極的作法促使中共進入國際經濟整合體系，決定與中共深化發展「密切交往與合作」(closer engagement and co-operation)關係[167]。

就全球戰略而言，廿一世紀初期應仍處於「一超多強」之勢，中共與歐盟屬於崛起中的強國與政治集團，因而冀求世界朝向多極體系發展。1997 與 1998 年柯江互訪後，國際

---

[166] Communication from the Commission, *Building a Comprehensive Partnership with China*, Brussels, March 25, 1998. COM(1998) final, Brussels, 25.3.1998

[167] COM(1998)181 final, Brussels, 25.3.1998

上逐漸產生美中互為平等夥伴的印象，因此，歐盟與中共建立長期密切的合作關係，除可提高與美、日的競爭力，亦可增強雙方各自做為世界體系一極的地位與作用。簡言之，歐盟與中共增進密切合作關係，有助於整合歐洲各國，發揮集體力量，提升其國際地位。

歐盟對中共政策之改變，似乎與美國對中共政策變化有相當的關連性。柯林頓政府對中共採取交往策略，為美國產品進入中國大陸市場打開通路，柯江互訪與雙方建設性戰略夥伴的建立，致使美國在中國大陸部分壟斷性的經濟利益更取得制度性的保障，該形勢之發展對歐盟進入中國大陸的市場實屬利空。如果歐洲不急起直追，在這塊經貿大餅的爭奪上，將失去先機。再則，歐盟與中共在國際政治議題上並無直接利害衝突，因此歐盟對與中共關係的改善並無太大包袱，可以大步向前邁進。

在區域安全、反核武擴散等國際政治議題上，歐盟謀求與北京加強合作。此外，在香港主權回歸，北京對澳門也即將恢復行使主權之後，歐盟仍將透過對這兩個前殖民地的聯繫關係，作為對中國大陸出口的窗口。由此可看出，北京與歐盟都想突破當前國際政治格局，雙方都認為多極化是國際體系不可避免的趨勢。因此，目前國際體系內次級強國的合作關係的建立，有助於其與超強的競爭，以及多極化格局中權力平衡的形成。

歐洲與中共之間原本就是利益大於衝突。中共與西歐儘管在政治與社會制度相異，與日本及俄羅斯不同的是，基於地理上的遙遠，雙方並沒有領土、國界或海洋權益的利益糾葛，更沒有安全上的衝突。另外、香港已在1997年歸還，1999年澳門回歸中國後，歐洲在歷史上所遺留的問題也全部解決。歐洲與中共間並沒有值得一述的潛在不安因素。在經貿方面，雙方經貿結構有著互補的互利關係。歐盟已是中共的第三大貿易夥伴，中共則是歐盟的第四大貿易國家。

歐盟的因素在美國的中國政策中是會有它的角色。中共將歐盟作爲經貿的重要夥伴，也將其視爲平衡對美關係全方位外交的一個對象。中共與歐盟保持友好關係也等於維繫了安理會英、法兩國的關係，另外，德國想擔任安全理事會的常任理事國即需要中共的支持。再加上對中共而言，在經貿上，美國與歐盟是競爭者，而中國大陸因爲有廣大的市場，在重大採購或工程上，反而是決定與那一方進行合作的決定者。美國如果想對中共實施經濟的杯葛，如取消最惠國待遇或其他懲罰措施，歐盟將會很快填補這個空白。這些因素都使得美國在制定中國政策時，無法放手隨心所欲。

雖然冷戰已經結束，但是主要幾個強權仍然主導著國際關係的發展。在廿一世紀初期，在有關政治與經濟方面，美國、中共、日本、俄羅斯及歐盟仍將維持是大國間權力互動關係。美國的第一優先是作個主導者，但是做法方面將是積極地與各個大國進行全面的「交往」，以發揮美國在各項議題上是主導性。美國對中共的政策，有其積極面與制約面。

在面對中共日益壯大的廿一世紀初期，日本、俄羅斯、歐盟在配合美國制約中共的功能上是非常有限。在主權議題方面，這三個強權的立場幾乎是完全配合中共的見解。在人權議題方面，三強對中國大陸並沒有根本性的歧見，日本與俄羅斯幾乎沒有將它作為向中共挑戰的工具，歐盟對人權議題也是主張以對話、合作代替制裁，並未認真地將它作為歐盟「中國政策」的重要內涵。在安全議題方面，歐盟與中共沒有地緣上的關係，也沒有任何領土的糾紛，日本一方面要配合美國的亞太政策，但是另一方面，基於地緣與經貿的考慮，也會儘量避免挑釁中共，俄羅斯則與中共有著戰略夥伴關係，雙方的領土爭執也大致解決。在經貿議題方面，日本、俄羅斯與歐盟都與中共有著彼此的需要，也是冷戰後彼此關係的核心。歐盟並視將中共拉入國際經貿體制是最重要的工作，甚而想藉著亞歐會議與美國分享在亞洲的政治與經濟利益。上述種種，都反映出，日本、俄羅斯、歐盟在美國的中國政策中能夠發揮的制約功能是很有限的。

# 結　論

## 一、美國與中共部分

### 「交往政策」是美國「中國政策」的主流：美國從未有過眞正圍堵中共的思維

與對蘇聯的看法不同的是，在 1940 年代末期，美國對於中國的共產政權可以說是並沒有絕望過，期盼以「交往」，而不是以「圍堵」來發揮美國的影響力。在共產政權取得中國大陸後，美國也未放棄與中共的交往。

1950 年代，因爲中共堅守在蘇聯的共產主義陣營，美國被迫暫時放棄了與中共「交往」的意念，而與中共對抗。韓戰對美國而言，並不是圍堵中共，而是圍堵以蘇聯爲首的共產主義可能的擴張。1954 年的第一次與 1958 年的第二次台海危機，美國雖然是選擇站在台灣這一邊，但是美國與中共自 1954 年的接觸談判仍然持續，而且也剝奪了台灣未來使用武力的權力，限制了台灣未來挑起台海衝突的可能。

當 1969 年珍寶島中蘇衝突後，中共向美國招舞著友誼之手時，美國與中共的關係即有了質變性的發展。1972 年《上海公報》對美國而言，只是證明了美國在戰後對中共角色的研判：雖然中共與蘇聯都是共產主義，但是彼此不會長久在一起，因爲兩者有著不同的文明，中共是美國可以拉攏的對象。對美國而言，他們的推論在中共獲得政權二十三年終於實現，這應該說是傳統上美國對中國角色認知的看法沒有改變，也不會因爲中國政府政權的本質而有多大的變化。《上海公報》後，中共與美國有了「抗蘇」的戰略合作關係，自 1979 年中共與美國建交後，對美國而言，他的中國政策才正式納入正軌，從此「交往政策」即成爲美國歷屆政府的主流政策。

**圍堵中共難以成爲長期政策：缺乏「圍堵中共」的理論基礎**

美國在建構其圍堵蘇聯時，有嚴謹的理論基礎，包括認定蘇聯具有傳統的斯拉夫擴張主義傾向、當代的共產主義極權思想，以及迫害猶太民族的種族排他性。這些深植美國人民的思想，使得美國得以採「圍堵」政策對抗蘇聯達四十餘年之久，直至蘇聯瓦解。

反觀對中國，在兩國的傳統歷史上並沒有任何不愉快的歷史，二次世界大戰又是太平洋地區的盟友，再加之地緣政治的關係，中美兩國間並沒有因鄰近國家可能產生的領土衝突或因爭奪勢力範圍而引發的爭議。因此，美國在傳統對中國的看法與對蘇聯的看法是相當不同的。

在冷戰結束以後，國際間有「中國威脅論」產生，但是「中國威脅論」的主要論點都在於中共因爲對人權的看法與美國互異，並且在經濟與軍事上的發展有可能影響到美國的領導地位。但是這些主張其實只是反映出現實國際政治中每個國家的國家利益自然不同的常態而已，很難作爲認定中共未來會產生威脅的理論依據。即使有如所謂的威脅，「交流」與「圍堵」兩者所能化解威脅的功能也是見仁見智。因此，主張遏制中共以防阻其威脅的看法，一直只停留在學術界、新聞界或國會，並未成爲美國「中國政策」的主流。

## 「文明衝突論」是未來可能成爲「中國威脅論」的理論依據

在 1993 年期間「文明衝突論」成爲學者提醒西方外交決策者應思考的議題。「文明衝突論」在某種意義上是重回了中世紀「十字軍東征」時的宗教文明情結。在未來，唯一能爲「中國威脅論」賦予理論依據的，可能就只有這個復古的「文明衝突論」。在「不同文明必然衝突」的思維下，未來的中國，不論其政治、經濟如何發展，即使是往正面演進，對西方文明的威脅仍是存在的。但是，隨著國際間緊密的互動、經貿與文化的密切交流，這種認定「文明間會衝突」的主張，是不太容易取得外交政策的主流地位。但是這種在西方社會已有數百年的觀念，有可能會在某個時間或基於某個特定因素中，特別發酵出來，而爲美國的中國政策增加些變數。

## 廿一世紀美國對中共無法也不願採取圍堵或遏制

美國無法或不願圍堵遏制中共的制約因素在於：第一、現實狀況不容許。中國大陸是一個擁有 12 億人口的國家，美國也不可能通過各種政治或經貿手段，將中國大陸的廣大市場排除在國際社會之外。即使假設美國有此行爲，歐洲、俄羅斯或日本將很快填補這個缺口。

第二、作爲強權間的平衡者所必須。美國雖然相對於其他國家成爲世界唯一的超強單一國家。廿一世紀的歐盟、中共、日本、俄羅斯等區域性的強權，雖然不足以撼動美國的優勢地位，但是這些「一超強」下的「多強」體系間的合縱連橫將會使得美國也無法從心所欲，美國如果想要繼續以國際政治中的「平衡領導者」自居或期許，是不可能不重視中共這個絕對重要的角色。

第三、基於維持傳統的地緣戰略利益考慮。美國雖然藉重中共完成對蘇聯的戰略圍堵，但是美國也付出了龐大的圍堵代價，包括參與韓戰、越戰、大規模軍備競賽的消耗、經濟實力受到日本與歐洲的追趕。廿一世紀的美國對外政策，面對多極體系的強國，美國不會不智地選擇圍堵、遏制或對抗。美國如果對中共圍堵或遏制，中共將可能被迫與俄羅斯建立更緊密的戰略合作關係，這應該不是美國所樂見。

第四、解構中共在現有亞太格局中的地位並不利於美國。廿一世紀亞太地區仍將是與歐洲並存的世界經濟重心。美國在亞太地區的利益基於兩點：一是美國的領導權不能喪失；二是已形成的穩定局面必須維持。就領導權而言，美國需要「挾日本以壓中共」，也需要「藉中共以領日本」。在維持亞太繁榮方面，美國如果採取與中共對抗的政策，將為亞太地區的繁榮與穩定帶來變數，也會使美國在亞太的經濟與安全利益帶來重大損失。

第五、全球議題需要中共積極支持。在解決與西方和美國利益相關的全球性和地區性議題上，如國際禁毒、核、化、生武擴散，防止中東回教國家勢力擴散，在聯合國中的協調等事，美國都需要中共的積極配合。

**美國對中共關係的四個階段：「戰略合作」(1972-82)、「建設性關係」(1982-1993)、「全面交往」(1993-1997)、「建設性戰略夥伴關係」(1997-　)**

原來在 1972 年《上海公報》基於「抗蘇」為主所建立的「現實主義」的「戰略合作」關係在美國 1979 年與中共建交後，於 1983 年起轉化為「新現實主義」的「建設性」關係。美國與中共的關係已不僅存在戰略安全領域，而擴及到經濟、文化與政治的關係。

1989 年的布希政府並沒有在天安門事件後對中共採行嚴

厲的制裁措施，而仍持續美國發展與中共的「建設性」關係政策。雖然美國當時對中共有些小小的制裁措施，但均未影響到美國「中國政策」的整體佈局。基本而言，布希政府對中共是屬於相當友善的，在其任內不僅繼續同意給予中國大陸最惠國待遇，而且不將其與其他議題掛鉤。布希對中國大陸的友善政府給予中共相當大的助益，使得中共得以繼續推動其改革開放政策，也間接使得中共在國際舞台上仍得以有揮灑的空間。

雖然在選舉時對布希的中國政策提出嚴厲批評，但柯林頓在 1993 年接任總統後，仍舊持續布希的中國政策軌跡。在另一方面，1993 年起的國際環境對中共是正面的，隨著中國大陸的經貿潛力與商機，中共突破了 1989 年後的不利局面。美國政府也評估中共的軍事力量對於美國仍不會造成威脅。這些外在的因素使得再次檢討他對中共的政策。

1993 年 9 月美國決定與中共的「全面交往」政策可看成是「建設性關係」的持續。屬於民主黨的柯林頓政府初期將「人權」與「最惠國待遇」議題掛鉤，但是在 1994 年就將兩者完全脫鉤了。這象徵著美國已經徹底地認知到給予中共最惠國待遇是兩國利益均霑之事，而不再只是上對下的一種思考產物。

1997 年雙方又進步到「建設性的戰略夥伴關係」，雙方開始不僅是「全面」而且是「深化」的交往。1970 年代的「戰略合作」與 1997 年後的「戰略夥伴」雖同名爲戰略，但是前者只有合作確定戰略目標，但後者卻包含著各方面的「交往」。簡言之，美國與中共的關係在 1972 年後約略經歷了四個階段，分別是：戰略合作、建設性、全面交往與建設性的戰略夥伴關係。

## 美國政府與民間對中國政策的認知仍有差距

美國在 1990 年代仍舊持續其與中共「交往」的政策，到了 1997 年更將中共視為美國的「建設性的戰略夥伴」。美國政府認為中共對美國的威脅有限，與中共合作所創造的利益遠大於對抗所得到的結果。但是美國國會仍有不盡相同的看法，他們固然不反對與中共交往，但也在意應該對中共作些必要的遏制，尤其是美國民間，即使在 1998 年 6 月底柯林頓總統對中共作國事訪問後，民意調查顯示，美國仍有 71% 的絕大多數受訪民眾認為中共在未來會對美國構成威脅。這麼高的數據顯示，一般民眾與政府決策部門對中共的認知是有相當的差距。政府部門可以冷靜地從戰略、安全、經貿利益等現實角度來思考兩國關係，但是一般民眾仍免不了會從往日的印象與感覺來觀察中共的角色。

民間的看法，將會使得美國國會在中國政策制定中發揮一些與行政部門不同功能，也會使美國政府部門在制定中國政策時，不能排除一些道德或價值觀方面的議題。廿一世紀的初期從「建設性」走向一般民眾不再感受到威脅性的一般的「正常性」關係，恐還有一段不算短的路要走。

## 「交往」政策的本質：追求中國大陸的持續「開放」

美國自冷戰後，並沒有將遏制中國作爲主流的政策。美國認爲孤立中國並不能夠改善中共的人權狀態，也對美國建立世界的新秩序沒有多大助益。在美國的戰略思想中，自 1993 年起明顯地引進了歐洲在冷戰期間「以交往促使改變」的對蘇政策思維。「交往」一方面表示著與中共「和平共處」，另一方面可藉此促使中共的「和平演變」。簡單地說，就是追求一種使中共在各個層面都「開放」的政策。中國大陸的「開放」將代表著美國可藉此植入美國的影響力與輸入美國所建立的價值觀。對美國而言，「交往」對中共有著「共興共榮、利益均霑」的「鼓勵」效果，也可間接地得到「遏制」政策所欲達到的目標。「交往」政策對美國而言，是絕對有利的。

## 「建設性戰略夥伴關係」的本質：「交往」的深化

「建設性戰略夥伴」觀念是在 1996 年間形成。它並沒有一個固定的內涵，屬於一種先有名詞，再填內容的關係術語。「建設性戰略夥伴關係」與軍事上的「同盟」關係的本質意義不同。前者是一種以「交往」爲內涵的合作安全關係，它不是針對特定的第三者、目標在避免軍事衝突發生、以預防性外交爲手段、以協商爲精神的一種關係，代表兩國高度善意的表示、對基本問題已有共識，以及對未來關係期許的一種表述。

就美國與中共在 1997 年《聯合聲明》所達成的聲明來看，雙方初期是以定期式的高層互訪、以協商方式建立共同目標，加強合作，並不會有軍事同盟關係的需要，但是在未來雙方軍事方面的互動將可能會隨著彼此關係的友好而日趨密切，包括建立軍事透明度、建立互信的措施。從這個角度來看，「建設性戰略夥伴關係」本身就是一個創造出來的非固定性概念，在沒有更進一步的具體協議前，可以看成一種「全面深化交往關係」。

**「交往」政策中的「遏制」與「引導」涵義**

美國在推動與中共「交往」政策或「建設性的戰略夥伴關係」時，並不是完全擺脫掉「遏制」的概念。其方式之一為繼續保持美國在亞太地區的軍事優勢，維持在亞洲的十萬駐軍，以作為必要時制約中共的力量基礎，另外，與中共周邊國家如日本（1996 年美日簽署《安全保障聯合宣言》、越南（重修與越南的關係）、蒙古（1994 年 4 月將蒙古納入亞太軍事安全體系）加強軍事同盟或合作以予中共必要的壓力。另一方面，台灣、西藏、人權、遵守國際規範等議題屬於美國「中國政策」內的需要「引導」的議題。美國希望透過「交往」將其政治、經濟、文化、思想向中國大陸作深化的輸入，未來期以西方的價值觀、規範與制度來約束中共。一言以蔽之，就是促使中共在「全面深化交往」下完成「和平演變」。

**美國與中共在主權、人權、經貿、安全等議題上的共識多於歧見**

在主權議題方面，中共已堅定表示，不會作任何讓步。無論是台灣或是西藏議題，美國基本上並無意挑戰中共的立場。

人權議題雖然重要，亦為美國朝野十分重視的問題，但在經濟與安全此二更重要的議題主導下，人權議題能夠影響美國的中國政策的能力非常有限。未來人權議題將很難如冷戰後初期，成為雙方爭執的單一議題，美國亦不會再輕易以制裁或遏制的方式以促使中共改變人權政策。美國的策略將是藉由「交往」促使中國大陸體質產生根本性的改變，如此人權問題亦可自然解決。

中共進入全球貿易組織後，美國與中共的經貿關係將置於全球經貿機制下運作，因而可減少彼此間的衝突，此對兩國均有利，並可更加速雙方的經貿活動。

安全議題方面，美國希望持續建立穩定的世界新秩序，中共亦需要和平的外部環境以發展內部的建設。美國希望繼續在全球扮演主導的角色，避免衝突發生；中共則不願受到其他強權的圍堵或制約。基本上，彼此的歧見並非難以彌合，如果「戰略夥伴關係」能夠順利運作，兩國的關係應會朝正面的方向發展。然而，由於美中雙方在政治體制與認知上的根本差異，兩國間雖然並非「敵對」關係，名為「夥伴」關係，但距真正的「朋友」關係，尚有一段距離。

**日本、俄羅斯、歐盟不易配合美國對中共的制約**

均勢的追求是廿一世紀仍無法避免的國際政治原型。雖然美國在綜合國力上獨霸全球，但是廿一世紀的領導絕非仰賴絕對的國力。美國企圖維持領導地位，最佳的方法即為以優勢的國力積極與各大國交往，以維持作為「強權間的唯一主導者及平衡者」。

中共作為廿一世紀東亞地緣的區域大國，相當重視均勢的追求。美國與中共的關係是世界大國關係的重要組成部分，中共與日本、俄羅斯及歐洲的關係發展，皆會對美中關係直接或間接產生牽制作用，促使美國更積極的與中共發展關係。雖然美國與日本的關係發展可以牽制中共，但是日本基於地緣與經貿的考慮，也不得不配合中共的部分亞太政策。事實上，日本在美國的中國政策中的角色功能十分有限。

俄羅斯基於重登大國的企圖，與美國和中共保持等距關係應屬必要，在中俄兩國邊界問題幾近全面解決後，中俄間應不再產生主權爭端。此外，基於地緣的考量，俄中兩國經貿的發展仍潛力無窮，俄羅斯沒有理由與中共敵對。相反的，中共與俄羅斯和美國同樣維繫戰略夥伴關係，致使美國無法利用俄羅斯制約中共。

歐盟與中共並無主權和安全方面的爭議，歐盟在人權事務方面亦主張與中共對話，以合作替代制裁，雙方在經貿上具有互補的利益。美國尚無法運用歐盟的合作以達其對中國政策之目標。反之，中共似乎可以運用美國與歐盟在經貿上的同質性以制衡美國對中共的經貿政策。日本、俄羅斯與歐盟在台灣議題方面，皆主張一個中國，並沒有太多的置喙空間。

整體而言，日本、俄羅斯及歐盟等三項外部因素，對美國在制定中國政策時的制約似乎大於對中共的制約。

## 二、美國與兩岸關係部分

**美國對台灣角色認知的改變：從「戰略需要」到「道義責任」再到「不得影響到美國在亞太的戰略佈局」**

美國對台灣支持的因素，包括安全、經濟與道義。各時期的重點分別爲，美國在 1970 年代以前，對台灣的支持是以戰略安全爲主要考量。美國在 1970 年以代以後，特別是中共與美國建交後，對台灣的認知從 1950 及 1960 年代冷戰期間的戰略需要到道義責任。美國在道義責任上，爲台灣制定了《台灣關係法》以保障台灣的安全。

1990 年代起，美國對台灣的支持主要是基於台灣完成了全球第三波的民主制度改革與值得肯定的經濟成長。美國認爲台灣的民主與經濟發展將可爲中國大陸帶來正面的效應，爲美國在執行「和平演變」中共的戰略任務中發揮功能。但是 1993 年起台灣積極尋求加入聯合國，1995 年李登輝總統的訪美，以及 1996 年中共飛彈試射台海海峽等事件，中共強硬的反應，使得美國重新再思考台灣的「民主」無線上綱的發展，是否對美國而言一定是個正數。台灣人民在國家與統獨認同上的困境，使得台獨的聲浪已漸向台灣的主流思潮前進。美國在中共的壓力以及本身對亞太安全與穩定的考量下，終於公開宣示了美國的「三不政策」，其最重要的目的即是打壓台獨的聲浪。

美國在邁向廿一世紀時對台灣的認定，已擺脫掉以道義責任或肯定台灣政經發展爲主的雙向思維，而將台灣放在亞太安全與穩定的多元格局中來思考。美國不希望台灣的一些作法使得亞太地區的穩定受到影響。美國不願台灣單方面的認爲，《台灣關係法》是一張無限制的空白支票。台灣要想得到美國的保護，就必須充分了解美國對中國政策的基本立場。

換言之，在 1997 年美國與中共建立「建設性戰略夥伴關係」前，如果認爲美國曾將所謂「台灣牌」作爲「遏制」中共的一項手段，那麼在此以後，「台灣問題」反而是美國要想與中共建立亞太穩定格局時，必須替中共解決的一項問題，在「台灣問題」上美國反而是愈來愈明確地往中共的一邊靠攏。

### 「台灣問題」是中共與美國「建設性戰略夥伴關係」發展的基礎

在從 1996 年 5 月 16 日柯林頓總統公開講演表示要與中共改善關係，當時美國國家安全顧問雷克於 7 月赴中國大陸展開「戰略對話」之旅開始，中共即將「台灣問題」視爲兩國發展「戰略夥伴關係」的先決性條件的基礎與重要內涵。1997年10月27日的《聯合聲明》中，雙方表示：願意共同致力於建立「中美建設性的戰略夥伴關係。爲實現這一目標，雙方同意，從長遠的觀點出發，在中美三個聯合公報的原則基礎上處理兩國關係」。這充分顯示，中共特別將維繫兩國戰略夥伴關係的前提訴諸於美國要遵守三個聯合公報。這等於中共將「台灣問題」拉高到與美國關係的最核心地位。美國也同意了中共的看法，在會後的記者會上，由當時國務院發言人魯賓首度公開「三不政策」。自此，「三不政策」成爲美國與中共建立「建設性戰略夥伴」的重要內涵，更是一個關鍵性的先決條件。

### 廿一世紀初美國與中共「戰略夥伴關係」將持續深化：除了台灣前途問題外，雙方幾乎沒有值得軍事衝突的議題

在廿一世紀初期，國際上能夠對中共採取軍事對抗的國家只有美國與俄羅斯，不會出現第三個有對抗中國大陸軍事能力的國家。日本雖然有現代化的軍事水準，但仍不足威脅中國大陸。美國與俄羅斯雖然擁有比中共強大的軍事能力，但並無與中共進行軍事對抗的動機。尤其是俄、美兩國先後與中共建立了「戰略協作夥伴關係」與「建設性戰略夥伴關係」，雙方之間也建立高層對話、磋商和互訪、熱線機制，如無重大意外事件，至少在廿一世紀初期，中共與美國與俄

羅斯的戰略關係將呈現積極發展趨勢。

在廿一世紀初期，美國仍會繼續尋求穩定發展與中共的「戰略夥伴關係」，中共也需要一個長期有利其現代化的國際和平環境。在人權、經貿與安全議題上，兩國沒有任何根本值得引發軍事衝突的議題，未來唯一最有可能引發中國大陸捲入軍事衝突的可能點，仍可能是中共心目中的「台灣分離主義」。未來美國應該仍會繼續將避免台海軍事衝突列爲廿一世紀初期美國對兩岸政策中的重要目標。如果兩岸不能有良性互動，其方法則可能是愈來愈傾向於約束台灣。

**美國對「一個中國」原則立場的改變：美國從「各說各話」到「無意追求」再到「三不政策」**

美國的「一個中國」政策涵義，其間經過了三個階段的演變。第一個階段在1972年的《上海公報》中，美國只是「認識到」中共對「一個中國」所持的立場，即認識到中共堅決反對任何製造「兩個中國」、「一中一台」、「台灣獨立」、「台灣地位未定論」的立場。美國在《建交公報》與《台灣關係法》中絕口不提美國對中共此一問題的立場。在中共的看法，接受「一個中國」，就是接受「反對一中一台、兩個中國、台灣獨立」；但是美國在《上海公報》中卻沒有同意中共的立場。

第二個階段是在1982年的《八一七公報》，在公報中，美國表示「無意干涉中國的內政，也無意在追求『兩個中國』

或『一中一台』的政策」。美國已開始附和中共的看法，而非如《上海公報》中的純粹各說各話。可以算是中共的一項成功。

第三個階段則是 1998 年美國總統柯林頓的公開「三不政策」宣示「不支持台灣獨立、不支持『一中一台』與『兩個中國』、不支持台灣參加以國家為主體的國際組織」。美國從 1982 年的「無意追求」到 1998 年的「不支持」，美國又對中共的立場作了讓步。這等於美國完全接受了中共對「一個中國」的解釋。

**美國對台灣地位的重要性認知逐漸下滑，台灣似乎無法跳離美國在兩岸衝突時站在台灣這一邊，衝突後站在大陸那邊的幾近鐵律**

整體而言，美國對台灣地位的重要性認知是逐漸下滑。除卻上述美國在「一個中國」引申解釋上的節節讓步外，即使在 1989 年天安門事件，一個應該對台灣有利的事件後，美國政府的〈對台指導方針〉反而對台灣採取了更嚴格的行政規定。台灣在美國心目中最值得肯定的年代應該是在 1980 年代末期與 1990 年代前期，當時台灣完成了足以傲人的民主憲政改革，經濟發展也受世人肯定。

美國在 1994 年的全面檢討對台政策的報告中，的確也對提升台灣的地位作了些行政改進，但即使如此，在政治層面上並沒有絲毫的提升，反而有更為約束的跡象。但是台灣方面，似乎並沒有完全察覺到這種結構性的制約，卻更以台灣的民主及經濟發展成果爲由，要求國際間更合理的對待。台灣方面一直認爲台灣被國際社會所忽視，因而不停地採取各種方法，如尋求加入聯合國，以及「走出去」的務實外交政策。

台灣固然有其實際的需要，但似乎過分地膨脹了本身的能力與過分高估「悲情」可以在國際政治中的影響力，也似乎未能對是否「未蒙其利，先受其害」作更深入的評估與反省。在某些人的眼中，台灣民主與經濟發展的傲人成果，結合了台灣歷史傳統的悲情意識，再加上對無法在國際間有合理活動空間的不滿，以及面對中國大陸在外交上的咄咄逼人，1995 年左右的台灣並沒有「忍辱負重、生聚教訓」，反而在壓力下將兩岸關係或務實外交成爲「台灣優先」的渲洩。

在兩岸互動中，衝突時站在台灣這邊，衝突後站在中國大陸那邊的幾近鐵律再次重現。1996 年起美國的「三不政策」等於是爲台灣 1993 年起以努力尋求進入聯合國爲主的「務實外交」劃上句點，也是爲兩岸的現有原則框架再加了一道緊箍咒。平實而論，台灣似乎在 1995 年左右犯了戰略上的錯誤，其錯誤的原因在於忽視了三角關係的基本架構，並未平行的發展與中國大陸及美國的關係。1996 至 1998 年間的發展應該算是「台灣理想主義」面對「國際現實主義」的一個挫敗。

**美台關係是美中關係的依變數：台灣在美國的中國政策中缺少「主變數」的角色**

美國的中國政策中，中國大陸與台灣一直是一種「主變數」與「依變數」的關係。即只要美國與中共的關係變，美國與台灣的關係也就跟著變。1949 年到 1970 年間，中共不想與美國發生關係，美國即與台灣維持著官方關係，但當 1970 年起，中共一向美國招手，台灣在美國的地位立刻降低，1971 年起，台灣即被迫離開了聯合國。

1982 年美國要出售戰機予台灣，在中共的抗議下，美國與中共簽署了《八一七公報》公報，答應中共逐年減少對台武器的銷售。1989 年天安門事件後，本來應該是對台灣最有利的時機，但是 1989 年美國國務院的〈對台指導方針〉反而更限制了台灣的「國家」色彩。

1994 年，美國終於基於肯定台灣的民主及經濟發展，願意在現有的三角框架中，調整與台灣的行政關係，也在 1995 年同意李登輝總統重返康乃爾母校。但是在中共以飛彈的抗議聲中，美國不僅立刻調整了步法，反而接受了中共的「三不政策」。在美中台三角關係中，似乎有一個不變的規則：每次三角間有衝突，台灣總是唯一的受害者，其理由甚明，正是現實主義權力政治下的必然而已。

**台灣的憂慮：美國對台灣前途的立場會否從「和平解決」到「和平統一」，會否從「三不政策」的公開宣示再到對「一國兩制」的肯定**

美國政府官員從 1996 起的談話已有從「和平解決」向「和平統一」的方向傾斜。柯林頓總統在 1998 年 6 月底在北大脫口而出「和平統一」一語時，應不僅以無意義看之。這不能說是美國的中國政策已有重大的改變，也不能看成未來美國有可能出賣台灣。但可以推演的「和平解決」與「和平統一」之間的模糊將愈來愈不清。台灣應該關注的下一步是，美國會否從「三不政策」的公開宣示再到對「一國兩制」的肯定。在這一方面，未來台灣從事「務實外交」時似應格外的謹慎，避免在觸發會使美國在中共的壓力或需要下，隱含式地再緊縮三角格局的框線。

**台灣應該參與美國對中共的政策佈局：加入「交往」政策，促使中共「質變」**

從中美關係的整個歷史來看，台灣的角色一直是受美國在其所建構的格局內所制約，台灣很難突破這個制約。美國廿一世紀的亞太戰略其中之一是維持亞太地區的安全與穩定，與中共保持建設性的戰略夥伴關係。台灣以一已之力是很難與此潮流背道而馳。未來台灣要想增加其在亞太戰略中的地位，除了本身持續的民主與經濟發展為必要的條件外，配合或參與美國的亞太戰略佈局，特別是美國的中國政策幾乎是唯一的選擇。

1993 年台灣開始積極推動的加入聯合國作爲，固然在道德與合理層面上有其道理，但是這個世界畢竟不是由想像所架構，而是由現實所組成。美國 1997 年起的「三不政策」等於告訴台灣應重回美國所建構的三角格局。「戒急用忍」雖然在實質內容上只是針對大企業赴大陸的投資，但是其所代表的政治涵義則是「保持距離，以策安全」。這種冷戰時期的思維也很難爲以經濟爲主體、以交流爲必要的後冷戰或廿一世紀的國際習慣所相容。

台灣的任何政策都牽涉到在此地居住的二千餘萬人的利益，從民族面來看，他很難脫離中國的歷史，以及本身的血緣；從政治面來看，他需要一個和緩與和平的外在環境，從事內部發展；從經濟面來看，他不可能自絕於世界經濟統合的大趨勢，更不可能切斷與中國大陸的經貿聯繫；從現實面來看，無論台灣未來何去何從，他都不能忽視中共的存在與中共的意見。或許在廿一世紀來臨前夕仍說兩岸之間的競爭是爲全體中國人而爭，顯得有些過於曲高意深，但這畢竟也正是台灣應有的自我期許。中國大陸已走上不能再回頭的開放之路，美國的中國政策像是一根繩，期盼將中共緊緊地與美國拉在一起，也像一張網，將中共網在美國所設定的國際新秩序與國際規範。台灣在美國的中國政策建構中能夠發揮的角色有限，美國爲了保持與中共的關係，有時還會幫助中共來制約台灣。台灣在進入廿一世紀時，宜充分了解台灣在美國中國政策中的重要性，將是取決於如何能夠幫助美國完成其中國政府的佈局與目標，而不是妨礙美國佈局與目標的達成。

台灣應有充分的自信，但絕不是因受壓而展現出來的自我膨脹，而是對與中共「交流」時的自信。這個自信緣於對民主制度，多元社會，自由經濟的肯定。台灣方面也不需自我看低自己所能發揮的影響力，「交流」除了有實質上的利益均霑，但更有觀念上的潛移默化。中國大陸能夠和平演變爲民主自由體制才是台灣之福，也是中國人之幸。美國的中國政策已經在積極往這個目標邁進，台灣又豈可自絕於外。顧及美國中國政策的整體思維與佈局，不被誤認爲「麻煩製造者」，並積極加入美國對中共的「全面深化交往」政策，應是台灣在廿一世紀唯一的選擇，也是最佳的選擇。

# 附 錄

## 一、1972 年《聯合公報》

### 中華人民共和國和美利堅合眾國聯合公報
### 一九七二年二月二十七日

### THE JOINT U.S.-CHINA COMMUNIQUE,SHANGHAI, February 27, 1972

| | |
|---|---|
| 應中華人民共和國總理周恩來的邀請，美利堅合眾國總統理查德・尼克松自一九七二年二月二十一日至二月二十八日訪問了中華人民共和國。 | President Richard Nixon of the United States of America visited the People's Republic of China at the invitation of Premier Chou En-lai of the People's Republic of China from February 21 to February 28, 1972. |
| 陪同總統的有尼克松夫人、美國國務卿威廉・羅杰斯、總統助理亨利・基辛格博適和其他美國官員。 | Accompanying the President were Mrs. Nixon, U.S. Secretary of State William Rogers, Assistant to the President Dr. Henry Kissinger, and other American officials. |

| | |
|---|---|
| 尼克松總統于二月二十一日會見了中國共產黨主席毛澤東。兩位領導人就中美關係和國際事務認真、坦率地交換了意見。 | President Nixon met with Chairman Mao Tse-tung of the Communist Party of China on February 21. The two leaders had a serious and frank exchange of views on Sino-U.S. relations and world affairs. |
| 訪問中，尼克松總統和周恩來總理就美利堅合眾國和中華人民共和國關係正常化以及雙方關心的其他問題進行了廣泛、認真和坦率的討論。此外，國務卿威廉·羅杰斯和外交部長姬鵬飛也以同樣精神進行了會談。 | During the visit, extensive, earnest and frank discussions were held between President Nixon and Premier Chou En-lai on the normalization of relations between the United States of America and the People's Republic of China, as well as on other matters of interest to both sides. In addition, Secretary of State William Rogers and Foreign Minister Chi Peng-fei held talks in the same spirit. |
| 尼克松總統及其一行訪問了北京，參觀了文化、工業和衣業項目，還訪問了杭州和上海，在那裡繼續同中國領導人進行討論，並參觀了類似的項目。 | President Nixon and his party visited Peking and viewed cultural, industrial and agricultural sites, and they also toured Hangchow and Shanghai where, continuing discussions with Chinese leaders, they viewed similar places of interest. |
| 中華人民共和國和美利堅合眾國領導人經過這麼多年一直沒有接觸之後，現在有機會坦率地互相介紹彼此對各種問題的觀點，對此，雙方認爲是有益的。他們回顧了經歷著重大變化和巨大動盪的國際形勢，闡明了各自的立場和態度。 | The leaders of the People's Republic of China and the United States of America found it beneficial to have this opportunity, after so many years without contact, to present candidly to one another their views on a variety of issues. They reviewed the international situation in which important changes and great upheavals are taking place and expounded their respective positions and attitudes. |
| 中國方面聲明：那裡有壓迫，那裡就有反抗。國家要獨立，民族要解放，人民要革命，已成爲不可抗拒的歷史潮流。國家不分大小，應該一律平等，大國不應欺負小國，強國不應欺負弱國。中國絕不做超級大國，並且反對任何霸權主權和強權政治。中國方 | The Chinese side stated: Wherever there is oppression, there is resistance. Countries want independence, nations want liberation and the people want revolution--this has become the irresistible trend of history. All nations, big or small, should be equal; big nations should not bully the small and strong nations should not bully the weak. China will never be a |

面表示：堅決支持一切被壓迫人民和被壓迫民族除爭取自由、解放的鬥爭，各國人民有權按照自己的意願，選擇本國的社會制度，有權維護本國獨立、主權和領土完整，反對外來侵略、干涉、控制和顛覆。一切外國軍隊都應撤回本國去。

superpower and it opposes hegemony and power politics of any kind. The Chinese side stated that it firmly supports the struggles of all the oppressed people and nations for freedom and liberation and that the people of all countries have the right to choose their social systems according to their own wishes and the right to safeguard the independence, sovereignty and territorial integrity of their own countries and oppose foreign aggression, interference, control and subversion. All foreign troops should be withdrawn to their own countries.

中國方面表示：堅決支持越南、查莫、柬埔寨三國人民爲實現自己的目標所作的努力，堅決支持越南南方共和臨時革命政府的七點建議以及在今年二月對其中兩個關鍵問題的說明和印度支那人民最高級會議聯合聲明；堅決支持朝鮮民主主義人民共和國政府一九七一年四月十二日提出的朝鮮和平統一的八點方案和取消“聯合國韓國統一復興委員會”的主張；堅決反對日本軍國主義的復活和對外擴張，堅決支持日本人民要求建立一個獨立、民主、和平和中立的日本的願望；堅決主張印度和巴基斯坦按照聯合國關於印巴問題的決議，立即把自己的軍隊全部撤回到本國境內以及查莫和克什米爾停火線的各自一方，堅決支持巴基斯坦政府和人民維護獨立、主權的鬥爭以及查莫和克什米爾人民爭取自決權的鬥爭。

The Chinese side expressed its firm support to the peoples of Vietnam, Laos and Cambodia in their efforts for the attainment of their goal and its firm support to the seven-point proposal of the Provisional Revolutionary Government of the Republic of South Vietnam and the elaboration of February this year on the two key problems in the proposal, and to the Joint Declaration of the Summit Conference of the Indochinese Peoples. It firmly supports the eight-point program for the peaceful unification of Korea put forward by the Government of the Democratic People's Republic of Korea on April 12, 1971, and the stand for the abolition of the "U.N. Commission for the Unification and Rehabilitation of Korea." It firmly opposes the revival and outward expansion of Japanese militarism and firmly supports the Japanese people's desire to build an independent, democratic, peaceful and neutral Japan. It firmly maintains that India and Pakistan should, in accordance with the United Nations resolutions on the India-Pakistan question, immediately withdraw all their forces to their respective territories and to their own sides of the ceasefire line in Jammu and Kashmir and firmly supports the Pakistan Government and people in their struggle to preserve their independence and sovereignty and the people of Jammu and Kashmir in their struggle for the right of selfdetermination.

美國方面聲明：爲了亞洲和世界的和平，需要對緩和當前的緊張局勢和消除衝突的基本原因作出努力。美國將致力於建立公正而穩定的和平。這種和平是公正的，因爲它滿足各國人民和各國爭取自由和進步的願望。這種和平是穩定的，因爲它消除外來侵略的危險。美國支持全世界各國人民在沒有外來壓力和干預的情況下取得個人自由和社會進步。美國相信，改善具有不同意勢形態的國與國之間的聯繫，以便減少由於事故、錯誤估計或誤會而引起的對峙的危險，有助於緩和緊張局勢的努力。各國應該互相尊重並願進行和平競賽，讓行動作出最後判斷。任何國家都不應自稱一慣正確，各國都要準備爲了共同的利益重新檢查自己的態度。美國強調：應該允許印度支那各國人民在不受外來干涉的情況下決定自己的命運；美國一慣的首要目標是談判解決。越南共和國和美國在一九七二年一月二十七日提出的八點建議提供了實現這個目標的基礎；在談判得不到解決時，美國預計在符合印度支那每個國家自決這一目標的情況下以這個地區最終撤出所有美國軍隊。美國將保持其與大韓民

The U.S. side stated: Peace in Asia and peace in the world requires efforts both to reduce immediate tensions and to eliminate the basic causes of conflict. The United States will work for a just and secure peace: just, because it fulfills the aspirations of peoples and nations for freedom and progress; secure, because it removes the danger of foreign aggression. The United States supports individual freedom and social progress for all the peoples of the world, free of outside pressure or intervention. The United States believes that the effort to reduce tensions is served by improving communication between countries that through accident, miscalculation or misunderstanding. Countries should treat each other with mutual respect and be willing to compete peacefully, letting performance be the ultimate judge. No country should claim infallibility and each country should be prepared to re-examine its own attitudes for the common good. The United States stressed that. the peoples of Indochina should be allowed to determine their destiny without outside intervention; its constant primary objective has been a negotiated solution; the eight-point proposal put forward by the Republic of Vietnam and the United States on January 27, 1972 represents a basis for the attainment of that objective; in the absence of a negotiated settlement the United States envisages the

國的密切聯繫和對它的支持；美國將支持大韓民國爲謀求在朝鮮半島緩和緊張局勢和增加聯繫的努力。美國最高度地珍視同日本的友好關係，並將繼續發展現存的緊密紐帶。按照一九七一年十二月廿一日聯合國安全理事會的決議，美國贊成印度和巴基斯坦之間的停火繼續下去，並把全部軍事力量撤至本國境內以及查莫和克什米爾停火線的各自一方；美國支持南亞各國人民和平地、不受軍事威脅地建設自己的未來的權力，而不使這個地區成爲大國競爭的目標。

ultimate withdrawal of all U.S. forces from the region consistent with the aim of selfdetermination for each country of Indochina. The United States will maintain its close ties with and support for the Republic of Korea; the United States will support efforts of the Republic of Korea to seek a relaxation of tension and increased communication in the Korean peninsula. The United States places the highest value on its friendly relations with Japan; it will continue to develop the existing close bonds. Consistent with the United Nations Security Council Resolution of December 21, 1971, the United States favors the continuation of the ceasefire between India and Pakistan and the withdrawal of all military forces to within their own territories and to their own sides of the ceasefire line in Jammu and Kashmir; the United States supports the right of the peoples of South Asia to shape their own future in peace, free of military threat, and without having the area become the subject of great power rivalry.

中美兩國的社會制度和對外政策有著本質的區別。但是，雙方同意，各國不論社會制度如何，都應根據尊重各國主權和領土完整、不侵犯別國、不干涉別國內政、平等互利、和平共處的原則來處理國與國之間的關係。國際爭端因在此基礎上予以解決，而不訴諸武力和武力威脅。美國和中華人民共和國準備在它們的相互關係中實行這些原則。

There are essential differences between China and the United States in their social systems and foreign policies. However, the two sides agreed that countries, regardless of their social systems, should conduct their relations on the principles of respect for the sovereignty and territorial integrity of all states, non-aggression against other states, non-interference in the internal affairs of other states, equality and mutual benefit, and peaceful coexistence. International disputes should be settled on this basis, without resorting to the use or threat of force. The United States and the People's Republic of China are prepared to apply these principles to their mutual relations.

考慮到國際關係的上述這些原則，雙方聲明：

With these principles of international relations in mind the two sides stated that:

－中美兩國關係走向正常化是符合所有國家的利益的；

* progress toward the normalization of relations between China and the United States is in the interests of all countries:

——雙方都希望減少國際軍事衝突的危險；

* both wish to reduce the danger of international military conflict;

——任何一方都不應該在亞洲－太平洋地區謀求霸權，每一方都反對任何其他國家或國家集團建立這種霸權的努力；

* neither should seek hegemony in the Asia-Pacific region and each is opposed to efforts by any other country or group of countries to establish such hegemony; and

——任何一方都不準備代表任何第三方進行談判，也不準備同對方達成針對其他國家的協議或諒解。

* neither is prepared to negotiate on behalf of any third party or to enter into agreements or understandings with the other directed at other states.

雙方都認爲，任何大國與另一大國進行勾結反對其他國家，或者大國在世界上劃分利益範圍，那都是違背世界各國人民利益的。

Both sides are of the view that it would be against the interests of the peoples of the world for any major country to collude with another against other countries, or for major countries to divide up the world into spheres of interest.

雙方回顧了中美兩國之間長期存在的嚴重爭端。中國方面重申自己的立場；台灣問題是阻礙中美兩國關係正常化的關鍵問題；中華人民共和國政府是中國的唯一合法政府；台灣是中國的一個省，早已歸還祖國；解放台灣是中國內政，別國無權干涉；全部美國武裝力量和軍事設施必須從台灣撤走。中國政府堅決反對任何旨在製造「一中一台」，「一個中國、兩個政府」、「兩個中國」、「台灣獨立」和鼓吹「台灣地位未定」的活動。

The two sides reviewed the long-standing serious disputes between China and the United States. The Chinese reaffirmed its position: The Taiwan question is the crucial question obstructing the normalization of relations between China and the United States; the Government of the People's Republic of China is the sole legal government of China; Taiwan is a province of China which has long been returned to the motherland; the liberation of Taiwan is China's internal affair in which no other country has the right to interfere; and all U.S. forces and military installations must be withdrawn from Taiwan. The Chinese Government firmly opposes any activities which aim at the creation of "one China, one Taiwan," "one China, two governments," "two Chinas," and "independent Taiwan" or advocate that "the status of Taiwan remains to be determined."

美國方面聲明：美國認識到，在台灣海峽兩邊的所有中國人都認爲只有一個中國，台灣是中國的一部分。美國政府對這一立場不提出異議。它重申它對由中國人自己和平解決台灣問題的關心。考慮到這一前景，它確認從台灣撤出全部美國武裝力量和軍事設施的最終目標。在此期間，它將隨著這個地區緊張局勢的緩和逐步減少它在台灣的武裝力量和軍事設施。

The U.S. side declared: The United States acknowledges that all Chinese on either side of the Taiwan Strait maintain there is but one China and that Taiwan is a part of China. The United States Government does not challenge that position. It reaffirms its interest in a peaceful settlement of the Taiwan question by the Chinese them-selves. With this prospect in mind, it affirms the ultimate objective of the withdrawal of all U.S. forces and military installations from Taiwan. In the meantime, it will progressively reduce its forces and military installations on Taiwan as the tension in the area diminishes.

雙方同意，擴大兩國人民之間的瞭解是可取的。爲此目的，它們就科學、技術、文化、體育和新聞等方面的具體領域進行了討論。在這些領域中進行人民之間的聯繫和交流將會是互相有利的。雙方各自承諾對進一步發展這種聯繫和交流提供便利。

The two sides agreed that it is desirable to broaden the understanding between the two peoples. To this end, they discussed specific areas in such fields as science, technology, culture, sports and journalism, in which people-to-people contacts and exchanges would be mutually beneficial. Each side undertakes to facilitate the further development of such contacts and exchanges.

雙方把雙邊貿易看作是另一個可以帶來互利的領域，並一致認爲平等互利的經濟關係是符合兩國人民的利益的。它們同意爲逐步發展兩國間的貿易提供便利。

Both sides view bilateral trade as another area from which mutual benefit can be derived, and agreed that economic relations based on equality and mutual benefit are in the interest of the peoples of the two countries. They agree to facilitate the progressive development of trade between their two countries.

雙方同意，它們將透過不同渠道保持接觸，包括不定期地派遣美國高級代表前來北京，就促進兩國關係正常化進行具體磋商並繼續就共同關心的問題交換意見。

The two sides agreed that they will stay in contact through various channels, including the sending of a senior U.S. representative to Peking from time to time for concrete consultations to further the normalization of relations between the two countries and continue to exchange views on issues of common interest.

雙方希望，這次訪問的成果將爲兩國關係開闢新的前景。雙方相信，兩國關係正常化不僅符合中美兩國人民的利益，而且會對緩合亞洲及世界緊張局勢作出貢獻。

The two sides expressed the hope that the gains achieved during this visit would open up new prospects for the relations between the two countries. They believe that the normalization of relations between the two countries is not only in the interest of the Chinese and American peoples but also contributes to the relaxation of tension in Asia and the world.

尼克松總統、尼克松夫人及美方一行對中華人民共和國政府和人民給予他們有禮貌的款待，表示感謝 。

President Nixon, Mrs. Nixon and the American party expressed their appreciation for the gracious hospitality shown them by the Government and people of the People's Republic of China

一九七二年二月二十八日

※本公報中英文正本內容雖然相同，但段落文字排列不同，中共將「中國的聲明」排列在先，而美國則將「美國的聲明」排列於先。爲配合中英對照，本書以中文之順序爲主。

## 二、1979 年《建交公報》

### 中華人民共和國和美利堅合眾國
### 關於建立外交關係的聯合公報
### 一九七九年一月一日

### JOINT COMMUNIQUE ON THE ESTABLISHMENT OF DIPLOMATIC RELATIONS BETWEEN THE UNITED STATES OF AMERICA AND THE PEOPLE'S REPUBLIC OF CHINA
### JANUARY 1, 1979

中華人民共合國和美利堅合眾國商定自一九七九年一月一日起互相承認並建立外交關係。

The United States of America and the People's Republic of China have agreed to recognize each other and to establish diplomatic relations as of January 1, 1979.

美利堅合眾國承認中華人民共和國政府是中國的唯一合法政府。在此範圍內，美國人民將同台灣人民保持文化、商務和其他非官方關係。

The United States of America recognizes the Government of the People's Republic of China as the sole legal Government of China. Within this context, the people of the United States will maintain cultural, commercial, and other unofficial relations with the people of Taiwan.

中華人民共和國和美利堅合眾國重申上海公報中雙方一致同意的各項原則，並再次強調。

The United States of America and the People's Republic of China reaffirm the principles agreed on by the two sides in the Shanghai Communique and emphasize once again that:

——雙方都希望減少國際軍事衝突的危險。

* Both wish to reduce the danger of international military conflict.

——任何一方都不應該在亞洲－太平洋地區以及世界上任何地區謀求霸權，每一方都反對任何其他國家

* Neither should seek hegemony in the Asia-Pacific region or in any other region of the world and each is opposed to efforts by any

或國家集團建立這種霸權的努力。

other country or group of countries to establish such hegemony.

——任何一方都不準備代表任何第三方進行談判，也不準備同對方達成針對其他國家的協議或諒解。

* Neither is prepared to negotiate on behalf of any third party or to enter into agreements or understandings with the other directed at other states.

——美利堅合眾國政府承認中國的立場，即只有一個中國，台灣是中國的一部份。

* The Government of the United States of America acknowledges the Chinese position that there is but one China and Taiwan is part of China.

——雙方認爲，中美關係正常化不僅符合中國人民和美國人民的利益，而且有助於亞洲和世界的和平事實。

* Both believe that normalization of Sino-American relations is not only in the interest of the Chinese and American peoples but also contributes to the cause of peace in Asia and the world.

中華人民共和國和美利堅合眾國將於一九七九年三月一日互派大使並建立大使館。

The United States of America and the People's Republic of China will exchange Ambassadors and establish Embassies on March 1, 1979.

# 三、1979 年《台灣關係法》

## 臺灣關係法

## TAIWAN RELATIONS ACT

## Public Law 96-8 96th Congress

| | |
|---|---|
| 法案 | An Act |
| 本法乃為協助維持西太平洋之和平、安全與穩定，並授權繼續維持美國人民與在台灣人民間之商業、文化及其他關係，以促進美國外交政策，並為其他目的。 | To help maintain peace, security, and stability in the Western Pacific and to promote the foreign policy of the United States by authorizing the continuation of commercial, cultural, and other relations between the people of the United States and the people on Taiwan, and for other purposes. |
| 本法經由美國參議院與眾議院院會所制定 | Be it enacted by the Senate and House of Representatives of the United States of America in Congress assembled, |
| 簡稱 | SHORT TITLE |
| 第一條：本法律可稱為「臺灣關係法」 | SECTION 1. This Act may be cited as the "Taiwan Relations Act". |
| 政策的判定及聲明 | FINDINGS AND DECLARA-TION OF POLICY |
| 第二條：（A）由於美國總統已終止美國和臺灣統治當局（在一九七九年一月一日前美國承認其為中華民國）間的政府關係，美國國會認為有必要制定本法： | * SEC. 2. (a) The President- having terminated governmental relations between the United States and the governing authorities on Taiwan recognized by the United States as the Republic of China prior to January 1, 1979, the Congress finds that the enactment of this Act is necessary-- |
| 〔1〕有助於維持西太平洋地區的和平、安全及穩定； | * (1) to help maintain peace, security, and stability in the Western Pacific; and |
| 〔2〕授權繼續維持美國人民及臺灣人民間的商務、文化及其他各種關係，以促進美國外交政策 | * (2) to promote the foreign policy of the United States by authorizing the continuation of commercial, cultural, and other relations |

的推行。

between the people of the United States and the people on Taiwan.

（B）美國的政策如下：

〔1〕維持及促進美國人民與臺灣之人民間廣泛、密切及友好的商務、文化及其他各種關係；並且維持及促進美國人民與中國大陸人民及其他西太平洋地區人民間的同種關係；

〔2〕表明西太平洋地區的和平及安定符合美國的政治、安全及經濟利益，而且是國際關切的事務；

〔3〕表明美國決定和「中華人民共和國」建立外交關係之舉，是基於臺灣的前途將以和平方式決定這一期望；

〔4〕任何企圖以非和平方式來決定臺灣的前途之舉－包括使用經濟抵制及禁運手段在內，將被視爲對西太平洋地區和平及安定的威脅，而爲美國所嚴重關切；

〔5〕提供防禦性武器給臺灣人民；

〔6〕維持美國的能力，以抵抗任何訴諸武力、或使用其他方式高壓手段，而危及臺灣人民安全及社會經濟制度的行動。

* (b) It is the policy of the United States--

* (1) to preserve and promote extensive, close, and friendly commercial, cultural, and other relations between the people of the United States and the people on Taiwan, as well as the people on the China mainland and all other peoples of the Western Pacific area;

* (2) to declare that peace and stability in the area are in the political, security, and economic interests of the United States, and are matters of international concern;

* (3) to make clear that the United States decision to establish diplomatic relations with the People's Republic of China rests upon the expectation that the future of Taiwan will be determined by peaceful means;

* (4) to consider any effort to determine the future of Taiwan by other than peaceful means, including by boycotts or embargoes, a threat to the peace and security of the Western Pacific area and of grave concern to the United States;

* (5) to provide Taiwan with arms of a defensive character; and

* (6) to maintain the capacity of the United States to resist any resort to force or other forms of coercion that would jeopardize the security, or the social or economic system, of the people on Taiwan.

（C）本法律的任何條款不得違反美國對人權的關切，尤其是對於臺灣地區一千八百萬名居民人權的關切。茲此重申維護及促進所有臺灣人民的人權是美國的目標。

* (c) Nothing contained in this Act shall contravene the interest of the United States in human rights, especially with respect to the human rights of all the approximately eighteen million inhabitants of Taiwan. The preservation and enhancement of the human rights of all the people on Taiwan are hereby reaffirmed as objectives of the United States.

美國對臺灣政策的實行

IMPLEMENTATION OF UNITED STATES POLICY WITH REGARD TO TAIWAN

第三條：（A）為了推行本法第二條所明訂的政策，美國將使臺灣能夠獲得數量足以使其維持足夠的自衛能力的防衛物資及技術服務；

* SEC. 3. (a) In furtherance of the policy set forth in section 2 of this Act, the United States will make available to Taiwan such defense articles and defense services in such quantity as may be necessary to enable Taiwan to maintain a sufficient self-defense capability.

（B）美國總統和國會將依據他們對臺灣防衛需要的判斷，遵照法定程序，來決定提供上述防衛物資及服務的種類及數量。對臺灣防衛需要的判斷應包括美國軍事當局向總統及國會提供建議時的檢討報告。

* (b) The President and the Congress shall determine the nature and quantity of such defense articles and services based solely upon their judgment of the needs of Taiwan, in accordance with procedures established by law. Such determination of Taiwan's defense needs shall include review by United States military authorities in connection with recommendations to the President and the Congress.

（C）指示總統如遇臺灣人民的安全或社會經濟制度遭受威脅，因而危及美國利益時，應迅速通知國會。總統和國會將依憲法程序，決定美國應付上述危險所應採取的適當行動。

* (c) The President is directed to inform the Congress promptly of any threat to the security or the social or economic system of the people on Taiwan and any danger to the interests of the United States arising therefrom. The President and the Congress shall determine, in accordance with constitutional processes, appropriate action by the United States in response to any such danger.

法律的適用和國際協定

APPLICATION OF LAWS; INTERNATIONAL AGREEMENTS

第四條：（A）缺乏外交關係或承認將不影響美國法律對臺灣的適用，美國法律將繼續對臺灣適用，就像一九七九年元月一日之前，美國法律對臺灣適用的情形一樣。

* SEC. 4. (a) The absence of diplomatic relations or recognition shall not affect the application of the laws of the United States with respect to Taiwan, and the laws of the United States shall apply with respect to Taiwan in the manner that the laws of the United States applied with respect to Taiwan prior to January 1, 1979.

（B）前項所訂美國法律之適用，

* (b)The application of subsection (a) of this

包括下述情形，但不限於下述情形：

section shall include, but shall not be limited to, the following:

〔1〕當美國法律中提及外國、外國政府或類似實體、或與之有關之時，這些字樣應包括臺灣在內，而且這些法律應對臺灣適用；

* (1) Whenever the laws of the United States refer or relate to foreign countries, nations, states, governments, or similar entities, such terms shall include and such laws shall apply with such respect to Taiwan.

〔2〕依據美國法律授權規定，美國與外國、外國政府或類似實體所進行或實施各項方案、交往或其他關係，美國總統或美國政府機構獲准，依據本法第六條規定，遵照美國法律同樣與臺灣人民進行或實施上述各項方案、交往或其他關係（包括和臺灣的商業機構締約，爲美國提供服務）。

* (2) Whenever authorized by or pursuant to the laws of the United States to conduct or carry out programs, transactions, or other relations with respect to foreign countries, nations, states, governments, or similar entities, the President or any agency of the United States Government is authorized to conduct and carry out, in accordance with section 6 of this Act, such programs, transactions, and other relations with respect to Taiwan (including, but not limited to, the performance of services for the United States through contracts with commercial entities on Taiwan), in accordance with the applicable laws of the United States.

〔3〕（a）美國對臺灣缺乏外交關係或承認，並不消除、剝奪、修改、拒絕或影響以前或此後臺灣依據美國法律所獲得的任何權利及義務（包括因契約、債務關係及財產權益而發生的權利及義務）。

* (3)(A) The absence of diplomatic relations and recognition with respect to Taiwan shall not abrogate, infringe, modify, deny, or otherwise affect in any way any rights or obligations (including but not limited to those involving contracts, debts, or property interests of any kind) under the laws of the United States heretofore or hereafter acquired by or with respect to Taiwan.

（b）爲了各項法律目的，包括在美國法院的訴訟在內，美國承認「中華人民共和國」之舉，不應影響臺灣統治當局在一九七八年十二月卅一日之前取得或特有的有體財產或無體財產的所有權，或其他權利和利益，也不影

* (B) For all purposes under the laws of the United States, including actions in any court in the United States, recognition of the People's Republic of China shall not affect in any way the ownership of or other rights or interests in properties, tangible and intangible, and other things of value, owned or held on or prior to

響臺灣當局在該日之後所取得的財產。

December 31, 1978, or thereafter acquired or earned by the governing authorities on Taiwan.

〔4〕當適用美國法律需引據遵照臺灣現行或舊有法律，則臺灣人民所適用的法律應被引據遵照。

* (4) Whenever the application of the laws of the United States depends upon the law that is or was applicable on Taiwan or compliance therewith, the law applied by the people on Taiwan shall be considered the applicable law for that purpose.

〔5〕不論本法律任何條款，或是美國總統給予「中華人民共和國」外交承認之舉、或是臺灣人民和美國之間沒有外交關係、美國對臺灣缺乏承認及此等相關情勢，均不得被美國政府各部門解釋為，依照一九五四年原子能法及一九七八年防止核子擴散法，在行政或司法程序中決定事實及適用法律時，得以拒絕對臺灣的核子輸出申請，或是撤銷已核准的輸出許可證。

* (5) Nothing in this Act, nor the facts of the President's action in extending diplomatic recognition to the People's Republic of China, the absence of diplomatic relations between the people on Taiwan and the United States, or the lack of recognition by the United States, and attendant circumstances thereto, shall be construed in any administrative or judicial proceeding as a basis for any United States Government agency, commission, or department to make a finding of fact or determination of law, under the Atomic Energy Act of 1954 and the Nuclear Non-Proliferation Act of 1978, to deny an export license application or to revoke an existing export license for nuclear exports to Taiwan.

〔6〕至於移民及國籍法方面，應根據該法二〇二項（b）款規定對待臺灣。

* (6) For purposes of the Immigration and Nationality Act, Taiwan may be treated in the manner specified in the first sentence of section 202(b) of that Act.

〔7〕臺灣依據美國法律在美國法院中起訴或應訴的能力，不應由於欠缺外交關係或承認，而被消除、剝奪、修改、拒絕或影響。

* (7) The capacity of Taiwan to sue and be sued in courts in the United States, in accordance with the laws of the United States, shall not be abrogated, infringed, modified, denied, or otherwise affected in any way by the absence of diplomatic relations or recognition.

〔8〕美國法律中有關維持外交關係或承認的規定，不論明示或默示，均不應對臺灣適用。

* (8) No requirement, whether expressed or implied, under the laws of the United States with respect to maintenance of diplomatic relations or recognition shall be applicable

with respect to Taiwan.

（C）為了各種目的，包括在美國法院中的訴訟在內，國會同意美國和（美國在一九七九年元月一日前承認為中華民國的）臺灣當局所締結的一切條約和國際協定（包括多國公約），至一九七八年十二月卅一日仍然有效者，將繼續維持效力，直至依法終止為止。

* (c) For all purposes, including actions in any court in the United States, the Congress approves the continuation in force of all treaties and other international agreements, including multilateral conventions, entered into by the United States and the governing authorities on Taiwan recognized by the United States as the Republic of China prior to January 1, 1979, and in force between them on December 31, 1978, unless and until terminated in accordance with law.

（D）本法律任何條款均不得被解釋為，美國贊成把臺灣排除或驅逐出任何國際金融機構或其他國際組織。

* (d) Nothing in this Act may be construed as a basis for supporting the exclusion or expulsion of Taiwan from continued membership in any international financial institution or any other international organization.

美國海外私人投資保證公司

OVERSEAS PRIVATE INVESTMENT CORPORATION

第五條：（A）當本法律生效後三年之內，一九六一年援外法案二三一項第二段第二款所訂國民平均所得一千美元限制。將不限制美國海外私人投資保證公司活動，其可決定是否對美國私人在臺投資計畫提供保險、再保險、貸款或保證。

* SEC. 5. (a) During the three-year period beginning on the date of enactment of this Act, the $1,000 per capita income restriction in insurance, clause (2) of the second undesignated paragraph of section 231 of the reinsurance, Foreign Assistance Act of 1961 shall not restrict the activities of the Overseas Private Investment Corporation in determining whether to provide any insurance, reinsurance, loans, or guaranties with respect to investment projects on Taiwan.

（B）除了本條（A）項另有規定外，美國海外私人投資保證公司在對美國私人在臺投資計畫提供保險、再保險、貸款或保證時，應適用對世界其他地區相同的標準。

* (b) Except as provided in subsection (a) of this section, in issuing insurance, reinsurance, loans, or guaranties with respect to investment projects on Taiwan, the Overseas Private Insurance Corporation shall apply the same criteria as those applicable in other parts of the world.

美國在台協會

THE AMERICAN INSTITUTE OF TAIWAN

第六條：（A）美國總統或美國政府各部門與臺灣人民進行實施的各項方案、交往或其他關係，應在總統指示的方式或範圍內，經由或透過下述機構來進行實施：

* SEC. 6. (a) Programs, transactions, and other relations conducted or carried out by the President or any agency of the United States Government with respect to Taiwan shall, in the manner and to the extent directed by the President, be conducted and carried out by or through--

〔1〕美國在台協會，這是一個依據哥倫比亞特區法律而成立的一個非營利法人：

* (1) The American Institute in Taiwan, a nonprofit corporation incorporated under the laws of the District of Columbia, or

〔2〕總統所指示成立，繼承上述協會的非政府機構。（以下將簡稱「美國在台協會」爲「該協會」。）

* (2) such comparable successor nongovermental entity as the President may designate, (hereafter in this Act referred to as the "Institute" ).

（B）美國總統或美國政府各部門依據法律授權或要求，與臺灣達成、進行或實施協定或交往安排時，此等協定或交往安排應依美國總統指示的方式或範圍，經由或透過該協會達成、進行或實施。

* (b) Whenever the President or any agency of the United States Government is authorized or required by or pursuant to the laws of the United States to enter into, perform, enforce, or have in force an agreement or transaction relative to Taiwan, such agreement or transaction shall be entered into, performed, and enforced, in the manner and to the extent directed by the President, by or through the Institute.

（C）該協會設立或執行業務所依據的哥倫比亞特區、各州或地方政治機構的法律、規章、命令，阻撓或妨礙該協會依據本法律執行業務時，此等法律、規章、命令的效力應次於本法律。

* (c) To the extent that any law, rule, regulation, or ordinance of the District of Columbia, or of any State or political subdivision thereof in which the Institute is incorporated or doing business, impedes or otherwise interferes with the performance of the functions of the Institute pursuant to this Act; such law, rule, regulation, or ordinance shall be deemed to be preempted by this Act.

該協會對在臺美國公民所提供的服務

SERVICES BY THE INSTITUTE TO UNITED STATES CITIZENS ON TAIWAN

第七條：（A）該協會得授權在臺雇員：

* SEC. 7. (a) The Institute may authorize any of its employees on Taiwan--

〔1〕執行美國法律所規定授權

* (1) to administer to or take from any person

| | |
|---|---|
| 之公證人業務，以採錄證詞，並從事公證業務： | an oath, affirmation, affidavit, or deposition, and to perform any notarial act which any notary public is required or authorized by law to perform within the United States; |
| 〔2〕擔任已故美國公民之遺產臨時保管人： | * (2) To act as provisional conservator of the personal estates of deceased United States citizens; and |
| 〔3〕根據美國總統指示，依照美國法律之規定，執行領事所獲授權執行之其他業務，以協助保護美國人民的利益。 | * (3) to assist and protect the interests of United States persons by performing other acts such as are authorized to be performed outside the United States for consular purposes by such laws of the United States as the President may specify. |
| （B）該協會雇員獲得授權執行之行爲有效力，並在美國境內具有相同效力，如同其他人獲得授權執行此種行爲一樣。 | * (b) Acts performed by authorized employees of the Institute under this section shall be valid, and of like force and effect within the United States, as if performed by any other son authorized under the laws of the United States to perform such acts. |
| 該協會的免稅地位 | TAX EXEMPT STATUS OF THE INSTITUTE |
| 第八條：該協會、該協會的財產及收入，均免受美國聯邦、各州或地方稅務當局目前或嗣後一切課稅。 | * SEC. 8. (a) The Institute, its property, and its income are exempt from all taxation now or hereafter imposed by the United States (except to the extent that section 11(a)(3) of this Act requires the mposition of taxes imposed under chapter 21 of the Internal Revenue Code of 1954, relating to the Federal Insurance Contributions Act) or by State or local taxing authority of the United States. |
| | * (b) For purposes of the Internal Revenue Code of 1954, the Institute shall be treated as an organization described in sections 170(b)(1)(A), 170(c), 2055(a), 2106(a)(2)(A),, 2522(a), and 2522(b). |
| 對該協會提供財產及服務，以及從該協會獲得之財產及服務 | FURNISHING PROPERTY AND SERVICES TO AND OBTAINING SERVICES FROM THE INSTITUTE |

第九條（A）美國政府各部門可依總統所指定條件，出售、借貸或租賃財產（包括財產利益）給該協會，或提供行政和技術支援和服務，供該協會執行業務。此等機構提供上述服務之報酬，應列入各機構所獲預算之內。

* SEC. 9. (a) Any agency of the United States Government is authorized to sell, loan, or lease property (including interests therein) to, and to perform administrative and technical support functions and services for the operations of, the Institute upon such terms and conditions as the President may direct. Reimbursements to agencies under this subsection shall be credited to the current applicable appropriation of the agency concerned.

（B）美國政府各部門得依總統指示的條件，獲得該協會的服務。當總統認爲，爲了實施本法律的宗旨有必要時，可由總統頒布行政命令，使政府各部門獲得上述服務，而不顧上述部門通常獲得上述服務時，所應適用的法律。

* (b) Any agency of the United States Government is authorized to acquire and accept services from the Institute upon such terms and conditions as the President may direct. Whenever the President determines it to be in furtherance of the purposes of this Act, the procurement of services by such agencies from the Institute may be effected without regard to such laws of the United States normally applicable to the acquisition of services by such agencies as the President may specify by Executive order.

（C）依本法律提供經費給該協會的美國政府各部門，應和該協會達成安排，讓美國政府主計長得查閱該協會的帳冊記錄，並有機會查核該協會經費動用情形。

* (c) Any agency of the United States Government making funds available to the Institute in accordance with this Act shall make arrangements with the Institute for the Comptroller General of the United States to have access to the; books and records of the Institute and the opportunity to audit the operations of the Institute.

臺灣機構

TAIWAN INSTRUMENTALITY

第十條：（A）美國總統或美國政府各機構依據美國法律授權或要求，向臺灣提供，或由臺灣接受任何服務、聯絡、保證、承諾等事項，應在總統指定的方式及範圍內，向臺灣設立的機構提供上述事項，或由這一機構接受上

* SEC. 10. (a) Whenever the President or any agency of the United States Government is authorized or required by or pursuant to the laws of the United States to render or provide to or to receive or accept from Taiwan, any performance, communication, assurance, undertaking, or other action, such action shall,

述事項。此一機構乃總統確定依臺灣人民適用的法律而具有必需之權力者，可依據本法案代表臺灣提供保證及採取其他行動者。

in the manner and to the. extent directed by the President, be rendered or Provided to, or received or accepted from, an instrumentality established by Taiwan which the President determines has the necessary authority under the laws applied by the people on Taiwan to provide assurances and take other actions on behalf of Taiwan in accordance with this Act.

（B）要求總統給予臺灣設立的機構相同數目的辦事處及規定的全體人數，這是指與一九七九年一月一日以前美國承認爲中華民國的台灣當局在美國設立的辦事處及人員相同而言。

* (b) The President is requested to extend to the instrumentality established by Taiwan the same number of offices and complement of personnel as were previously operated in the United States by the governing authorities on Taiwan recognized as the Republic of China prior to January 1, 1979.

（C）根據臺灣給予美國在臺協會及其適當人員的特權及豁免權，總統已獲授權給予臺灣機構及其適當人員有效履行其功能所需的此種特權及豁免權（要視適當的情況及義務而定）。

* (c) Upon the granting by Taiwan of comparable privileges and immunities with respect to the Institute and its appropriate personnel, the President is authorized to extend with respect to the Taiwan instrumentality and its appropriate; personnel, such privileges and immunities (subject to appropriate conditions and obligations) as may be necessary for the effective performance of their functions.

公務人員離職受僱於協會

SEPARATION OF GOVERNMENT PERSONNEL FOR EMPLOYMENT WITH THE INSTITUTE

第十一條：（A）〔1〕依據總統可能指示的條件及情況，任何美國政府機構可在一特定時間內，使接受服務於美國在臺協會的任何機構職員或雇員脫離政府職務。

* SEC. 11. (a)(1) Under such terms and conditions as the President may direct, any agency of the United States Government may separate from Government service for a specified period any officer or employee of that agency who accepts employment with the Institute.

〔2〕任何根據上述〔1〕節情況離開該機構而服務於該協會的任何職員或雇員，有權在終止於協會的服務時，以適當的地位重新

* (2) An officer or employee separated by an agency under paragraph (1) of this subsection for employment with the Institute shall be entitled upon termination of such employment

爲原機構（或接替的機構）僱用或復職，該職員或雇員並保有如果未在總統指示的期間及其他情況下離職所應獲得的附帶權利、特權及福利。

to reemployment or reinstatement with such agency(or a successor agency) in an appropriate position with the attendant rights, privileges, and benefits with the officer or employee would have had or acquired had he or she not been so separated, subject to such time period and other conditions as the President may prescribe.

〔3〕在上述〔2〕項中有權重新被僱用或復職的職員或雇員，在繼續不斷爲該協會服務期間，應可繼續參加未受僱於該協會之前所參加的任何福利計畫，其中包括因公殉職、負傷或患病的補償；衛生計畫及人壽保險；年度休假、病假及其他例假計畫；美國法律下任何制度的退休安排。此種職員或雇員如果在爲該協會服務期間，及重爲原機構僱用或復職之前死亡或退休，應視爲在公職上死亡或退休。

* (3) An officer or employee entitled to reemployment or reinstatement rights under paragraph (2) of this subsection shall, while continuously employed by the Institute with no break in continuity of service, continue to participate in any benefit program in which such officer or employee was participating prior to employment by the Institute, including programs for compensation for job-related death, injury, or illness; programs for health and life insurance; programs for annual, sick, and other statutory leave; and programs for retirement under any system established by the laws of the United States; except that employment with the Institute shall be the basis for participation in such programs only to the extent that employee deductions and employer contributions, as required, in payment for such participation for the period of employment with the Institute, are currently deposited in the program's or system's fund or depository. Death or retirement of any such officer or employee during approved service with the Institute and prior to reemployment or reinstatement shall be considered a death in or retirement from Government service for purposes of any employee or survivor benefits acquired by reason of service with an agency of the United States Government.

〔4〕任何美國政府機構的職員

* (4) Any officer or employee of an agency of

或雇員，在本法案生效前享准保留原職而停薪情況進入該協會者，在服務期間將獲受本條之下的各項福利。

the United States Government who entered into service with the Institute on approved leave of absence without pay prior to the enactment of this Act shall receive the benefits of this section for the period of such service.

（B）美國政府任何機構在臺灣僱用外國人員者，可將此種人員調往該協會，要自然增加其津貼、福利及權利，並不得中斷其服務，以免影響退休及其他福利，其中包括繼續參加調往該協會前，法律規定的退休制度。

* (b) Any agency of the United States Government employing alien personnel on Taiwan may transfer such personnel, with accrued allowances, benefits, and rights, to the Institute without a break in service for purposes of retirement and other benefits, including continued participation in any system established by the laws of the United States for the retirement of employees in which the alien was participating prior to the transfer to the Institute, except that employment with the Institute shall be creditable for retirement purposes only to the extent that employee deductions and employer contributions.. as required, in payment for such participation for the period of employment with the Institute, are currently deposited in the system' s fund or depository.

（C）該協會的僱用人員不是美國政府的僱用的人員，其在代表該協會時，免於受美國法典第十八條二〇七項之約束。

* (c) Employees of the Institute shall not be employees of the United States and, in representing the Institute, shall be exempt from section 207 of title 18, United States Code.

（D）〔1〕依據一九五四年美國國內稅法九一一及九一三項，該協會所付予僱用人員之薪水將不視爲薪資所得。該協會僱用人員所獲之薪水應予免稅，其程度與美國政府的文職人員情況同。

* (d)(1) For purposes of sections 911 and 913 of the Internal Revenue Code of 1954, amounts paid by the Institute to its employees shall not be treated as earned income. Amounts received by employees of the Institute shall not be included in gross income, and shall be exempt from taxation, to the extent that they are equivalent to amounts received by civilian officers and employees of the Government of the United States as allowances and benefits which are exempt from taxation under section

912 of such Code.

（2）除了前述（A）〔3〕所述範圍，受僱該協會所作的服務，將不構成社會安全法第二條所述之受僱目的。

* (2) Except to the extent required by subsection (a)(3) of this section, service performed in the employ of the Institute shall not constitute employment for purposes of chapter 21 of such Code and title II of the Social Security Act.

有關報告之規定

REPORTING REQUIREMENT

第十二條：（A）國務卿應將該協會爲其中一造的任何協定內容全文送交國會。

但是，如果總統認爲立即公開透露協定內容會危及美國的國家安全，則此種協定不應送交國會，而應在適當的保密命令下，送交參院及眾院的外交委員會，僅於總統發出適當通知時才得解除機密。

* SEC. 12. (a) The Secretary of State shall transmit to the Congress the text of any agreement to which the Institute is a party. However, any such agreement the immediate public disclosure of which would, in the opinion of the President, be prejudicial to the national security of the United States shall not be so transmitted to the Congress but shall be transmitted to the Committee on Foreign Relations of the Senate and the Committee on Foreign Affairs of the House of Representatives under an appropriate injunction of secrecy to be removed only upon due notice from the President.

（B）爲了（A）段所述的目的，「協定」一詞包括—

* (b) For purposes of subsection (a), the term “agreement” includes-

〔1〕該協會與臺灣的治理當局或臺灣設立之機構所達成的任何協定；

* (1) any agreement entered into between the Institute and the governing authorities on Taiwan or the instrumentality established by Taiwan; and

〔2〕該協會與美國各機構達成的任何協定。

* (2) any agreement entered into between the Institute and an agency of the United States Government.

（C）經由該協會所達成的協定及交易，應接受同樣的國會批准、審查及認可，如同這些協定是經由美國各機構達成一樣，該協會是代表美國政府行事。

* (c) Agreements and transactions made or to be made by or through the Institute shall be subject to the same congressional notification, review, and approval requirements and procedures as .f such agreements and transactions were made by or through the agency of the United States Government on

behalf of which the Institute is acting.

（D）在本法案生效之日起的兩年期間，國務卿應每六個月向眾院議長及參院外交委員會提出一份報告，描述及檢討與臺灣的經濟關係，尤其是對正常經濟關係的任何干預。

* (d) During the two-year period beginning on the effective date of this Act, the Secretary of State shall transmit to the Speaker of the House and Senate House of Representatives and the Committee on Foreign Relations of Foreign Relations the Senate, every six months, a report describing and reviewing economic relations between the United States and Taiwan, noting any interference with normal commercial relations.

規則與章程

RULES AND REGULATIONS

第十三條：授權總統規定適於執行本法案各項目的的規則與章程。在本法案生效之日起三年期間，此種規則與章程應立即送交眾院議長及參院外交委員會。然而，此種規則章程不得解除本法案所賦予該協會的責任。

* SEC. 13. The President is authorized to prescribe such rules and regulations as he may deem appropriate to carry out the purposes of this Act. During the three-year period beginning on the effective date speaker of this Act, such rules and regulations shall be transmitted promptly to the Speaker of the House of Representatives and to the Committee on Foreign Relations of the Senate. Such action shall.not, however, relieve the Institute of the responsibilities placed upon it by this Act.'

國會監督

CONGRESSIONAL OVERSIGHT

第十四條：（A）眾院外交委員會，參院外交委員會及國會其他適當的委員會將監督—

* SEC. 14. (a) The Committee on Foreign Affairs of the House of Representatives, the Committee on Foreign Relations of the Senate, and other appropriate committees of the Congress shall monitor-

〔1〕本法案各條款的執行；

* (1) the implementation of the provisions of this Act;

〔1〕該協會的作業及程序；

* (2) the operation and procedures of the Institute;

〔3〕美國與臺灣繼續維持關係的法律及技術事項；

* (3) the legal and technical aspects of the continuing relationship between the United States and Taiwan; and

〔4〕有關東亞安全及合作的美

* (4) the implementation of the policies of the

國政策的執行。

United States concerning security and cooperation in East Asia.

（B）這些委員會將適當地向參院或眾院報告監督的結果。

* (b) Such committees shall report, as appropriate, to their respective Houses on the results of their monitoring.

定義

DEFINITIONS

第十五條：爲本法案的目的

* SEC. 15. For purposes of this Act-

〔1〕「美國法律」一 詞，包括美國任何法規、規則、章程、法令、命令、美國及其政治分支機構的司法程序法；

* (1) the term "laws of the United States" includes any statute, rule, regulation, ordinance, order, or judicial rule of decision of the United States or any political subdivision thereof; and

〔2〕「臺灣」一詞將視情況需要，包括臺灣及澎湖列島，這些島上的人民、公司及根據適用於這些島嶼的法律而設立或組成的其他團體及機構，一九七九年一月一日以前美國承認爲中華民國的臺灣治理當局，以及任何接替的治理當局（包括政治分支機構、機構等）。

* (2) the term "Taiwan" includes, as the context may require, the islands of Taiwan and the Pescadores, the people on those islands, corporations and other entities and associations created or organized under the laws applied on those islands, and the governing authorities on Taiwan recognized by the United States as the Republic of China prior to January 1, 1979, and any successor governing authorities (including political subdivisions, agencies, and instrumentalities thereof).

AUTHORIZATION OF APPROPRIATIONS

第十六條：除了執行本法案各條款另外獲得的經費外，本法案授權國務卿在一九八〇會計年度撥用執行本法案所需的經費。此等經費已獲授權保留運用，直到用盡爲止。

* SEC. 16. In addition to funds otherwise available to carry out the provisions of this Act, there are authorized to be appropriated to the Secretary of State for the fiscal year 1980 such funds as may be necessary to carry out such provisions. Such funds are authorized to remain available until expended.

條款的可分性

SEVERABILITY OF PROVISIONS

第十七條：如果本法案的任何條款被視爲無效，或條款對任何人或任何情況的適用性無效，則本法案的其他部分，以及此種條款適用於其他個人或情況的情形，並不受影響。

* SEC. 17. If any provision of this Act or the application thereof to any person or circumstance is held invalid, the remainder of the Act and the application of such provision to any other person or circumstance shall not be affected thereby.

| 生效日期 | EFFECTIVE DATE |
| --- | --- |
| 第十八條：本法案應於一九七九年一月一日生效。 | * SEC. 18. This Act shall be effective as of January 1, 1979. Approved April 10, 1979. |

* 《台灣關係法》於 1979 年 3 月 28 日美國眾議院通過，同年 3 月 30 日美國參議院通過，同年 4 月 10 日美國總統卡特簽署。

# 四、1982 年《八一七公報》

## 中華人民共和國與美利堅合眾國聯合公報

## 一九八二年八月十七日

## Joint Communique between the People's Republic of China and the United States of America

## August 17, 1982

一、在中華人民共和國政府和美利堅合眾國政府發表的一九七九年一月一日建立外交關係的聯合公報中，美利堅合眾國承認中華人民共和國政府是中國的唯一合法政府，並承認中國的立場。即只有一個中國，台灣是中國的一部分。在此範圍內，雙方同意，美國人民同台灣人民繼續保持文化、商務和其他非官方關係。在此基礎上，中美兩國關係實現了正常化。

(1) In the Joint Communique on the Establishment of Diplomatic Relations on January 1, 1979, issued by the Government of the United States of America and the Government of the People's Republic of China, the United States of America recognized the Government of the People's Republic of China as the sole legal Government of China, and it acknowledged the Chinese position that there is but one China and Taiwan is part of China. Within that context, the two sides agreed that the people of the United States would continue to maintain cultural, commercial, and other unofficial relations with the people of Taiwan. On this basis, relations between the United States and China were normalized.

二、美國向台灣出售武器的問題在兩國談判建交的過程中沒有得到解決。雙方的立場不一致，中方聲明在正常化以後將再次提出這個問題。雙方認識到這一問題將會嚴重妨礙中美關係的發展，因而在趙紫陽總理與羅納德•里根總統以及黃華副總理兼外長與亞力山大•黑格

(2) The question of United States arms sales to Taiwan was not settled in the course of negotiations between the two countries on establishing diplomatic relations. The two sides held differing positions, and the Chinese side stated that it would raise the issue again following normalization. Recognizing that this issue would seriously hamper the development of United States-China relations, they have held

國務卿於一九八一年十月會見時以及在此以後，雙方進一步就此進行了討論。

further discussions on it, during and since the meetings between President Ronald Reagan and Premier Zhao Ziyang and between Secretary of State Alexander M. Haig, Jr. And Vice Premier and Foreign Minister Huang Hua in October 1981.

三、互相尊重主權和領土完整、互不干涉內政是指導中美關係的根本原則。一九七二年二月二十八日的上海公報確認了這些原則。一九七九年一月一日生效的建交公報又重申了這些原則。雙方強調聲明，這些原則仍是指導雙方關係所有方面的原則。

(3) Respect for each other's sovereignty and territorial integrity and non-interference in each other's internal affairs constitute the fundamental principles guiding United States-China relations. These principles were confirmed in the Shanghai Communique of February 28, 1972 and reaffirmed in the Joint Communique on the Establishment of Diplomatic Relations which came into effect on January 1, 1979. Both sides emphatically state that these principles continue to govern all aspects of their relations.

四、中國政府重申，台灣問題是中國的內政。一九七九年一月一日中國發表的告台灣同胞書宣布了爭取和平統一祖國的大政方針。一九八一年九月三十日中國提出的九點方針是按照這一大政方針爭取和平解決台灣問題的進一步重大努力。

(4) The Chinese Government reiterates that the question of Taiwan is China's internal affair. The message to Compatriots in Taiwan issued by China on January 1, 1979 promulgated a fundamental policy of striving for peaceful reunification of the motherland. The Nine-Point Proposal put forward by China on September 30, 1981 represented a further major effort under this fundamental policy to strive for a peaceful solution to the Taiwan question.

五、美國政府非常重視它與中國的關係，並重申，它無意侵犯中國的主權和領土完整，無意干涉中國的內政，也無意執行「兩個中國」或「一中一台的政策。美國政府理解並欣賞一九七九年一月一日中國發表的告台灣同胞書和一九八一年九月三十日中國提出的九點方針中所表明的中國爭取和平解

(5) The United States Government attaches great importance to its relations with China, and reiterates that it has no intention of infringing on Chinese sovereignty and territorial integrity, or interfering in China's internal affairs, or pursuing a policy of "two Chinas" or "one China, one Taiwan." The United States Government understands and appreciates the Chinese policy of striving for a peaceful resolution of the Taiwan question as indicated in

| | |
|---|---|
| 決台灣問題的政策。台灣問題上出現的新形勢也爲解決中美兩國在美國售台武器問題上的分歧提供了有利的條件。 | China's Message to Compatriots in Taiwan issued on January 1, 1979 and the Nine-Point Proposal put forward by China on September 30, 1981. The new situation which has emerged with regard to the Taiwan question also provides favorable conditions for the settlement of United States-China differences over United States arms sales to Taiwan. |
| 六、考慮到雙方的上述聲明，美國政府聲明，它不尋求執行一項長期向台灣出售武器的政策，它向台灣出售的武器在性能和數量上將不超過中美建交後近幾年供應的水平，它準備逐步減少它對台灣的武器出售，並經過一段時間導致最後的解決。在作這樣的聲明時，美國承認中國關於徹底解決這一問題的一貫立場。 | (6) Having in mind the foregoing statements of both sides, the United States Government states that it does not seek to carry out a long-term policy of arms sales to Taiwan, that its arms sales to Taiwan will not exceed, either in qualitative or in quantitative terms, the level of those supplied in recent years since the establishment of diplomatic relations between the United States and China, and that it intends gradually to reduce its sale of arms to Taiwan, leading, over a period of time, to a final resolution. In so stating, the United States acknowledges China's consistent position regarding the thorough settlement of this issue. |
| 七、爲了使美國售台武器這個歷史遺留的問題，經過一段時間最終得到解決，兩國政府將盡一切努力，採取措施，創造條件，以利於徹底解決這個問題。 | (7) In order to bring about, over a period of time, a final settlement of the question of United States arms sales to Taiwan, which is an issue rooted in history, the two Governments will make every effort to adopt measures and create conditions conducive to the thorough settlement of this issue. |
| 八、中美關係的發展不僅符合兩國人民的利益，而且也有利於世界和平與穩定。雙方決心本著平等互利的原則，加強經濟、文化、教育、科技和其他方面的聯繫，爲繼續發展中美兩國政府和人民之間的關係共同作出重大努力。 | (8) The development of United states-China relations is not only in the interests of the two peoples but also conducive to peace and stability in the world. The two sides are determined, on the principle of equality and mutual benefit, to strengthen their ties in the economic, cultural, educational, scientific, technological and other fields and make strong, joint efforts for the continued development of relations between the |

Governments and peoples of the United States and China.

九、爲了使中美關係健康發展和維護世界和平、反對侵略擴張，兩國政府重申上海公報和建交公報中雙方一致同意的各項原則。雙方將就共同關心的雙邊問題和國際問題保持接觸並進行適當的磋商。

(9) In order to bring about the healthy development of United States-China relations, maintain world peace and oppose aggression and expansion, the two Governments reaffirm the principles agreed on by the two sides in the Shanghai Communique and the Joint Communique on the Establishment of Diplomatic Relations. The two sides will maintain contact and hold appropriate consultations on bilateral and international issues of common interest.

# 五、1997 年《中美聯合聲明》

## 中美聯合聲明
## 一九九七年十月二十九日
## JOINT U.S.-CHINA STATEMENT
## October 29, 1997

應美利堅合眾國總統威廉·J·柯林頓的邀請，中華人民共和國主席江澤民於一九九七年十月二十六日至十一月三日對美國進行國事訪問。這是中國國家主席十二年來對美國的首次國事訪問。在華盛頓訪問期間，江澤民主席與柯林頓總統舉行了正式會談。江澤民主席還與艾爾·高爾副總統、美國國會領導人以及其他美國領導人進行了會晤。錢其琛副總理兼外交部長與馬德琳·奧布萊特國務卿也進行了會談。

At the invitation of President William J. Clinton of the United States of America, President Jiang Zemin of the People's Republic of China is paying a state visit to the United States from October 26 to November 3, 1997. This is the first state visit by the President of China to the United States in twelve years. President Jiang Zemin held formal talks with President Clinton in Washington D.C. and also met with Vice President Al Gore, Congressional leaders and other American leaders. Talks also were held between Vice Premier and Foreign Minister Qian Qichen and Secretary of State Madeleine Albright.

兩國元首就國際形勢、中美關係以及兩國面臨的重要機遇和挑戰進行了深入的、富有成果的會談。雙方同意，健康、穩定的中美關係不僅符合中美兩國人民的根本利益，而且對於共同承擔責任，努力實現廿一世紀的和平與繁榮是重要的。

The two Presidents had an in-depth and productive exchange of views on the international situation, U.S.-China relations and the important opportunities and challenges facing the two countries. They agree that a sound and stable relationship between the United States and China serves the fundamental interests of both the American and Chinese peoples and is important to fulfilling their common responsibility to work for peace and prosperity in the 21st century.

雙方同意，中美之間既有共同點，也有分歧；雙方有重大的共同利益，決心共同本著合作和坦誠的精神，抓住機遇，迎接挑戰，以取得具體進展。中美在人權問題上存在重要分歧。同時，中美兩國在維護世界及地區和平與穩定，促進全球經濟增長；防止大規模殺傷性武器擴散，推動亞太區域合作，打擊販毒、國際有組織犯罪和恐怖主義問題上;在加強雙邊經濟發展、貿易、法律、環保、能源、科技、教育和文化交流與合作以及兩國軍隊往來等方面，都存在巨大的合作潛力。兩國元首決定，中美兩國通過增進合作，對付國際上的挑戰，促進世界和平與發展，共同致力於建立

They agree that while the United States and China have areas of both agreement and disagreement, they have a significant common interest and a firm common will to seize opportunities and meet challenges cooperatively, with candor and a determination to achieve concrete progress. The United States and China have major differences on the question of human rights. At the same time, they also have great potential for cooperation in maintaining global and regional peace and stability; promoting world economic growth; preventing the proliferation of weapons or mass destruction; advancing Asia-Pacific regional cooperation; combating narcotics trafficking, international organized crime and terrorism; strengthening bilateral exchanges and cooperation in economic development, trade, law, environmental protection, energy, science and technology, and education and culture; as well as engaging in military exchanges.

兩國元首決定，中美兩國通過增進合作，對付國際上的挑戰，促進世界和平與發展，共同致力於建立中美建設性戰略夥伴關係。爲實現這一目標，雙方同意，從長遠的觀點出發，在中美三個聯合公報的原則基礎上處理兩國關係。

The two Presidents are determined to build toward a constructive strategic partnership between the United States and China through increasing cooperation to meet international challenges and promote peace and development in the world. To achieve this goal, they agree to approach U.S.-China relations from a long-term perspective on the basis of the principles of the three U.S.-China joint communiques.

中方強調，台灣問題是中美關係中最重要、最敏感的核心問題，恪守中美三個聯合公報的原則，妥善處理台灣問題是中美關係健康、穩定

China stresses that the Taiwan question is the most important and sensitive central question in China-U.S. relations, and that the proper handling of this question in strict compliance

發展的關鍵。美方重申，美國堅持一個中國的政策，遵守中美三個聯合公報的原則。

with the principles set forth in the three China-U.S. joint communiques holds the key to sound and stable growth of China- U.S. relations. The United States reiterates that it adheres to its "one China" policy and the principles set forth in the three U.S.-China joint communiques.

作爲聯合國安理會常任理事國，中美兩國支持聯合國根據《聯合國憲章》的宗旨和原則在全球事務中，包括在維持和平以及促進經濟和社會發展方面，發揮積極、有效的作用。兩國都贊成對聯合國進行改革，使安理會更具代表性，同時保持和增強安理會的工作效率。兩國強調需要將聯合國置於更加穩固的財政基礎上，兩國將積極參加聯合國內有關會費比額問題的討論。

As permanent members of the United Nations Security Council, the United States and China support the UN in its efforts, in accordance with the purposes and principles of the UN Charter, to play a positive and effective role on global issues, including peacekeeping and the promotion of economic and social development. Both countries support efforts to reform the UN and to make the Security Council more representative, while retaining and improving its effectiveness. Stressing the need to put the UN on a firmer financial basis, both countries will participate actively in discussions on the Scale of Assessments in the UN.

中美作爲亞太地區的大國，願加強合作，共同對付面臨的各種挑戰，爲促進本地區的穩定與繁榮作出積極貢獻。雙方認爲，維護朝鮮半島的和平與穩定具有重要意義，雙方通過四方會談推動建立半島的持久和平，並繼續就此進行磋商。雙方強調，維護中東、海灣和南亞等重要地區的和平與穩定符合兩國的共同利益。

As two major countries in the Asia-Pacific region, the United States and China are ready to strengthen their cooperation to meet various challenges and make positive contributions to promoting stability and prosperity in the region. Recognizing that maintenance of peace and stability on the Korean Peninsula is of great importance, the two countries are working through the Four-Party Talks to help establish a durable peace on the Peninsula, and will continue consultations to this end. They also stress that it is in the interest of the two countries to maintain peace and stability in other important regions, including the Middle East, the Gulf, and South Asia.

| | |
|---|---|
| 兩國元首就採取一系列步驟達成協議，這些步驟將爲進一步發展中美關係和加強兩國在國際事務中的合作提供框架。 | The two Presidents agreed on a number of steps that will provide a framework for further promoting U.S.-China relations and strengthening their cooperation in international affairs. |
| 高層對話和磋商 | High-Level Dialogue and Consultations |
| 中美兩國同意兩國元首定期訪問對方首都。 | The United States and China agree to regular visits by their Presidents to each other's capitals. |
| 兩國同意在北京和華盛頓之間建立元首間的直接通訊聯絡，以便利直接聯繫。 | They agree to a Washington-Beijing presidential communications link to facilitate direct contact. |
| 兩國還同意，兩國內閣和次內閣級別官員定期互訪，就政治、軍事、安全和軍控問題進行磋商。 | They also agree to regular exchanges of visits by cabinet and sub-cabinet officials to consult on political, military, security and arms control issues. |
| 能源和環境合作 | Energy and Environment Cooperation |
| 中美兩國重申就廣泛的環境問題進行合作的重要性，這一重要性在一九九七年三月成立的中美環境與發展討論會上得到體現。 | The United States and China reaffirm the importance of bilateral cooperation across the broad range of environmental issues, as evidenced by the establishment of the U.S.-China Forum on Environment and Development in March 1997. |
| 雙方認爲，開發並有效利用能源、保護全球環境、促進有益於環境的增長和發展是一個重大的挑戰。鑑此，雙方同意通過一項加快清潔能源項目建設及適當轉讓相關技術的倡議，來加強在能源和環境領域的合作。該項合作的主要領域將是清潔能源、城市空氣污染的防治和農村電氣化。這一倡議也將促進在諸如氣候變化、沙漠化和生物多樣化等全球環境問題上進行更廣泛的合作。中國國家計畫委員會和美國能源部已簽署了《中美能源和環境合作倡議書》，以促進在上述領域的有效合作，包括使用清潔能源。 | They consider it a critical challenge to develop and efficiently use energy sources, protect the global environment, and promote environmentally sound growth and development. Accordingly, they agree to strengthen their cooperation in energy and environment through an initiative to accelerate clean energy projects and the appropriate transfer of related technologies. The principal areas of cooperation will be in clean energy, urban air pollution control and rural electrification. This initiative also will foster broader cooperation on global environment issues such as climate change, desertification and bio-diversity. China's State |

Planning Commission and the U.S. Energy Department have signed the U.S.-China Initiative on Energy and Environment Cooperation to promote effective cooperation in these fields, including the use of clean energy.

經貿關係

兩國元首準備採取積極和有效的措施擴大中美貿易和經濟關係。兩國經濟正邁向廿一世紀，信息技術對促進技術革新和提高生產力至關重要。爲此，中國表示了盡早參加《信息技術協議》的意向。此外，中方將在世界貿易組織談判範疇內，繼續實質性地降低關稅。

Economic Relations and Trade

The two Presidents are prepared to take positive and effective measures to expand U.S.-China trade and economic ties. As both economies move into the 21st century, information technology will be critical to spurring technological innovation and improving productivity. In this regard, China indicated its intention to participate as soon as possible in the Information Technology Agreement. In addition, in the context of WTO negotiations, China will continue to make further substantial tariff reductions.

中美兩國認爲，中國全面參加多邊貿易體制符合雙方的利益。爲了實現這一目標，雙方同意加緊關於市場准入，包括關稅，非關稅措施、服務業、標準、農業等問題和履行世界貿易組織原則的談判，以便中國可以在商業上有意義的基礎上儘可能早日加入世界貿易組織。

The United States and China agree that China's full participation in the multilateral trading system is in their mutual interest. To this end, they agree to intensify negotiations on market access, including tariffs, non-tariff measures, services, standards and agriculture and on implementation of WTO principles so that China can accede to the WTO on a commercially meaningful basis at the earliest possible date.

和平核合作

中美兩國同意，在和平利用核能領域進行合作符合兩國的共同利益。爲此，它們已經爲執行一九八五年簽署的《中美和平利用核能合作協定》各自採取了必要的步驟。中國國家計畫委員會和美國能源部簽署了一項意向性協議，以促進兩國間的和平核合作和研究。

Peaceful Nuclear Cooperation

The United States and China agree that it is in their mutual interest to cooperate in the peaceful uses of nuclear energy. To this end, they each have taken the steps necessary to implement the U.S.-China Agreement on Peaceful Nuclear Cooperation concluded in 1985. In addition, China's State Planning Commission and the U.S. Department of

Energy have signed an Agreement of Intent to promote peaceful nuclear cooperation and research between the two countries.

核擴散

Nonproliferation

The United States and China agree to work to bring the Comprehensive Test Ban Treaty into force at the earliest possible date. They also agree to pursue at the UN Conference on Disarmament the early start of formal negotiations on the Treaty on the Prohibition of the Production of Fissile Materials Used in Nuclear Weapons and Other Nuclear Explosive Devices.

中美兩國重申，雙方不向未接受保障監督的核設施和核爆炸項目提供任何幫助的承諾。中國已對核和雙用途材料及相關技術的出口實施控制，並將於一九九八年年中採取進一步措施加強對雙用途材料的出口控制。美國將繼續加強對核和雙用途材料及相關技術的嚴格控制。

The United States and China reiterate their commitment not to provide any assistance to unsafeguarded nuclear facilities and nuclear explosion programs. China has placed controls on exports of nuclear and dual-use materials and related technology and will take further measures to strengthen dual-use export controls by mid-1998. The United States will continue to enforce firm controls on the export of nuclear and dual-use materials and related technology.

作爲《禁止化學武器公約》的創始締約國，中美兩國同意在多邊框架內就執行該公約進行合作。雙方認爲，政府對與化學品有關的出口進行監督是重要的。

As original parties to the Chemical Weapons Convention, the United States and China agree to cooperate in implementing the Convention within a multilateral framework. Both countries agree on the importance of government oversight of chemical-related exports.

中美兩國同意在一九九四年關於導彈不擴散問題的聯合聲明的基礎上繼續努力。雙方重申各自對《導彈及其技術控制制度》準則和參數已作出承諾。

The United States and China agree to build on the 1994 Joint Statement on Missile Nonproliferation. They reaffirm their respective commitments to the guidelines and parameters of the Missile Technology Control Regime (MTCR).

人權

Human Rights

中美兩國都認爲《世界人權宣言》及其他國際人權文書在促進人權方面發揮積極作用，並重申雙方均致力於促進和保護人權和基本自由。儘管兩國未能解決人權問題上的分歧，但雙方同意本著平等和相互尊重的精神，通過在政府和非政府級別的對話討論這一問題。兩國同意就非政府人權論壇的結構和作用進行討論。

The United States and China both recognize the positive role of the Universal Declaration on Human Rights and other international human rights instruments in promoting human rights. They reiterate their commitment to the promotion and protection of human rights and fundamental freedoms. While the two countries have not resolved their differences on human rights, they have agreed to discuss them through dialogue at both governmental and non-governmental levels in the spirit of equality and mutual respect. The two countries agree to hold discussions on the structure and functions of an NGO forum on human rights.

法律合作

Cooperation in the Field of Law

中美兩國認爲，促進法律合作符合兩國的利益和需要。

The United States and China agree that promoting cooperation in the field of law serves the interests and needs of both countries.

雙方願意加強在打擊國際有組織犯罪、毒品走私、非法移民、製造僞幣和洗錢等方面的合作。爲此，雙方擬設立一個由兩國政府主管部門代表組成的執法合作聯合聯絡小組。雙方同意開始磋商，以達成一項法律互助協定。

They will strengthen cooperation in combating international organized crime, narcotics trafficking, alien smuggling, counterfeiting and money laundering. To this end, they intend to establish a joint liaison group for law enforcement cooperation composed of representatives of the relevant agencies of both governments. They agree to begin consultations on mutual legal assistance aimed at concluding a mutual legal assistance agreement.

中美兩國將在對等的基礎上在各自的大使館指派負責組毒事務的法律官員。

The United States and China will assign counter narcotics officers to their respective embassies on a reciprocal basis.

鑑於中美兩國都重視法律交流，雙方擬設立一個聯合聯絡小組，以尋求兩國法律領域進行合作。這一合作可以包括法律專家的交流、法官

Recognizing the importance the United States and China each attaches to legal exchanges, they intend to establish a joint liaison group to pursue cooperative activities in this area.

和律師的培訓、加強法律資訊系統、交流法律資料，交換對法律協助的看法、就行政程序相互進行諮詢以及加強商業法及仲裁。
作爲這一法律合作計畫的一部分，中國司法部長將應美國司法部長的邀請於一九九七年十一月訪問美國。

These may include exchanges of legal experts; training of judges and lawyers; strengthening legal information systems and the exchange of legal materials; sharing ideas about legal assistance; consulting on administrative procedures; and strengthening commercial law and arbitration. As part of this program of legal cooperation, China's Minister of Justice will visit the United States in November 1997 at the invitation of the U.S. Attorney General.

兩軍關係

Military-to-Military Relations

中美兩國就中美建立加強海上軍事安全磋商機制達成協議。該協亦將有助於雙方海空力量避免發生意外事故、誤解或錯誤判斷。

The United States and China have reached agreement on the establishment of a consultation mechanism to strengthen military maritime safety, which will enable their maritime and air forces to avoid accidents, misunderstandings or miscalculations.

兩國同意就人道主義救援和減災問題通報情況，進行討論，交流經驗。

They agree to share information and discuss issues related to their respective experiences in the areas of humanitarian assistance and disaster relief.

科技、教育和文化交流

Science and Technology, Educational and Cultural Exchanges

自一九七九年以來，中美之間達成了三十多個雙邊科技合作協議。中美科學技術聯合委員會將繼續指導這一積極雙邊科技合作項目，並將推動進一步運用科學技術來解決國家和全球的問題。中美兩國將確定利用空間對地球進行科學研究和實際應用的合作項目領域。

The U.S.-China Joint Commission on Science and Technology will continue to guide the active bilateral scientific and technological cooperation program, which involves more than 30 agreements reached since 1979, and will promote the further use of science and technology to solve national and global problems. The United States and China also will identify areas for cooperative projects using space for Earth science research and practical applications.

中美兩國將擴大教育和文化交流。兩國元首相信，增加兩國人民之間

The United States and China will expand educational and cultural exchanges. Both

的交流將有助於發展長期的雙邊關係。

Presidents believe that increased people-to people exchanges will help cultivate long-term bilateral relations.

江澤民主席感謝柯林頓總統和美國人民的熱情接待。江澤民主席邀請柯林頓總統於一九九八年訪問中國，柯林頓總統愉快地接受了邀請。

President Jiang Zemin expressed his thanks to President Clinton and the American people for their warm reception and invited President Clinton to visit China in 1998. President Clinton accepted this invitation with pleasure.

# 主要參考資料

## 一、官方文書

中華人民共和國，國務院台灣事務辦公室、國務院新聞辦公室《台灣問題與中國的統一》，1993 年 8 月，北京。

中華人民共和國，國務院新聞室《西藏自治區人權事業的新進展》，1998 年 2 月，北京。

中華人民共和國，國務院新聞辦公室，《中國的宗教信仰自由狀況》，1998 年 2 月，北京。

中華人民共和國，國務院新聞辦公室，《中國的國防》，1998 年 7 月，北京。

中華人民共和國，國務院新聞辦公室，《西藏的主權歸屬與人權狀況》，1992 年 9 月，北京。

中華民國行政院大陸委員會，《臺海兩岸關係說明書》，台北，民國 83 年 7 月。

## 二、中文書籍

《中國外交概覽，1989》，（北京，世界知識出版社，1989 年）。

《當代中國外交》，（北京，中國社會科學出版社，1987 年）。

《鄧小平文選》，第三卷，（北京，人民出版社，1993 年）。

丁連財譯，《新世界》，（台北，時報出版，民國 81 年）。

王瑋主編，《美國對亞太政策的演變：1776-1995》，（濟南，山東人民出版社，1995 年）。

王緝思主編，《文明與國際政治：中國學者評亨廷頓的文明衝突論》（上海：人民出版社，1995 年）。

王懷安、林准、顧安、孫琬鍾主編，《中華人民共和國法律全書》（吉林，吉林人民出版社，1988 年）。

行政新聞局，《和平之旅》，（台北，行政院新聞局，民國 86 年）。

李希光，劉康等著，《妖魔化中國的背後》，（北京，中國社科院，1996 年）。

周陽山主編，《李登輝執政十年》，（台北，風雲論壇出版社，民國 87 年）。

周煦，《冷戰後美國對東亞國家的政策》，（台北，生智出版社，1999 年）。

季鴻生，《中美關係五十年》，（上海，百家出版社，1993 年）。

林正義，《台灣安全三角習題》，（台北，桂冠圖書，1989 年）。

夏旭東、王書中主編，《走向廿一世紀的中美關係》，（北京，東方出版社，1996 年）。

夏林根、于喜元主編，《中美關係辭典》（大連，大連出版社，1992

年）。

張亞中，《兩岸主權論》，（台北，生智出版社，1998 年）。

梅孜主編，《美台關係重要資料選編》，（北京：時事出版社，1997 年）。

郭隆隆，趙念渝編著，《世紀之交的大國關係》，（上海：教育出版社，1998 年）。

資中筠主編，《戰後美國外交史——從杜魯門到里根》，（北京，世界知識出版社，1994）。

劉達第編，《中美關係重要文獻資料選編》，（北京，時事出版社，1996 年）。

劉德海，《南韓對外關係》，（台北，作者自行發行，1997 年）。

## 三、中文期刊

〈中俄關係大事記〉（1991 年 12 月-1995 年 12 月），《現代國際關係》，1996 年第 2 期， 第 50 頁。

《大陸情勢週報》，中國國民黨大陸研究工作會，第 1291 期，民國 87 年 7 月 15 日，第 20 頁。

殳祥娣、王酈久，〈中俄關係的發展與前景〉，《現代國際關係》，1995 年第 10 期， 第 11 頁。

石原忠浩，〈戰後「中」日經濟與政治的互動關係〉，《問題與研究》，第 36 卷，第 5 期，民國 86 年 5 月，第 33-55 頁。

石澤，〈論新時期的中俄關係〉，《國際問題研究》，1996 年第 2 期，第 1 頁。

唐能賦、陳阿江，〈毛澤東的人性論與人權觀〉，《西南師範大學學報》（哲學社會科學版），1993 年第 4 期，第 20 頁。

孫國祥，〈北京與莫斯科戰略協作夥伴關係之形成與探析〉，《中國大陸研究》，第40卷第8期（民國86年8月），第62至97頁。

徐輝、朱崇坤，〈試論冷戰後美國聯盟戰略的調整〉，《現代國際關係》，1997年第3期，第2至4頁。

張亞中，〈亞歐新關係〉，《美歐季刊》，第12卷第1期，（民國86年春季號），第97-119頁。

張悅雄，〈中共如何從摧殘人權〉，《人權論文選輯》（臺北，中國人權協會編印，民國75年），第246至250頁。

彭慧鸞，〈柯林頓政府的新東亞政策：奈伊「複合式領導」的理論與實踐〉，《美歐季刊》，第12卷第3期（民國86年秋季號），第73至92頁。

楊永明，〈美國亞太安全戰略之理論分析〉，《美歐季刊》，第12卷第3期（民國八十六年冬季號），第35至71頁。

楊運忠，〈90年代中後期日本亞太外交基本走勢〉《日本學刊》，1995年第3期，第33至34頁。

裘兆琳，〈柯林頓政府對華新政策之決策過程探討〉，《美歐月刊》，第9卷第12期，（民國83年2月）。

蔡瑋，〈克里斯多福的大陸之行：美國人權外交的困境〉，《美歐月刊》，第9卷第5期（民國83年5月），第10頁。

蔡瑋，〈美國國會對中共最惠國待遇案之立場〉，《問題與研究》，第33卷第9期（民國83年9月），第28-38頁。

鮑宗豪、姚儉建、何云峰，〈論人權的價值觀問題〉，《上海社會科學院學術季刊》，1993年第2期，第69頁。

戴萬欽，〈對俄羅斯「中國政策」的展望〉，《問題與研究》，

第35卷第2期（民國85年2月），第65至77頁。

羅致政，〈美國「擴展民主」戰略的理論與實踐〉，《台灣政治學刊》，第2期，1997年12月，第191-232頁。

顧關福、田潤鋒，〈演進中的俄羅斯對外政策〉，《現代國際關係》，1994年第8期，第2頁。

## 四、中文報紙與雜誌

《人民日報》

《大公報》

《中央日報》

《中國時報》

《自由時報》

《自立早報》

《明報》

《星島日報》

《聯合報》

《大陸情勢週報》（中國國民黨大陸研究工作會）

## 五、英文文件

*China-Taiwan: United States Policy*, Hearing before the Committee on Foreign Affairs, House of Representatives, 97th Congress, Second Session, August 18, 1982 (Washington D.C.: Government Printing Office, 1982).

Japan, Ministry of Foreign Affairs, Japan-U.S. Joint Declaration on Security-Alliance for the 21st Century, 17 April 1996.

Japan, Ministry of Foreign Affairs, National Defense Program Outline in and after FY1996.

The White House, Challenges for American Leadership in the 21st Century, Nancy Soderberg, Deputy Assistant to the President for National Security Affairs, Remarks to the Carnegie Endowment, Washington, D.C., October 31, 1996

The White House, *National Security Strategy of Engagement and Enlargement* (Washington, D.C.: The White House, Feb. 1994).

The White House, Office of the Press Secretary, June 27, 1998, Press Briefing by Mike McCurry, National Security Advisor Sandy Berger, and National Economic Advisor Gene Sperling, Shangri-la Hotel Beijing, People's Republic of China.

The White House, Office of the Press Secretary, June 27, 1998, Press Availability by President Clinton and President Jiang Western Hall of the Great Hall of the People, Beijing, People's Republic of China, 12:05 P.M.

The White House, Office of the Press Secretary, June 29, 1998, Remarks by the President to Students and Community of Beijing University, Beijing University, Beijing, People's Republic of China.

The White House, Office of the Press Secretary, May 16, 1996, Remarks by the President at Asian Pacific Caucus Dinner.

The White House, Office of the Press Secretary, May 20, 1996, Remarks by the President, To the Pacific Basin Economic Council, Constitution Hall Washington, D.C.

The White House, Office of the Press Secretary, May 26, 1994, Press Conference of the President.

The White House, Office of the Press Secretary, May 28, 1993, Executive Order, Conditions for Renewal of Most Favored Nation Status for the People's Republic of China in 1994.

The White House, Office of the Press Secretary, November 20, 1996, Remarks by the President, To Parliament, Parliament House, Canberra, Australia.

The White House, Office of the Press Secretary, November 20, 1996 Press Conference of the President and Prime Minister Howard of Australia, Parliament House, Canberra, Australia.

The White House, Office of the Press Secretary, November 24, 1996, Press Briefing, Mike Mccurry and Senior Administration Official, Luzon Ballroom, The Westin Philippine Plaza Hotel, Manila, The Philippines.

The White House, Office of the Press Secretary, October 29, 1997, Press Conference by President Clinton and President Jiang Zemin, Old Executive Office Building, 3:30 P.M. EST.

The White House, Office of the Press Secretary, Press Briefing by Assistant Sexretary of State for East Asian and Pacific Affairs Winston Lord and Director of Asian Affairs Robert Suettinger, The Warwick Hotel, York, New York, October 24,1995.

The White House, President Clinton: U.S.-China Relations in the 21st Century, June 11, 1998.

The White House, President William J. Clinton, Remarks on

American Security in a Changing World, George Washington University, Washington, D.C., August 5, 1996

The White House, President William J. Clinton, Remarks on American Security in a Changing World, George Washington University, Washington, D.C., August 5, 1996.

The White House, Samuel R. Berger, Assistant to the President for National Security Affairs, "A Foreign Policy Agenda for the Second Term," Center for Strategic and International Studies, Washing, DC, March 27, 1997.

The White House, U.S. President William J. Clinton Remarks before the 29th International General Meeting of the Pacific Basin Economic Council, May 20, 1996.

U.S. Congress, Senate, Committee on Foreign Relations, *Taiwan,* Hearings before the Committee on Foreign Relations, 96th Congress, 1st Session (Washington, D.C.: Government Printing Office, 1979).

U.S. Department of Defense, National Military Strategy of the United States of America 1997.

U.S. Department of Defense, *National Security Strategy, 1988.*

U.S. Department of Defense, *Proliferation: Threat and Response 1997.*

U.S. Department of Defense, *Proliferation: Threat and Response*, April 1996.

U.S. Department of Defense, *United States Security Strategy for the East Asia-Pacific Region*, February 1995.

U.S. Department of Defense, William Perry, "Engagement Is Neither Containment Nor Appeasement," Speech at Washington State China Relations Council, Oct.30,1995.

U.S. Department of State, "The United States and China: Building a New Era of Cooperation for a New Century," Address by U.S. Security of State Warren Christopher, Fudan University, Shanghai, China, November 21, 1996.

U.S. Department of State, Bureau of East Asian and Pacific Affairs, Testimony by Jeffery Bader, Deputy Assistant Secretary for East Asian and Pacific Affairs, Before the Senate Foreign Relations Committee, Washington, DC, May 13, 1997.

U.S. Department of State, Bureau of Public Affairs, *The Enlargement of NATO: Why Adding Poland, Hungary, and the Czech Republic to NATO Strengthens American National Security*.

U.S. Department of State, China Country Report on Human Rights Practices for 1997, Released by the Bureau of Democracy, Human Rights, and Labor, January 30, 1998.

U.S. Department of State, China Country Report on Human Rights Practices for 1997, Released by the Bureau of Democracy, Human Rights, and Labor, January 30, 1998.

U.S. Department of State, Human Rights Watch, U.S.-China Policy: Statement by Mike Jendrzejczyk before the House Subcommittee on International Operations and Human Rights, June 26, 1998.

U.S. Department of State, Lecture by Stanley Roth, Assistant Secretary of State for East Asia and Pacific Affairs to the

American Enterprise Institute U.S. Policy Towards China, American Enterprise Institute, Washington, DC., May 12, 1998.

U.S. Department of State, Office of the Spokesman, "American Interests and the U.S.-China Relationship, " Address by Secretary of State Warren Christopher to the Asia Society, the Council on Foreign Relations and the National Committee on U.S.-China Relations, May 17, 1996, McGraw Hill Building, New York.

U.S. Department of State, Office of the Spokesman, Address by U.S. Secretary of State Warren Christopher, "The United States and China: Building a New Era of Cooperation for a New Century," Fudan University, Shanghai, China, November 21, 1996.

U.S. Department of State, Office of the Spokesman, Statement at Senate Confirmation Hearing, Secretary-Designate Christopher, Senate Foreign Relations Committee, Washington, DC, January 13, 1993.

U.S. Department of State, Peter Tarnoff, Undersecretary of State for Political Affairs, "Building a New Consensus on China," February 20, 1997.

U.S. Department of State, Secretary of State Madeleine K. Albright, Press Conference at the Department of State, Washington, D.C., January 24, 1997.

U.S. Department of State, Secretary of State Madeleine K. Albright, Press Conference, China World Hotel, Beijing, People's Republic of China, February 24, 1997.

U.S. Department of State, Secretary of State Madeleine K. Albright,

Address and Question & Answer Session before The Commonwealth Club, San Francisco Hilton Hotel, San Francisco, California, June 24, 1997.

U.S. Department of State, Secretary of State Madeleine K. Albright and Chinese Foreign Minister Qian Qichen, Press briefing, Sunway Lagoon Hotel, Kuala Lumpur, Malaysia, July 26, 1997.

U.S. Department of State, Secretary of State-Designate Madeleine K. Albright, Prepared Statement before the Senate Foreign Relations Committee, Washington, D.C., January 8, 1997.

U.S. Department of State, Testimony: Winston Lord on US Policy toward China Bureau of East Asian and Pacific Affairs, Statement of Ambassador Winston Lord, Assistant Secretary of State Bureau of East Asian and Pacific Affairs October 11, 1995 Before the Senate Foreign Relations Committee Asia and Pacific Affairs Subcommittee U.S. Policy toward China: Security and Military Considerations

U.S. Department of State, U.S. Japan Joint Declaration on Security: Alliance for the 21st Century, Joint Declaration released in Tokyo during the State Visit by President Clinton to Japan. April 17, 1996.

U.S. Department of State, U.S. Policy in the Asia-Pacific Region U.S. Secretary of State Warren Christopher Remarks before the Business Council, Williamsburg, Virginia May 10, 1996.

U.S. Department of State, *United States Relations With China, With Special Reference to the Period 1944-1949*, 1949.

U.S. Department of State, Winston Lord, Assistant Secretary for East Asian and Pacific Affairs, March 14: The United States and the Security of Taiwan, Testimony before the House International Relations Subcommittee on East Asia and the Pacific, Washington, DC, March 14, 1996.

U.S. Department of State, Secretary of State Madeleine K. Albright, Statement before the Senate Finance Committee "China MFN" Washington, D.C., June 10, 1997.

United Nation, Declaration on the Right to Development, Adopted by General Assembly resolution 41/128 of 4 December 1986.

U.S. Department of Defense, Office of Naval Intelligence Publication, "Worldwide Maritime Challenges 1997," March 1997.

## 六、英文書籍

Abrams, Elliot, *Security and Sacrifice* (Indianapolis: Hudson Institute, 1995).

Ambrose Stephen E. and Douglas G. Brinkley, *Rise to Globalism: American Foreign Policy Since 1938* (New York: Penguin Books, 1997).

Arndt, Hannah, *The Origins of Totalitarianism* (New York: Harcourt, Brace & World, 1951).

Boswell, Terry and Albert Bergesen, eds., *America's Changing Roles in the World System* (New York: Praeger, 1987).

Brzezinski, Zbigniew *The Grand Chessboard: American Primacy and It's Deostrategic Imperatives* (New York: HarperCollins

Publishers, Inc. 1997).

Butterfield, Herbert and Martin Wight, eds., *Diplomatic Investigations: Essays in the Theory of International Politics* (London: George Allen & Unwin, 1966).

Calleo, David, *Beyond American Hegemony: The Future of the Western Alliance*, (New York: Basic Books, 1987).

Carr E. H., *The Twenty Years' Crisis, 1919-1939* (London: Macmillan, 1946); Hans J. Morgenthau, *Politics Among Nations* (New York: Knopf, 1966).

Cater, Jimmy, *Keeping Faith: Memoirs of a President* (New York: Bantam Books,1982).

Cater, Jimmy, *Why Not the Best?* (New York: Bantam Books, 1994).

Clough, Ralph N. *Island China* (Cambridge, MA: Harvard University Press, 1978).

Clough, Ralph N., *Reaching Across the Taiwan Strait* (Boulder, CO: Westview Press, 1993).

Copper, John F., Franz Michael, and Yuan-li Wu, Westview Special Studies on East Asia: *Human Rights in Post-Mao China* (Boulder: Westview Press, 1985).

Drew, Dennis M. and Donald M. Snow, *Making Strategy: An Introduction to National Security Processes and Problems*, (Washington, DC.: Air University, 1988).

Etzold, Thomas H. and John Lewis Gaddis, eds., *Containment: Documents on American Policy and Strategy, 1945-1950* (New York: Columbia University Press, 1978).

*Foreign Relations of the United States 1946* (Washington, D.C.: U.S. Government Printing Office, 1969), vol. VI.

Fukuyama, Francis, *The End of History And The Last Man* (New York: Free Press,1992).

Gilpin, Robert, *The Political Economy of International Relations*, (Princeton, N.J.: Princeton University Press, 1987).

Gilpin, Robert, *War and Change in World Politics*, (New York: Cambridge University Press, 1981).

Gold, Thomas B., *State and Society in the Taiwan Miracle* (Armonk, NY: M.E. Sharpe, Inc., 1986).

Harding, Harry *A Fragile Relationship: The United States and China Since 1972*, (Washington, D.C.: Brookings Institution, 1992).

Holdridge, John H., *Crossing the Divide: An Insider's Account of the Normalization of U.S.-China Relations* (New York: Rowman & Littlefield Publishers, 1997).

Huntington, Sameul P., *The Clash of Civilizations and the Remaking of World Order* (New York: Simon & Schuster, 1996).

Kaplan, David E., *Fires of the Dragon: Politics, Murder, and the Kuomintang* (New York: Antheneum. 1992).

Kaplan, Morton "Variants on Six Models of the International System," in *International Politics and Foreign Policy: A Reader in Research and Theory*,(New York: The Free Press, 1969).

Kennedy, Paul M. *The Rise and Fall of the Great Powers: Economic Change and Military Conflict From 1500 to 2000* (New York: random House, 1987).

Kissinger, Henry, *Diplomacy* (New York: Simon & Schuster, 1994).

Lardy, Nicholas R., *China in the World Economy* (Washington DC: Institute for International Economics, 1994).

Lawson, Eugene K., ed., *U.S. China Trade: Problems and Prospects*, (New York: Praeger Publishers, 1988).

Lewis, William H., and Stuart E. Johnson, *Weapons of Mass Destruction: New Perspectives on Counterproliferation*, (Washington, D.C.: National Defense University Press, 1995).

Lippmann, Walter, *The Cold War: A Study in U.S, Foreign Policy* (New York/London: Harper & Btothers, 1947).

McCormick, Thomas J., *America's Half-century: United States Foreign Policy in the Cold War* (Baltimore: Johns Hopkins University Press, 1989).

Mead, Walter R., *Mortal Splendor*, (Boston: Houghton Mifflin, 1987).

Muravchik, Joshua, *Exporting Democracy* (Washington: American Enterprise Institute, 1991).

Nardin, Terry and David Mapel, eds., *Traditions of International Ethics* (London: Cambridge, 1992).

Nixon, Richard, *1999: Victory without War* (New York: Simon & Schuster, 1988).

Nixon, Richard, *RN: The Memoirs of Richard Nixon* (New York: Grosset and Dunlap, 1978).

Nixon, Richard, *Seize the Moment* (New York: Simon & Schuster, 1992).

Nolan, Janne E. ed., *Global Engagement: Cooperation and Security in the 21st Century* (Washington, D.C.: The Brookings Institute, 1994).

Nuechterlein, Donald Edwin, *America Recommitted: United States National Interests in a Restructured World* (University Press of Kentucky,1991).

Nye, Joseph S. Jr., *Bound to Lead: The Changing Nature of American Power* (New York: Basic Books, 1990).

Olson, Mancur, *The Rise and Decline of Nations: Economic Growth, Stagflation, and Social Rigidities* (New Haven: Yale University Press, 1982).

Overholt, William H. *China: The Next Economics Superpower* (London: Weidenfeld and Nicholson, 1993).

Perlmutter, Amos, *Making the World Safe for Democracy: A Century of Wilsonianism and Its Totalitarian Challengers* ( University of North Carolina Press, 1997).

*Public Papers of the Presidents of the United States, Harry S. Truman,* 1947 vol. (Washington, D.C.: U.S. Government Printing Office, 1963).

Qingshan, Tan, *The Making of U.S. China Policy :From Normalization to the Post-Cold War Era* (Boulder: Lynne Rienner Publishers, 1992).

Robinson, Thomas W. and David Shambaugh eds., *Chinese Foreign Policy:Theory and Practice* (New York: Oxford University Press, 1994).

Rosecrance, Richard N. *The Rise of the Trading State: Commerce and Conquest in the Modern World* (New York: Basic Books, 1986).

Rosecrance, Richard N., *America as an Ordinary Country: U.S. Foreign Policy and the Future* (New York: Cornell University Press, 1976).

Rosecrance, Richard, *Action and Reaction in World Politics: International Systems in Perspective* (Boston: Little, Brown, 1963).

Rubin, Barry M., and Elizabeth P. Spiro ed. *Human Rights and U.S. Foreign Policy* (Boulder: Westview Press, 1979).

Schlesinger, Authur M. Jr., *The Vital Center: The Politics of Freedom* (Boston: Houghton Mifflin, 1988).

Simon, Denis Fred and Michael Ying-mao Kau, *Taiwan: Beyond the Economic Miracle* (White Plains, New York: M.E. Sharpe, 1992).

Stanley Hoffmann, "International Systems and International Law," in *The State of War: Essays on the Theory and Practice of International Politics* (New York: Praeger, 1965).

Sutter, Robert G., and William Johnson eds., *Taiwan in World Affairs* (Boulder, CO: Westview Press, 1994).

Tucker, Nancy B., *Taiwan, Hong Kong, and the United States* (New York: Twayne, 1994).

Waltz, Kenneth N., *Theory of International Politics* (MA: Addison-Wesley, 1979).

Waltz, Kenneth, *Theory of International Politics*, (Mass: Addison-

Wesley, 1979).

Wight, Martin, *Power Politics* (New York: Holmes & Meier, Inc., 1978).

Wittkopf, Eugene R. eds., *The Future of American Foreign Policy* (New York: St. Martin's Press,1994).

## 七、英文期刊

"China and Pakistan: M-11 Missile Sanctions, " *U.S. Department of State Dispatch*, August 30, 1993, p.607.

"Adjustments To U.S. Policy Toward Taiwan Explained," Transcript: Background Briefing at the State Department, September 9,

"China implements nuclear export license system," Reuters, September 15, 1997 and Zangger Committee, "Statement by Ambassador Li Changhe of the Chinese Permanent Mission in Vienna," p.4.

"Milestones in Sino-Russian Relations," *Beijing Review*, Vol.39, No.18(Apr. 29-May 5 1996). http://www.ihep.ac.cn/ins/BOOK/bjreview/april/96-18-8.html

"Remarks to General Dynamics Empoyees in Fort Worth, Texas, September 2, 1992," *Weekly Compilation of Presidential Documents*, vol.28, no.36 (Sept. 7, 1992), pp.1556-1557.

"X" (George Kennan), "The Sources of Soviet Conduct," *Foreign Affairs,* vol.25, (July 1947), p.581.

Baker, James A. III, "America in Asia: Emerging Architecture for a Pacific Community," *Foreign Affairs*, vol.70, no.5 (Winter 1991-

92), pp.1-17.

Bergsten, Fred C., "The World Economy After the Cold War," *Foreign Affairs*, vol.69, no.3 (Summer 1990), pp.96-112.

Bernstein, Richard and Ross H. Munro, "The Coming Conflict with America", *Foreign Affairs*, vol.76, no.2 (Mach/April 1997), pp. 18-32.

Clinton, Bill, "Fundamentals of Security for a New Pacicic Community," address before the National Assembly of the Republic of Korea, July 10, 1993, *U.S. Department of State Dispatch,* vol.4, no.29 (July 19, 1993), pp.509-512.

Copper, John F., "The United States and East Asia: Searching for Policies," *Vital Speeches of the Day*, vol.64, no.9 (Feb. 15, 1998), p.273.

Director of Central Intelligence Report to Congress, "The Acquisition of Technology Relating to Weapons of Mass Destruction and Advanced Conventional Munitions," June 1997.

Director of Central Intelligence, *The Acquisition of Technology Relating to Weapons of Mass Destruction and Advanced Conventions/ Munitions July-December 1996.*

*Foreign Relations of the United States,* 1949, vol. 9, *The Far East: China* (Washington, D.C.: Government Printing Office, 1974).

Freeman, Lawrence, "The Gulf War and the New World Order," *Survival*, vol.XXXIII, no.3 (May/June 1991), pp.195-209.

Freidberg, Aron, "The Political Economy of American Strategy," *World Politics*, vol.41, no.3(April 1989), pp.381-406.

Fukuyama, Francis, "The End of History," *The National Interest,* 16 (Summer 1989), pp.3-18.

Harding, Harry, "Asia Policy to The Brink", *Foreign Policy*, no.96 (1994 Fall), pp.57-74.

Henry A. Wallace, Democracy Reborn, Russel Lord ed., (New York: Reynal & Hitchcook, 1944).

Huntington, Sameul P., "The Clash of Civilization?" *Foreign Affairs*,vol.72, no.3 (Summer 1993), pp.22-49.

Huntington, Sameul P., "The West: Unique, Not Universal," *Foreign Affairs*, vol.75, no.6 (November/December 1996), pp.28-46.

Ian Buruman, "Taiwan's New Nationalists." *Foreign Affairs*, vol.75, no.4 (July-August 1996), pp.77-91.

Joseph Nye and Robert Keohane, "Power and Interdependence Revisited," *International Organization*, vol.41, no.4(August 1987), pp.725-753.

Joseph S. Nye, Jr., "The Misleading Metaphor of Decline: Analogies Between the United States and Post-imperial Britain Are Inaccurate and Mischievous," *The Atlantic Monthly*, vol.265, no.3(March 1990), pp.86-94.

Kissinger, Henry "Reflection on Containment," *Foreign Affairs*, vol.73, no.3 (May-June 1994), pp.118-130.

Kleykamp, David L., "The Political Economics of United States Most Favored Nation Policy Towards China." *Tamkang Journal of American Studies*, vol.X, no.1(Fall 1993), p.4.

Krauthammer, Charles "Why We Must Contain China," *Time*, July 31, 1995, p.72.

Mary H. Cooper, Francis Fukuyama and Samuel Huntington, "Can Defense Contractors Survive Peace?" *Editorial Research Reports*, vol.2, no.12(Sept. 29, 1989).

Munro, Ross H., "Awakening Dragon: The Real Danger in Asia is From China," *Policy Review*, no. 62 (Fall 1992). pp.10-16.

Naotaka Matsukata, "End the Annual MFN Circus: A New Framework for U.S.-China Economic Relations," *Policy Briefing*, July 1998.

Nicholas Kristof, "A Dictatorship That Grew Up," *New York Times Magazine*. February 16, 1992;

NSC-68, "Unoted States Objectives and Programs for National Security," April 14, 1950. in *Foreign Relations, United States, 1950,* vol.I, pp. 237-292.

Nye, Joseph S., "China's Re-emergence and the Future of the Asia-Pacific," *Survival* (The IISS Quarterly), vol.39, no.4 (Winter 1997-98), pp.65-79.

Oksenberg, Michel, "What Kind of China Do We Want?" *Newsweek*, April 1, 1996, p.53.

*Partnership with China*, Brussels, March 25, 1998.

Peter Ennis, "The Nye Initiative: Can It Save the U.S.-Japan Alliance?" *Tokyo Business Today*, June 1995, pp.38-41.

Podhoretz, Norman, "Neoconservatism: A Eulogy," *Commentary*, vol.101, no.3 (March 1996), pp.19-27.

Remarks by the President and the First Lady in Discussion on Shaping China for the 21st Century, Shanghai Library, Shanghai, People's Republic of China, June 30, 1998.

Ross, Robert S., "Beijing as a Conservative Power, " *Foreign Affairs*, (Mach/April 1997), p. 43.

Rostow, Walt W., "Beware of Historian Bearing False Analogies," *Foreign Affairs*, vol. , no.(Spring 1988)

Samuel P. Huntington, "Coping With the Lippmann Gap," *Foreign Affairs*, vol.66, no.3(Winter 1988);

Samuel P. Huntington, "The U.S.-decline or renewal?" *Foreign Affairs*, vol.67, no.2(Winter 1988).

Schlesinger, Authur M. Jr.,"Not Left, Not Right, But a Vital Center," *Times*, April 4, 1948, p.45.

Shirley A. Kan, Chinese Proliferation of Weapons of Mass Destruction: Background and Analysis, *Congressional Research Service*, p.CRS-17.

Shirley A. Kan, Chinese Proliferation of Weapons of Mass Destruction: Background and Analysis, *Congressional Research Service*, p.CRS-17.

Stanley Hoffmann, "Reagan's America: Innocents at Home," *The New York Review of Books*, vol.34(May 28, 1987);

Stanley Hoffmann, "What should we do in the world?" *The Atlantic Monthly*, vol.264, no.4(October 1989);

Statement by the Chief Cabinet Secretary on the Signing of the "Agreement Between the Government of Japan and the

Government of the United States of America Concerning Reciprocal Provision of Logistic Support, Supplies and Services Between the Self-Defense Forces of Japan and the Armed Forces of the United States of America," April 15, 1996. http://www.mofa.go.jp/ju/ security/forces.html

Stuart Sweet, "Growth and the China Threat," *Investor's Business Daily*, April 2, 1997.

Sutter, Robert G., "China's Changing Conditions," *Congressional Research Service Report*, 93-114.

Testimony of Ambassador Charlene Barshefsky, U.S. Trade Representative, Renewal of Normal Trade Relations with China, Senate Committee on Finance, July 9, 1998.

The Proceedings of the Thirty-Ninth Air Force Academy Assembly, China-U.S. Relations in the 21st Century: Forsrering Cooperation, Preventing Conflict, February 18-21, 1997.

Transcript of White House background press briefing by senior administration officials, October 29, 1997.

Treaty on the Non-Proliferation of Nuclear Weapons, Available from http://www.acda.gov/treaties/ npt2.htm

U.S. Congress, Senate Governmental Affairs Subcommittee on International Security, Proliferation, and Federal Services, Hearing on April 10, 1997, p.14.

U.S. Congress, Senate Governmental Affairs Subcommittee on International Security, Proliferation, and Federal Services, Hearing on April 10, 1997, p.9.

*U.S. Department of State Bulletin* (May 1987).

Walsh, James, "China: The World's next Superpower," *Time* (Asia Edition), May 10, 1993. pp.15-39.

White, Thedore, "An Offering of History to Men Who must Act Now," *Harvard Alumini Bulletin*, May 13, 1967, p.4.

Wiston S. Churchill, *His Complete Speeches, 1897-1963*, ed. By Robert Rhodes James, vol.VII, 1943-1949 (New York/London: Chelsea House in association with R. R. Bowker, 1974), p.7710.

## 八、英文報紙

*Christian Science Monitor*

*International Herald Tribune*

*Japan Times*

*Los Angles Times*

*New York Daily*

*New York Times*

*Wall Street Journal*

*Washington Post*

*Washington Times*

## 九、網路資源

聯合國 http://www.un.org

美國白宮 http://www.whitehouse.gov

美國國務院 http://www.state.gov

美國國防部 http://www.defenselink.mil

美國國會圖書館 http:// thomas.loc.gov

美國參議院 http://www.senate.gov

美國眾議院 http://www.house.gov

日本外務省 http://www.mofa.go.jp

有線電視網 http://cnn.com

《華盛頓郵報》 http://www.washingtonpost.com

《紐約時報》 http://www.nytimes.com

《人民日報》 http://www.peopledaily.cn

中國國際互聯網絡新聞中心 http://www.china.org.cn/indexC.html

亞太研究系列 6

張亞中、李英明／主編

# 美國的中國政策—圍堵、交往、戰略夥伴

作　　者／張亞中、孫國祥
出 版 者／生智文化事業有限公司
發 行 人／林新倫
總 編 輯／孟　樊
登 記 證／局版北市業字第 677 號
地　　址／台北市文山區溪洲街 67 號地下樓
電　　話／(02)2366-0309　2366-0313
傳　　真／(02)2366-0310
E - mail／tn605547@ms6.tisnet.net.tw
郵政劃撥／1453497-6　揚智文化事業股份有限公司
印　　刷／科樂印刷事業股份有限公司
法律顧問／北辰著作權事務所　蕭雄淋律師
ISBN／957-8637-85-3
初版一刷／1999 年 2 月
初版二刷／2000 年 3 月
定　　價／新臺幣 380 元

北區總經銷／揚智文化事業股份有限公司
地　　址／台北市新生南路三段 88 號 5 樓之 6
電　　話／(02)2366-0309　2366-0313
傳　　真／(02)2366-0310

南區總經銷／昱泓圖書有限公司
地　　址／嘉義市通化四街 45 號
電　　話／(05)231-1949　231-1572
傳　　真／(05)231-1002

國家圖書館出版品預行編目資料

美國的中國政策：圍堵、交往、戰略夥伴＝America's China policy：containment, engagement, strategic partnership／張亞中.孫國祥著. -- 初版. -- 臺北市：生智, 1999 [民 88]

面；　公分. --（亞太研究系列；6）

參考書目：面

ISBN 957-8637-85-3（平裝）

1.美國－外交關係－中國

578.52　　88000094

# 文化手邊冊

| | | | |
|---|---|---|---|
| A5001B 通俗文學 | ISBN:957-9091-18-8 (93/05) | 鄭明娳/著 | NT:150B/平 |
| A5002B 晚期馬克思主義 | ISBN:957-9091-16-1 (93/05) | 李英明/著 | NT:150B/平 |
| A5003B 白色恐怖 | ISBN:957-9091-17-X (93/05) | 藍博洲/著 | NT:150B/平 |
| A5004B 新保守主義 | ISBN:957-9091-38-2 (94/01) | 李連江/著 | NT:150B/平 |
| A5005B 新儒家 | ISBN:957-9091-44-7 (96/08) | 宋德宣/著 | NT:150B/平 |
| A5006B 新加坡學 | ISBN:957-9091-43-9 (94/10) | 洪鎌德/著 | NT:150B/平 |
| A5007B 旅遊新思維 | ISBN:957-9091-73-0 (94/07) | 李憲章/著 | NT:150B/平 |
| A5008B 新左派 | ISBN:957-9091-98-6 (96/08) | 陳學明/著 | NT:150B/平 |
| A5009B 解構理論 | ISBN:957-9091-74-9 (96/08) | 楊大春/著 | NT:150B/平 |
| A5010B 新歷史主義 | ISBN:957-9091-99-4 (96/08) | 盛　寧/著 | NT:150B/平 |
| A5011B 對話理論 | ISBN:957-9272-00-X (95/02) | 滕守堯/著 | NT:150B/平 |
| A5012B 中國大陸學 | ISBN:957-9091-91-9 (96/02) | 李英明/著 | NT:150B/平 |
| A5013B 性革命 | ISBN:957-9091-96-X (97/01) | 陳學明/著 | NT:150B/平 |
| A5014B 女性主義 | ISBN:957-9091-97-8 (96/01) | 王逢振/著 | NT:150B/平 |
| A5015B 生態文化 | ISBN:957-9272-06-9 (97/01) | 王勤田/著 | NT:150B/平 |
| A5016B 消費文化理論 | ISBN:957-9272-10-7 (96/03) | 陳坤宏/著 | NT:150B/平 |
| A5017B 廣告文化 | ISBN:957-9272-20-4 (95/07) | 馮建三、孫秀蕙/著 | NT:150B/平 |
| A5018B 後現代建築 | ISBN:957-9272-51-4 (96/08) | 老　硪/著 | NT:150B/平 |
| A5019B 新國家主義 | ISBN:957-9272-52-2 (96/05) | 郭洪紀/著 | NT:150B/平 |
| A5020B 後結構主義 | ISBN:957-9272-56-5 (96/05) | 楊大春/著 | NT:150B/平 |
| A5021B 後佛洛伊德主義 | ISBN:957-9272-64-6 (96/07) | 張國清/著 | NT:150B/平 |
| A5022B 同性戀美學 | ISBN:957-9272-63-8 (96/07) | 矛　峰/著 | NT:150B/平 |
| A5023B 女性電影理論 | ISBN:957-9272-62-X (96/07) | 李臺芳/著 | NT:150B/平 |
| A5024B 後現代政治意識 | ISBN:957-9272-61-1 (96/10) | 鄭祥福/著 | NT:150B/平 |
| A5025B 社會發展理論 | ISBN:957-9272-59-X (96/10) | 曹玉文/著 | NT:150B/平 |

## 解構理論 楊大春/著

「解構」一詞是台灣世紀末思想文化界最流行的一個新詞，但什麼是「解構」，卻很少人能把它說清楚。本書對於「解構」一詞的解說及對此一理論的闡釋，言簡意賅，並對此一理論的代表人物有詳細的論說，且以解構式閱讀具體實踐操作，是迄今為止國內所見對「解構」一詞解說的最為清楚、詳細的一本入門書。

| | | | |
|---|---|---|---|
| A5026B 文化工業 | ISBN:957-9272-60-3 (96/09) | 陳學明/著 | NT:150B/平 |
| A5027B 中共研究方法論 | ISBN:957-9272-57-3 (96/05) | 李英明/著 | NT:150B/平 |
| A5028B 地方派系 | ISBN:957-9272-88-3 (96/12) | 施威全/著 | NT:150B/平 |
| A5029B 非暴力鬥爭 | ISBN:957-9272-90-5 (97/01) | 李　方/著 | NT:150B/平 |
| A5030B 物理主義 | ISBN:957-9272-96-4 (97/05) | 劉　魁/著 | NT:150B/平 |
| A5031B 神秘詩學 | ISBN:9579272913 (97/01) | 毛　峰/著 | NT:150B/平 |
| A5032B 讀者反應理論 | ISBN:957-9272-99-9 (97/03) | 龍協濤/著 | NT:150B/平 |
| A5033B 多向文本 | ISBN:957-8446-11-X (97/05) | 鄭明萱/著 | NT:150B/平 |
| A5034B 香港學 | ISBN:957-8446-14-4 (97/05) | 李英明/著 | NT:150B/平 |
| A5035B 文化民族主義 | ISBN:957-8446-26-8 (97/09) | 郭洪紀/著 | NT:150B/平 |
| A5036B 新制度主義 | ISBN:957-8446-30-6 (97/09) | 王躍生/著 | NT:150B/平 |
| A5037B 後現代科學觀 | ISBN:957-8446-50-5 (98/03) | 劉　魁/著 | NT:150B/平 |
| A5038B 實驗劇場 | ISBN:957-8446-60-8 (98/03) | 曹小容/著 | NT:150B/平 |
| A5039B 體育文化 | ISBN:957-8446-85-3 (98/08) | 易劍東/著 | NT:150B/平 |
| A5040B 影視史學 | ISBN:957-8446-86-1 (98/10) | 張廣智/著 | NT:150B/平 |
| A5041B 電視文化理論 | ISBN:957-8446-91-8 (98/08) | 馬傑偉/著 | NT:150B/平 |
| A5042B 排除理論 | ISBN:957-8446-99-3 (98/11) | 葉永文/著 | NT:150B/平 |
| A5043B 年鑑學派 | ISBN:957-8446-94-2 (99/01) | 張廣智、陳新/著 | NT:150B/平 |
| A5044B 大法官 | | 陳俊榮/著 | |
| A5045B 消費者政治學 | | 應　奇/著 | |
| A5046B 後現代主義 | | 鄭祥福/著 | |
| A5047B 社群主義 | | 應　奇/著 | |
| A5048B 解放神學 | | 張雙利、陳祥勤/著 | |

# 比較政府與政治

| | | | | |
|---|---|---|---|---|
| A9101 | 英國政府與政治 | ISBN:957-9272-92-1 (97/01) | 胡康大/著 | NT:350A/平 |
| A9102 | 俄羅斯政府與政治 | ISBN:957-8446-19-5 (97/08) | 葉自成/著 | NT:350A/平 |
| A9103 | 美國政府與政治 | ISBN:957-8446-87-X (98/10) | 唐士其/著 | NT:400A/平 |
| A9104 | 東南亞政府與政治 | ISBN:957-8637-83-7 (99/03) | 張錫鎮/著 | NT:400A/平 |
| A9105 | 日本政府與政治 | | 蔣立峰/著 | |
| A9106 | 法國政府與政治 | | 許振洲/著 | |
| A9107 | 德國政府與政治 | | 顧俊禮/著 | |
| A9108 | 歐洲政府與政治 | | 張亞中/著 | |

## 英國政府與政治

胡康大/著

英國在若干世紀中，在行政、立法和司法等方面，發展起一套行之有效的政治制度。作者針對英國的兩院制議會、不成文憲法、獨特的司法系統、責任內閣制、高度中央集權、競爭的兩黨制、保守的文官制、嚴格新聞控制等主題，一一切入加以探討、評述。

## 美國政府與政治

唐士其/著

本書從歷史的觀察架構描述北美早期移民的社會文化生活到美國政府及合眾國的建立。其中闡釋了美國政治基本理念的來龍去脈，及落實在實際政治運作中的各種爭議及修正，不僅具有理論的堅實性，更具實務的參證價值。

## 歐洲智庫

| | | | | |
|---|---|---|---|---|
| A9401 | 歐洲統合－政府間主義與超國家主義的互動 | ISBN:957-8446-82-9 (98/10) | 張亞中/著 | NT:350B/平 |
| A9402 | 德國問題－國際法與憲法的爭議 | ISBN:957-8637-87-X (99/03) | 張亞中/著 | NT:300B/平 |
| A9001 | 德國文化史 | ISBN:957-9091-23-4 (95/03) | 杜　美/著 | NT:350B/平 |

### 德國問題

**國際法與憲法的爭議**

張亞中／著

詳論德國從一九四九年到一九九〇年，由分裂到統一期間的國際法與憲法爭議，是一本討論分裂國家定位的「政治法律學」專著，也是華人社會迄今唯一一本從法律角度討論德國問題的著作，值得關心兩岸問題的人士參考。

### 歐洲統合

**政府間主義和超國家主義的互動**

張亞中／著

本書從統合理論、政府間主義與超國家主義角度作為研究方法，探討歐洲統合的進程、發展、特質與未來趨勢，並分別對歐盟的經濟貨幣聯盟、共同外交暨安全政策及歐盟的擴大作深入評析，值得關注歐洲聯盟發展，以及關心未來國際政經格局的人士參考。

兩岸主權論